新编 21 世纪职业教育公共管理系列精品教材

社 区 管 理

李浩平　杨　荣　李　敏　刘玉华　**主编**

湖南大学出版社·长沙

图书在版编目（CIP）数据

社区管理/李浩平等主编.--长沙：湖南大学出
版社，2025.2.--ISBN 978-7-5667-4038-0

Ⅰ.C916.2

中国国家版本馆 CIP 数据核字第 2025RD6403 号

社区管理

SHEQU GUANLI

主　　编：	李浩平　杨　荣　李　敏　刘玉华
策划编辑：	尹　磊
责任编辑：	龚　仪
印　　装：	廊坊市国彩印刷有限公司

开　　本：889 mm×1194 mm　1/16　　印　　张：11.5　　字　　数：331 千字

版　　次：2025 年 2 月第 1 版　　印　　次：2025 年 2 月第 1 次印刷

书　　号：ISBN 978-7-5667-4038-0

定　　价：49.00 元

出 版 人：李文邦

出版发行：湖南大学出版社

社　　址：湖南·长沙·岳麓山　　邮　　编：410082

电　　话：0731-88822559（营销部），88821343（编辑室），88821006（出版部）

传　　真：0731-88822264（总编室）

网　　址：http://www.hnupress.com

电子邮箱：jblbook@163.com

PREFACE 前　言

　　本教材的编写，旨在让职业院校和技工院校的学生学习社区管理认知、社区管理理论和社区管理实务相关的知识，进一步提高学生参与社区服务、社区管理与社区建设的水平。

　　全书共分为三大模块：模块一为社区管理认知，主要介绍社区、社区建设和社区规划。模块二为社区管理理论，介绍了社区管理基本理论、社区管理组织和社区民主治理。模块三为社区管理实务，内容包含社区环境建设与管理，社区服务与管理，社区卫生、体育与管理，社区文化与管理，社区教育与管理，社区治安管理和社区管理方法。

　　全书内容丰富详尽，模块及任务设置科学合理，语言表述通俗易懂，对学生学习社区管理认知、社区管理理论和社区管理实务相关的知识，培养和提升学生从事社区服务、社区管理与建设所需的技能和素养起到重要的指导作用。教材阐述简明易懂的理论知识，又教授相关技能，内容设计适合学生的思维习惯，方便他们阅读理解。

　　本教材采取分工编写、集体审定、主编把关的原则。在编写过程中，得到了各位编者所在单位领导和同事的大力支持，在此，真诚感谢所有在教材编写过程中给予帮助和支持的朋友。由于水平有限，书中难免存在不足之处，恳请读者给予批评指正。

编　者

编委会

CONTENTS 目 录

模块一　社区管理认知

模块二　社区管理理论

项目一　社 区

社区

学习目标

1. 知识目标：理解社区的相关知识。
2. 技能目标：具备区分城市社区与农村社区的能力。
3. 素质目标：具有参与社区管理服务的基本素质。

项目导入

随着社会的变迁，人们在一定的地域空间内与他人、群体发生各种关系，并共同生存和发展，形成了社区。社区是聚集在一定地域范围内的具有某种互动关系和共同文化维系力的人类群体，是一个地域性的社会生活共同体，其主要功能有生存发展、社会整合、社会控制、民主建设等。社区的特点包括社区是社会的缩影、是聚落的承载体、有自己特有的文化、社区居民具有共同的社区意识等。在我国，城市社区和农村社区各自具有不同的特点、种类以及发展历程。

本项目包含社区概述、城市社区和农村社区三个学习任务。

任务一　社区概述

在现实社会生活中，人们总是在一定的地域空间与他人、群体发生各种关系，并共同生存和发展，这个空间就是人们常说的社区。随着我国社会管理格局由"大政府、小社会"向"小政府、大社会"的转变，以及我国社会成员的身份由"单位人"向"社会人"的转变，社区这一基本的生活单位在人们的日常生活中扮演着越来越重要的角色，在社会管理中起着越来越重要的作用。为此，如何进行社区管理，如何管理好社区，成为我们必须直面的任务和课题。社区管理和社区管理学也自然而然地成为公共管理中的一个热门话题。

一、社区的概念

（一）"社区"概念的产生

最早在社会学研究中使用"社区"这个概念的是德国社会学家 F. 滕尼斯。1887 年，滕尼斯出版社会学名著 *Gemeinschaft and Gesellschaft*，此书被译成英文时名为 *Community and Society*，20 世纪 30 年代，我国社会学家将其译为《社区与社会》。滕尼斯认为 gemeinschaft（即社区）一词表示一种由具有共同习俗和价值观念的同质人口所组成的关系密切、守望相助、存在富有人情味的社会关系的社会团体；人们加入这一团体，并不是根据自己的意志所做的选择，而是因为其生长在这个团体之中。

1

（二）代表性社区定义

有关社区的定义林林总总。1981年杨庆堃统计发现有140多种社区定义：有的从社会群体、过程的角度界定；有的从社会系统、社会功能的角度界定；有的从地理区划（自然的与人文的）的角度界定；有的从价值观、生活方式的角度界定；还有的从归属感、认同感及社区参与的角度界定。下面列举几种有代表性的观点。

（1）群体说。该观点主要强调社区是一种群体或组织，是在区分社区中的社会群体与其他群体异同的基础上形成的，主要代表人物是菲利普·塞尔兹尼克和希勒。菲利普认为社区是一群人，是一种变化着的群体经历，是一种具有相同信念和利益的人的组织，是一系列不同的群体行动时所借以依托的单位。

希勒认为社区是一种社会群体，在进行社区分析时至少有四个要素必须确定：（1）一定的成员；（2）获得成员资格的准入标准；（3）成员间有区别的角色或功能；（4）调节成员行为的规则。他并不否定社区的区域性，认为所有的社会群体都分布在一定区域，某种程度上他们是由人们生活的限定空间所建构的，但区域并不意味着他们都是社区。事实上，既定的区域是成员居住的地方，并不代表这个地方就是群体建构的。也就是说，社区是一个由在特定区域的人们建构的体系，给我们一种"社区—群体"（community-group）的印象。希勒通过区分所有的社会群体要素与社区群体要素，来说明社区与一般群体的不同。

（2）系统说。社区系统说是理论体系在社区研究中的应用，主要表现在以下三个方面：①把社区视为交往（互动）的场地，实质上就是研究以社区为基础的交往体系。②将社区视为大社会的次体系。这一观点的主要代表人物为美国学者罗兰·沃伦，他分析了社会宏观体系对地方社区的影响，提出了把地方性社区作为社会宏观体系的次体系的观点。他认为，社会的大变迁导致了宏观体系对社区次体系的支配现象。这使发达资本主义国家里的社区几乎完全依存于整个大社会，社区成了大社会的映射，所以人们在同一国家的所有社区里，可以看到相同的价值观和行为。③分析社区的格局对其功能的影响。沃伦由此分析了与地方性相关的五种功能，即经济（生产、分配、消费）、社会化、社会控制、社会参与以及互相支持的功能。

（3）综合说。主要是用来概括我国学者的社区观。自20世纪30年代引入西方的社区概念以来，我国学者逐渐形成了自己对社区的定义。费孝通、郑杭生、王康、袁方、何肇发和黎熙元、方明、吴铎等先后对社区进行了界定。尽管他们在为社区下定义时各有侧重，但总体上是在地域、人口、关系结构、心理认同、基本物质设施等要素框架下界定的，可以说是一种综合说。例如，费孝通认为，"社区是若干社会群体或社会组织聚集在某一地域里形成的一个在生活上相互关联的大集体"；郑杭生认为，"社区是进行一定社会活动、具有某种互动关系和共同文化维系力的人类生活群体及其活动区域"；王康认为，"社区是指一定地域内按一定社会制度和一定社会关系组织起来的、具有共同人口特征的地域生活共同体"；黎熙元和何肇发认为，"社区就是区域性社会，换言之，社区就是人们凭感官能感觉到的具体化了的社会"。

结合国内外学者的看法，本书对社区的定义为：社区是聚集在一定地域范围内的具有某种互动关系和共同文化维系力的人类群体，是一个地域性的社会生活共同体。

二、社区的结构要素

社区，无论作为社区居民的生活实体，还是作为一种社会实体，都有它的结构要素。

（1）拥有一定范围的地理环境和地域空间。作为社会实体的社区，总是要占有一定边界范围的地理环境和地域空间。它们是社区居民活动的基本场所和生活空间。社区居民的一切活动，包括生产和生活

活动，都在这个相对稳定和独立的自然和人文地理环境的地域空间里进行，并受其影响和制约。社区的自然地理环境主要包括社区的地理位置、占地面积、区域形状、地形、地貌、生态、气候、自然资源等；而人文地理环境则主要指社区的各种人文建筑景观和各种基础配套设施。所有这些为社区居民提供了基本的物质生活条件。根据基本的地理环境差异，可以把我国的社区分为城市社区和农村社区。两者在自然和人文环境方面差异性较大，在管理的方式和方法上也有差别。

（2）具有一定数量和联系的人口。人口是社区存在和发展的重要条件。任何一个实在的社区，总是有一定数量的并以一定的社会关系为基础的人口。社区人口的基本情况包括社区人口的数量规模、人口的分布、人口的构成以及人口的素质。人口数量的多少决定了社区的规模。人口越多，社区规模越大，社区管理的难度越大；人口越少，社区规模越小，相对来说，更容易进行社区管理。人口的分布，就是社区人口在社区地域空间的分布状况。人口过于密集，人口密度就大，就会影响社区管理的效率；人口相对疏散分布，人口密度就小，实施社区管理相对容易一些。人口的构成，包括社区人口的自然构成和社会构成。自然构成包括社区人口的年龄构成、性别构成。社区人口的年龄构成有老、中、少三个年龄层次，老年人口占社区人口的比重越大，其老龄化的程度就越大。社区的性别构成主要表现为男女性别比，总体上，一个社区的男女性别比应该在一个正常的比例范围内，否则会影响社区居民的正常生活。而社会构成则包括社区人口的阶层构成、受教育程度、职业状况、民族成分、婚姻状况、宗教信仰、流动状况等。人口的社会构成越复杂，说明社区人口的异质性就越强，就越会增加社区管理的难度；反之，则有利于社区管理。就当前而言，我国人口受现代化和城市化的影响，人口的流动性较大，城市人口在膨胀，而农村人口在缩小，给社区人口管理带来压力。人口的素质即人口的质量，包括人口的身体素质、文化素质、道德素质、心理素质等。高素质的人口会大大降低社区管理的成本和难度，而低素质的人口则会增加社区管理的成本和难度。目前，我国人口数量规模大，人口流动性大，而人口素质总体不高，因而实施社区管理的难度和成本会增加，要从根本上扭转这种局势，办法在于大力提高我国人口的总体素质。

（3）长期共同社会生活形成的一定社会关系。社区是在一定数量和规模的人群长期共同生活的基础上形成的。没有长期共同的社会生活这个基础，即使有一群人，他们之间也难以形成一定的社会关系，只是一种松散的关系，也就不能形成一个社区。进行共同生活，是基于一定的共同利益，遭遇共同的问题，具有相同的需要而结合起来进行的生产生活等社会活动或社会互动，包括人们在政治、经济、文化、社会和精神方面的活动。人们就是以这些共同的社会生活为纽带聚居在一起，产生各种联系和形成各种关系，形成共同的利益、需求和相互认同，由此形成一定的人群生活集合体。

（4）文化心理及由此产生的归属感和认同感。社区文化和心理是指社区居民在长期的共同社会生活中积淀而成的社区居民共同认同和共享的价值观、生活方式、风俗习惯、行为规范和精神特质与意识。它是对社区独特性、地域性和社会生活的全面反映，是一个社区区别另一个社区的主要标志，也是社区居民关系得以维系和凝聚的纽带，更是社区居民对社区产生归属感和认同感的重要来源。而社区居民对社区的归属感和认同感是社区居民在心理上对自己所属社区的依恋感、责任感和认同接纳程度。当社区居民在心理归属上愿意将自己归属于某个社区，说明他对这个社区产生了感情并对社区有较强的归属感和认同感，其会为自己的社区所取得的成就感到骄傲自豪，也会为社区的落后感到羞愧；反之则无此种感情。实际上这就是一种社区意识。社区就是在这种社区意识的推动下不断发展的，从而体现出与别的社区不一样的地方。当然，这种社区意识会影响社区管理。好的、积极向上的社区意识有利于实施社区管理；消极的、落后的社区意识不利于社区管理。

（5）一定的组织结构和服务体系。社区是一群人的集合体，也是一个社会组织现象。但是，社区不是一个简单的一群人的集合，也不是一个单一的组织现象。在它的里面，存在着许多不同分工和合作的小群体、小组织，由此形成复杂的组织结构体系。社区组织结构体系就是社区内的各种社会群体和社会组织之间的结构组成和互动关系，它包括社区里的政府组织和非政府组织及其相互之间的关系，具体包含社区里的家庭、学校、医院、工厂、公司、党政机关、社区管理机构以及群众组织等。社区作为人们的生活共同体和利益共同体，需要公共机构和组织来维护这个地域和居民的公共集体利益和公共秩序，以保证必需的公共产品和公共服务的供给。因此，在社区组织结构体系上形成了以此为基础的公共服务体系。一个相对成熟的社区，常常具有一套将通信网络、文化教育、休闲娱乐、医疗卫生、体育健身及其他社会福利设施等集于一体的公共基础设施和服务体系。而且这些设施和服务体系，随着社会的发展进步而不断地完善健全，并不断地提高其服务水平，以满足社区居民日常的物质文化需求。若缺乏这些设施和服务，或不具备与其时代发展水平相一致的设施和服务，必然会影响社区居民的生活质量，也将影响社区的发展和稳定。政府组织作为社会公共利益的代表，理所当然也成为社区管理、社区建设和发展的正当主体，它通过委托、授权等方式，将本属于政府的部分社区管理职能转交给社区内的社区自治组织、企业乃至个人，以实现社区公共秩序和公共利益的维护与公共物品和服务的供给。开展社区组织结构的研究，有利于加深对社区的认识，理顺政府、社会、社区和市场的关系，提高社区的管理和服务效能。

三、社区功能

社区主要有生存发展、社会整合、社会控制、民主建设等功能。

（一）生存发展功能

（1）生活功能。社区能提供各种就业、消费、娱乐和休闲、居住等的场所。

（2）安全功能。社会能为居民提供人身和财产安全的保障。

（3）学习功能。通过社区内的托儿所、幼儿园、中小学校和其他各类学校，为居民提供学习、教育机会。

（4）生命保障功能。通过社区内的各种医院、诊所、社区医疗保健机构和药房等，为居民提供生命健康保障。

（5）福利功能。通过社区内的福利机构和慈善组织，如残联、妇联等，为老、弱、病、残等弱势人群提供特殊照顾和帮助。

（二）社会整合功能

（1）社会化功能。社区并不单单是人们休养生息的地方，同时也是人们通过人际互动、教育学习以实现人的社会化的大学校。个人通过接受所居社区的文化与规范，以及社区成员间的相互接触，有助于帮助其形成共同的行为、生活方式及价值观念等，使其从一个自然人逐渐演化为社会人。社区的社会化功能不仅促使个体更好地融入社区，还为社会规范管理提供一定的保障，也能逐步完善社会内在整合的机制。

（2）组织化整合功能。社区将不同数量、构成和分布的人口在一定空间上聚集起来，将社会个体以不同方式进行不同程度的组织化，使社会与个体之间的衔接更加紧凑和连续。

（3）区际整合功能。一个社区不能满足其成员所有的需求，社区成员必然会与社区外的相关人员进行交往，通过成员之间不同的互动方式和互动程度，一个社区与其他社区建立联系，不同社区间的基础设施、信息等可以共享，实现资源整合。

（三）社会控制功能

（1）符号控制功能。一个社区的构成在某个维度上，如收入、职业、教育程度等方面具有一定的同质性，从而在此维度上为社区赋予了某种符号象征。这种符号象征，使人们对社区中的不同身份群体寄予不同的行为方式、生活态度等角色期待，从而无形中制约社区成员按照这种符号要求来行动和生活。

但是这种符号控制功能有正与负之分。这多多少少与阶层意识和阶层行为具有相似性。

（2）管制纽带功能。以社区作为基层治理单位，为国家、政府治理社会提供了更为系统的对应主体，弥补了类似于传统中国家族性质的组织治理中的层级替代的不足，使社区成为衔接家庭与国家之间的社会管理纽带，让个体与社会的联系更为紧密与持续。

（3）安全阀功能。在社区的系统管理下，通过社区，个人与国家之间的沟通得到保障，公民的意愿能够较大程度地得到反映，从而有利于消除社会矛盾或社会矛盾产生的温床，在时间和空间上，都对激进行为的产生起到了一定的抑制作用，最终有利于社会的稳定。

（四）民主建设功能

（1）参与感培育功能。社区与其成员的生活密切相关，成员为了保障自身的权益，会自发自愿地组成维护自身利益的组织，如城市社区中的居民组成业主委员会，来表达诉求和确保居民权益不受损害。居民通过参与到自身权益的事务治理中，逐步培育出公民参与公共事务治理的"主人翁"意识。

（2）公共参与功能。通过在社区公共空间举办一些公共集会等形式的活动，调动居民的参与感，不仅能培育居民"超自我"的集体意识，打破狭隘的"自我"观念，还能打破公共事务决策过程中的单一权力化倾向，从而增强公民民主平等观念，提升公民素质。

四、社区的特征

社区具有如下基本特征。

（一）社区是社会的缩影

社区是一个具体的、有限的地域社会共同体。在社区内，社区成员以家庭为单位消费各种生活资料，解决最基本的社会生活需求。因此，社区的各种社会联系更直接、更具体。社区生活内容是多方面的，既包括经济生活，又包括政治、文化生活；社区成员的关系也是多方面的，既形成一定的经济关系，又形成血缘关系、地缘关系等其他社会关系。可以说，社区是社会成员的生活基地，社区是一个社会实体。

社区的这一特征使社区与社会组织、社会有所区别。社会组织是为了完成某一特定的社会目标、执行某一特定的社会职能而形成的社会单位，它一般只能满足人们的某种或某几种需要，而不能满足人们生存与发展的多种需要，社会组织中成员的关系也是围绕实现组织的某一特定目标所形成的。与社会相比，社区内的社会生活具有直观性，并且只能反映社会的部分性质。社会不是众多社区的简单拼合，而是各种社会单位、社会现象、社会关系有机结合而成的整体，它具有超越各个具体社区的性质和特征，有着和具体社区不尽相同的发展规律和运行机制。

（二）社区是聚落的承载体

所谓聚落，是指各种形式的人类居住场所，它不单是房屋建筑的集合体，还包括与居住直接有关的其他生活设施和生产设施。

人类最早从生存、发展的需要出发，寻求适合自己居住的场所和各种活动的场地。这些场所和场地逐渐由临时的、移动的向着永久的、固定的方向转化，形成了由多所房屋组成的居住地，产生了以聚落为主体的居住生活方式。

社区的一切构成要素都是聚集在聚落之中的，人类社会生活的大部分活动都是在聚落这一地域空间内进行的。聚落是人类改造环境的产物，聚落作为人类活动的中心，既是人们居住、生活、休息和进行社交活动的处所，又是人类进行生产劳动的场所。我国的聚落形式有村落、集镇、县城和城市等，它们都是社区的承载体。正是这些不同的承载体，造就了不同类型、不同结构的社区。社区的这一特征是区分社区与行政区、社会区域的关键。

任务二　城市社区

滕尼斯、沃思、雷德菲尔德等依据社区的结构、功能、人口状况、组织程度等综合因素，把社区分为城市社区和农村社区两大基本类型，这也是被学术界广为接受的分类。

一、城市社区的涵义

城市社区是指由生活在一定地域范围内且大多数有劳动能力的人都从事工商业或其他非农产业的一定规模的人口所形成的一种社会生活共同体。

聚集到一定规模的人口是城市社区形成的一个必要条件，而工商业及其他非农产业则是城市社区居民从事的主要经济活动。由于一定数量的人口长期生活在某一区域里，他们之间形成了某些共同的利益、共同的要求，并有一定的行为规范和生活方式，从而也就形成了一个相对独立的社区。

二、城市社区的特点

1. 基本特征为人口高度集中

全国人口密度较大的城市，如上海中心市区人口平均密度为 2.0 万人/km²，最密为 4.0 万人/km²，是东京的 3 倍，是巴黎的 1.75 倍；广州为 2.95 万人/km²；天津为 2.0 万人/km²；北京为 2.7 万人/km²。高密度、大规模的人口集中，使人类群体的个体特征发生了变化，如人口聚集地每个人与他人的交往次数就会增多，而交往次数的增加，势必引起人口质量的提高。

2. 居民以从事非农产业为主

城市社区既是政治、文化中心，也是经济中心，居民经济活动主要以工商业和其他非农产业作为主要职业和谋生手段。

3. 社区成员的异质性强

异质性是不同个体、不同群体之间所存在的差异性。如职业上的异质性由就业结构的多样化造成，经济上的异质性由职业收入差异造成，个性异质性可能由成员来源于不同的地域造成，等等。异质性的城市居民的相互交往、影响造就了多元文化，也就有了见多识广的城市人。

4. 生活方式多样化

城市社区居民的生活方式多姿多彩，生活节奏较快，生活内容非常丰富，如城市居民接受新思想、新观念的途径多，所接受的信息传播快；城市居民在职业、收入、文化背景上差异大；城市居民的各类物质消费、生活娱乐方式多样，如读书、种草养花、钓鱼养鸟、看文艺演出、观体育比赛等。

5. 人际关系业缘化

现代社会劳动分工越来越细，各专业之间的相互依赖性越来越强，人际关系主要体现为业缘关系。主要原因有：

（1）城市生活节奏快、竞争压力大，城市居民的业余时间被用来不断充实自己，所以他们人际交往的时间减少；

（2）人际交往过程中，比较重法理、轻感情，城市居民给人一种表面热情、实际冷漠的印象；

（3）城市住宅条件由原来的平房大杂院转向高楼林立的独门独户，这种独立的居住环境代表着独立的经济利益、独立的生活空间，使得居民之间的交流减少。

6. 居民的组织程度比较高

社区居民的谋生方式多样化，生存压力较大，依赖组织。这些组织有正式的、非正式的组织，也有

经济、政治、社会、文化组织。居民的组织程度高且组织形式多样化。另外有学者将城市社区与农村社区相比较，详细地列举了它们各自的特点（表1-1）。

表1-1　城市社区与农村社区的特点比较

项　目	城市社区	农村社区
社区规模	较大	较小
人口密度	较高	较低
人口构成	异质性强（较复杂）	同质性强（较单一）
工作环境	偏室内	偏室外
职业	非农职业、差异很大	农业、差异较小
技能	高度专业化	专业化不高、差异明显
家庭人口	较少	较多
家庭与工作场所	较远	较近
社会接触	机会较多且以间接接触为主	机会较少且以直接接触为主
社会阶层	多	少
社会地位	不稳定且多为竞争所得	稳定且多为规定所得
社会流动性	高	低
生活水平	高	低
机构团体	多且庞大、复杂	少而简单
教育、娱乐机会	多	少
社会心理	思想较自由、易变化	保守、迷信
社会病态	多	少
社会控制	多	少

三、城市社区的种类

城市社区按照不同的划分维度，可分为以下几种。

（1）根据社区的规模不同，可以分为大型社区、中型社区、小型社区、微型社区等。

（2）根据社区的功能不同，可以分为工业社区、生活社区、商业社区、宗教社区、文化社区和综合性社区等。

（3）根据社区的区位不同，可以分为中心社区、边缘社区等。

（4）根据社区的形态不同，可以分为高级住宅区、一般住宅区、贫民区等。

四、我国城市社区的发展历程

我国城市社区发展经历了以下三个阶段。

（一）1949—1978年阶段

这一时期单位制度的力量日益强大，在此基础上国家对社会的行政控制力度也日益强化。行政力量从区一级延伸到街道一级，控制力大大加强，使社区居民委员会成为基层政权组织及其派出机构的附属，社区组织的行政化倾向也越来越严重，自治性、群众性和民主机制都受到了一定程度的抑制。单位制度从党政军机关扩展到所有国营和集体性质的基层企事业法人，尤其是单位大院，成为这一时期社区的主要表现形式，形成了高度自给自足的社区结构。

（二）1978—1992年阶段

这一时期，在政府的推动和引导下，单位对社区事务的影响日渐弱化，社区组织作用日益凸显，社区居民初步参与社区事务管理。城市中单位制度的作用开始减弱，单位体制内外从业人员发生变化，单位承担的社会职能向社区转移。政府与社会的关系也开始发生变化，大量的社会组织开始产生并发挥着越来越重要的作用，政府机构与社区组织的关系由领导、控制向指导、协调与合作的方向发展。

（三）1992年以后的阶段

这一时期政府日益重视培育自治型社区，逐步形成以社区居民为主体、社区组织为手段的政府支持型的新型、和谐社区。其标志性事件是1992年出台《中共中央 国务院关于加快发展第三产业的决定》，该文件要求，社区服务要向产业化、行业化方向发展。1992年10月，中国基层政权建设研究会在杭州市下城区召开了"全国城市社区建设理论研讨会"。国务院从当年起把社区服务业列入国家计划委员会的年度计划，在资金上通过两种方式扶持和引导社区服务业发展：一是各级财政给予一定支持，二是开办社会福利有奖募捐。1999年，民政部基层政权建设司改名为民政部基层政权和社区建设司。2000年，《民政部关于在全国推进城市社区建设的意见》出台，提倡全面推动城市社区建设，遵循的原则之一是扩大民主和居民自治。

任务三　农村社区

一、农村社区的涵义

农村社区也称乡村社区，是主要以农业活动为基础聚集起来的人们生活的共同体，它可以是一个小的村落，也可以是由几个毗邻的村落组成的社会区域。总括学者们的研究，农村社区基本要素有三，即职业是农民、居住密度低、共同的生活方式和价值观念。

二、农村社区的特点

农村社区在整体上表现出对自然依赖性强、人口素质较低、人际关系较简单、生活方式单一、经济水平不高、乡土观念重的特点。

（一）居民生存受自然环境影响大

农村社区居民的谋生手段主要是从事农业生产，而土地是农业生产最重要的物质基础，土地的自然肥沃程度和所处的地理位置直接影响居民的粮食收入。农作物的生长具有明显的季节性，受到气温、降雨、干旱、风力等影响。农业生产的规模化、技术化受到地势的限制，在成都平原、新疆农场、汉中平原等地势平坦的地方，土地面积较大；而在山地、盆地、丘陵等地带的土地要么在狭长的谷地，要么在山腰呈梯田状分布，土地面积相对较少。

（二）人口素质相对较低

农村社区所处地域较广，相对于城市人口密度稀疏，居民受教育程度低，人口整体文化水平不高。据《中国农村统计年鉴》显示，2022年我国农村居民家庭户主文化程度从未上过学的占2.7%，小学文化程度的占28.7%，初中文化程度的占54.9%，高中文化程度的占11.6%，大学专科文化程度的占1.8%，大学本科及以上文化程度的仅占0.3%。

（三）社会关系相对简单

相对于城市社区，农村社区由于是一个或几个姓氏的人们聚集在一定的区域内生活，居民社会关系

相对简单，主要是血缘、地缘关系。传统农村社区居民之间关系融洽、团结和睦、乐于互助。但是我国农村社区的社会关系随着农村的封闭性逐渐被打破，乡村资源的开发力度加大，居民外出机会增多，获得外界信息的渠道增加，人际关系变得比以前复杂，居民关系尤其是邻里关系相对疏远。农村邻里关系的恶化使农村社区生产和生活互助、生命安全保障、社会化等功能丧失。

（四）居民生活方式比较单一

广义的农村生活方式是指农村居民的全部生活方式，包括劳动、消费、休闲和政治生活等方式。狭义的专指消费与休闲。无论是狭义还是广义，与城市社区相比，农村社区的生活方式整体上比较单一。其生活方式在时间结构上具有季节性差异，有农忙与农闲之分；活动空间主要是家里、农田、邻里庭院、距离较近的集镇等地方；活动方式除了种植农田、饲养家禽和看电视、打麻将等之外，供农村居民学习和发展的活动比较少。整体来讲农村社区可供选择的活动方式和空间都较少。

（五）经济发展水平不高，居民收入较低

由于农村土地的分散性，阻碍了农村社区的农业规模化、产业化经营；公路等基础设施建设滞后，阻碍了农村社区对外拓展的空间；单一的农业经济形式阻碍了多元化产品市场的形成，这些使农村社区的经济整体发展水平落后，居民人均收入普遍较低。《中国农村经济形势分析与预测》指出，2023年城镇居民人均可支配收入 51 821 元，农村居民人均可支配收入 21 691 元，城乡收入仍有差距。

三、农村社区的种类

杨开道提出了农村社区的四个分类标准，即住宅聚散标准、历史久远标准、家族派别标准、地理位置标准。何肇发认为可以从三个角度划分农村社区，分别是按照经济活动性质分为农村社区与非农村社区（主要指集镇社区、工业村和矿业村、旅游社区和宗教社区）；按形态与规模分为大村、中村、小村；按发展水平分为初级社区与次级社区。我国乡村社会学者主要采用居民聚集程度这一标准，将农村社区分为三种，即散村社区、集村社区、集镇社区。

（一）散村社区

散村社区是指因特殊地理环境形成的零散的小村落。该社区的特征是一般聚居程度不高；居民从事的经济活动单一；居民往来频繁，相知甚深，彼此间关系密切；一般由于交通不便而与外界较隔绝，向外流动的机会很少；社区本身发展较慢，变迁不大；随着外界的开发，这类社区一般会逐渐向集村社区转变。

（二）集村社区

集村社区的居民居住较为集中，人数较多，规模较大，一般是几十户甚至几百户聚居在一起；常常是一个或数个大姓宗族共同聚居；有一个或多个商铺中心，方便居民在非赶集时期购买日常生活用品。

集镇社区的形成一般有三种类型：一是从地点适中、交通便利的农村发展起来；二是从定期赶集的自然集市发展起来；三是在已经成为行政区划的基层政治中心基础上发展起来。集镇的英文为"rurban"，是乡村和都市两词的缩写，突出体现了该类社区为农村服务但同时具有城市特点的性质。集镇社区的特征是构成社区的人口是长期居住在集镇但不从事农业生产的居民、流动参加集市售卖的行商，以及其他闲时来集镇务工的周边农村居民。集镇中工商、服务、建筑、运输、医疗卫生、教育、乡镇企业等行业性分工机构初步形成，其服务对象主要是集镇周边的农村和集镇中的居民。集镇作为扎根于农村、服务于农村的社区，由于其并不从事农业生产，而具有不同于农村的城市特性，因此它的社区文化具有城乡二重性。

我国有关集镇的社会学研究主要有 20 世纪 30 年代黄迪的《清河村镇社区：一个初步研究报告》和费孝通的《小城镇大问题》《小城镇新开拓》《论小城镇及其他》《乡土重建与乡镇发展》。费孝通在1981 年四访江村时，特别看到了农村的发展与小城镇建设的密切关系，所以他在 1982 年就决定从农村

上升一级，去调查研究作为农村政治、经济、文化中心的集镇。他发现集镇是以不从事农业生产的人口为主，具有与农村不同的特点，但与周边农村又保持不可或缺的联系。因此，集镇的城乡归属问题在学者之间存有争议。我们将集镇纳入农村社区范畴，并从集镇与周边乡村居民的赶集距离远近对其进行划分，可分为区级镇、乡级镇和村级镇。

四、我国农村社区的发展历程

自秦汉以后，我国一直沿袭乡政村治的体制，村为官民混合的组织。新中国建立前后的乡村社区发展史是一个日益变迁的过程史，随着市场化程度的不同，乡村的生活方式、观念习俗得以延续和改变的程度也会不同。总体来讲，其大致可以分成四个阶段。

（1）1949年以前，是自然经济时期的传统农村社区。这一阶段，农村社区处于超稳定状态。虽然晚清时期的洋务运动带来了冲击，但我国农村依然持续着传统的乡土性及宗法秩序。由于交通的限制，国家权力无暇顾及乡村，而村庄为了抵御外族的侵犯，借助宗法力量形成的宗族系统和乡绅阶层活动于乡镇、县之间，成为衔接乡村与国家之间的中坚力量，农村社区成为一个封闭、稳定、连续的共同体。

（2）1949～1978年，是乡村的乡土性延续期。1949年以后，经过人民公社时期，国家明令取缔乡绅阶层和宗法制度，对人口流动实行严格的控制，从而使国家权力全面深入乡村，农民牢固地扎根于土地。但因为农民的生存来源和生活方式并没有多大改变，其血缘、宗族和乡土观念依旧浓厚。

（3）1978～1992年，是乡村的重组时期。由于人民公社撤销，政府机构设至乡镇一级，农村权力控制出现松动乃至空隙。联产承包责任制的实施、乡镇企业的出现，使农村原有的社会权力结构面临解体的同时，传统的民间礼俗活动和村庙组织重新复活，民间组织的协调管理机制再次被提倡，如1982年宪法规定村民委员会是村民的自治组织，1987年通过了《中华人民共和国村民委员会组织法（试行）》。

（4）1992年至今，是村民自治管理乡村的培育时期。这一时期由于市场体系的引入、信息传播技术的提高和交通的日益发达，农村剩余劳动力大规模向城市流动，农村社区的边界日渐开放，市场力量渗入农村社区，农村社区的认同正在减弱，农村社区进一步发生分化。为了实现农村社会的有效整合，中央、省、市、县等各级政府大力支持村民自治制度的建立和开展相关的自治示范活动，并取得了显著成效，到2012年全国共建立村民委员会58.8万个，村民小组469.4万个，村民委员会成员232.3万人，全年共有10.9万个村（居）民委员会完成选举，参与选举的村民登记数为1.6亿人，参与投票人数为1.1亿人。

课后练习：

1. 名词解释：（1）社区；（2）城市社区；（3）农村社区。
2. 问答题：
（1）社区有什么特点？它具有哪些功能？
（2）城市社区的特点有哪些？
（3）农村社区的特点有哪些？
3. 案例分析题：
某社区，常住人口10万，平均年龄68岁，70%的老年人有退休工资，30%的老年人靠子女赡养。请根据情况分析社区的特点。

项目小结

本项目学习的内容包含社区概述、城市社区和农村社区三个任务。社区概述介绍了社区的概念、社区的结构要素、社区功能、社区的特征；城市社区介绍了城市社区的涵义、特点、种类、我国城市社区发展的历程；农村社区介绍了农村社区的涵义、特点、种类、我国农村社区发展的历程。

项目二　社区建设

社区建设

学 习 目 标

1. 知识目标：了解社区建设的定义、主要特征；熟悉社区建设的目标与社区发展的关系；掌握社区建设的内容和原则。
2. 技能目标：能够运用所学知识对社区建设进行方案设计和实践指导。
3. 素质目标：养成良好的社会责任感和专业使命感，积极参与所在社区建设。

项 目 导 入

社区建设是新时代基层治理面临的课题，是在党和政府的领导下，依靠社区力量，利用社区资源，强化社区功能，解决社区问题，促进社区政治、经济、文化、环境协调和健康发展，不断提高社区成员生活水平和生活质量的过程。社区建设具有社会性、群众性、综合性、计划性的特征，并包含了组织建设、服务建设、治安建设、环境建设、卫生建设、文化建设六个方面的内容。社区建设重在开展城市社区建设与农村社区建设，通过科学治理，高质量稳妥地推进城市社区和农村社区建设。

本项目包含社区建设概述、城市社区建设和农村社区建设三个学习任务。

任务一　社区建设概述

一、什么是社区建设

（一）社区建设的定义

19世纪的工业化和城市化改变了传统社区中人与人的关系，社区的社会功能弱化，随之带来贫困、犯罪、基础设施破旧等社会问题。从19世纪末开始，英、法、美等国相继开展了"睦邻运动""社区组织运动""回归社区运动"，希望重建具有共同价值取向的、亲密的、富有人情味的社会关系或社会团体。回归或重建社区成为当时的一股社会热潮。到了第二次世界大战以后，由于西方发达国家出现失业严重、贫困和社会秩序混乱等问题，一些国家便提出用社区建设的理念和思路去解决以上种种社会问题。20世纪80代以来，美国等一些发达国家再次掀起社区建设的思潮，以此来加强社区居民之间的交往，实现互相关怀的目的。应该说，西方社会把社区建设理解为一种强化社区要素、发展社区组织、增强社区活力、提高社区居民生活水平的活动。

我国改革开放以后，民政部门推动城市广泛开展社区服务，1991年5月，民政部首次提出"社区建设"这一概念。随着我国改革的进一步深入发展，社会问题日益突出，这对政府管理机制、管理能力和服务水平提出了更高的要求。在这种情况下，中央将城市社区建设提上议事日程。1998年，国务院明确赋予民政部"指导社区服务管理工作，推动社区建设"的职能，并在原基层政权建设司的基础上设立基层政权和社区建设司，进一步推动社区建设在全国的开展。2000年11月，《民政部关于在全国推进城市社区建设的意见》中给社区建设的含义做了界定：社区建设是指在党和政府的领导下，依靠社区力量，利用社区资源，强化社区功能，解决社区问题，促进社区政治、经济、文化、环境协调和健康发展，不断提高社区成员生活水平和生活质量的过程。2006 年 10 月，党的十六届六中全会通过的《中共中央关于构建社会主义和谐社会若干重大问题的决定》提出：全面开展城市社区建设，积极推进农村社区建设，健全新型社区管理和服务体制，把社区建设成为管理有序、服务完善、文明祥和的社会生活共同体。这就意味着社区建设已经成为新时期我国经济和社会全面发展的重要内容。党的十七大以来，国家又提出和谐社区建设概念，力争把全国 80%以上的城乡社区建设成为管理有序、服务完善、文明祥和的社会生活共同体；到建党 100 周年时，把所有城乡社区全面建设成为管理有序、服务完善、文明祥和的社会生活共同体。

（二）社区建设的内容

社区建设的内容包括：

（1）社区组织建设。社区组织主要是指以兴办、管理一定社区的经济、政治和文化事业为目的建立起来的地域性社会组织，它是社会组织的类型之一，包括社区党组织、社区自治组织和社区中介组织等。

（2）社区服务建设。社区服务是社区建设的出发点和落脚点，是体现政府为百姓谋福利的直接环节。目前我国的社区服务主要是为社区居民和社区单位提供便民利民的措施、设备，为老年人、儿童、残疾人、低收入群体提供社会救助和优抚，为下岗职工提供再就业和社会保障等。

（3）社区治安建设。社区治安是指政府部门及其职能部门，依靠社区力量，强化社区控制，促进社区秩序安定有序的状态。良好的社区治安是人们安居乐业的保障，是社会稳定发展的前提，是社区建设的一项基本任务。

（4）社区环境建设。由于社区建设是在一定的环境中进行的，社区环境在社区建设中占有重要的地位，是社区建设中不可缺少的内容。因此，必须建立一个适合社区居民工作、学习和生活的环境，完善配套设施，为社区的整体规划建设提供硬件保障。

（5）社区卫生建设。社区卫生是指基层卫生部门在党和政府的领导下，依靠社区各种力量，充分利用社区的卫生资源和优势，为社区居民和组织提供便利和高质量的卫生医疗保健服务。社区卫生建设是社区居民健康快乐生活的一个前提条件，具有十分重要的意义。

（6）社区文化建设。社区文化是社会文化的一个重要组成部分，指社区居民在特定区域内长期活动过程中所创造和形成的，具有群体特点的意识形态、价值观念、行为模式、生活习惯等文化现象的总和，包括社区教育、社区体育等方面。社区文化在增强社区凝聚力、提升居民综合素质方面起着重要作用。

（三）社区建设的基本原则

社区建设的基本原则指在社区建设的过程中应当遵循的指导思想、根本宗旨及基本理念。根据目前我国社区建设的实际情况，社区建设应遵循以下五个基本原则。

（1）以人为本原则。该原则关注社区居民的实际需要，包括物质层面和精神层面的需要，以提高社区居民的生活水平和综合素质为目标，重视和加强社区服务工作。

（2）大众参与原则。大众参与原则要求社区内所有的居民群众及各类组织机构，包括机关、企事业单位、非政府组织、民间团体等，都应该积极参与社区建设事务，这是实现居民自治和社区民主建设的重要条件。

（3）党和政府主导原则。在社区建设工作开展过程中，必须坚持党和政府的领导地位，充分发挥党和政府的指导、组织、协调、监督和控制作用，这是中国特色社会主义社区建设的重要特征。

（4）因地制宜原则。坚持实事求是，一切从实际出发，具体问题具体分析的工作方法，根据社区的特点，结合资源优势，开展具有自身特色和利于自身发展的社区建设。

（5）协调有序发展原则。该原则有两点要求：一方面，社区建设的内部要素之间、内部和外部要素之间要相互协调，互相促进，以求共同发展；另一方面，社区建设要有计划、有步骤地进行，不同时期区分其重点和关键。

（四）社区建设的主要特征

1. 社会性

社区建设既不是一种单纯的政府行为，也不是纯粹的民间活动，而是各类社区主体、各种社会力量共同参与、共同发挥作用的过程。其中，党和政府发挥着主导性作用，处于领导地位；居民委员会及村民委员会和各种社会团体起着骨干和中介作用，是党和政府联系居民的桥梁和纽带；社区企事业单位对社区建设发挥强有力的支持作用；居民群众则是社区建设的基础力量和参与主体。

2. 群众性

社区建设必须立足于居民的积极参与，居民对社区建设参与热情越高、对社区的归属感和认同感越强，社区的发展就会越快，社区建设工作的开展就会越顺利。另外，社区建设必须坚持以居民的根本利益和实际需要作为出发点和立足点，坚持以人为本原则，这是社区发展的根本。

3. 综合性

社区建设无论是内容、方法还是评估标准上，都体现出很强的综合性。需要采用多种方法和多样化的评估标准。

4. 计划性

社区建设实际上是在遵循社会发展规律的基础上，制订社区建设计划，对社区未来的发展目标及达到这个目标的措施做出决策，以增强自觉性，推动社区整体发展。应根据社区的实际情况，制订科学、全面的发展规划和工作计划，分为长期、中期和短期不同阶段推进，并以此指导实际行动。

二、社区建设的目标

（一）众多理论和实践工作者所主张的社区建设目标

20世纪90年代后期，伴随着社区建设的普及和建设水平的提高，越来越多的理论和实践工作者对社区建设进行了思考和探索，对社区建设目标的确定提出了不同理论解释。主要有以下几种代表观点。

（1）将社区发展目标区分为长远目标和现实目标。长远目标指的是无形的人文发展，如社区生活质量、社区文化、社区凝聚力、社区秩序、社区社会参与、社区服务等的全面提高；现实目标主要是有形的社区组织建设与制度建设、社区政治经济文化事业的发达等。

（2）从社会变迁角度出发，把社区建设看作城市化的继续。城市化的继续既是城市发展的继续，同时也是市民现代化的继续。

（3）从城市社区权力结构变迁角度，探讨政府与社会、政府与社区之间的关系，认为社区和社会发展趋势应该是建设强社会与强国家的双重目标模式。

（4）从基层管理面临的基本矛盾与现代社区管理体制建设角度，提出社区建设的目标是加强基层政权和基层民主建设。

（5）从基层民主政治建设和社区参与的角度，提出社区建设的目标是实现社区居民自治，并以建构市民社会为核心目标。

（6）从社会问题大量涌现、社会矛盾恶化以及社会秩序混乱的角度，提出城市社区建设的社会化目标，即为政府分忧、为企业减负、为社会解难，通过社区自身建设有效化解社会矛盾、缓解社会紧张、营造良好的社会氛围。

（二）民政部所确定的社区建设目标

2000年发布的《民政部关于在全国推进城市社区建设的意见》指出：今后五到十年城市社区建设的

基本目标为建设管理有序、服务完善、文明祥和的社会生活共同体，不断提高社区成员的生活水平和生活质量。

主要目标是：①适应城市现代化的要求，加强社区党的组织和社区居民自治组织建设，建立起以地域性为特征、以认同感为纽带的新型社区，构建新的社区组织体系；②以拓展社区服务为龙头，不断丰富社区建设的内容，增加服务的项目，促进社区服务网络化和产业化，努力提高居民生活质量，不断满足人民群众日益增长的物质文化需求；③加强社区管理，理顺社区关系，完善社区功能，改革城市基层管理体制，建立与社会主义市场经济体制相适应的社区管理体制和运行机制；④坚持政府指导和社会共同参与相结合，充分发挥社区力量，合理配置社区资源，大力发展社区事业，不断提高居民的素质和整个社区的文明程度，努力建设管理有序、服务完善、环境优美、治安良好、生活便利、人际关系和谐的新型现代化社区。

三、社区建设与社区发展的关系

我国的社区建设是一项具有鲜明中国特色的社会事业，与国外盛行的社区发展既有相似性，同时也有明显的区别。

"社区发展"一词是由美国社会学家 F. 法林顿于 1915 年在《社区发展：将小城镇建设成更加适合生活和经营的地方》一书里最早提出，由此把社区研究的视角从农村转向了城镇。20 世纪 50 年代初期，许多国家纷纷出现失业、贫困、社会秩序混乱等一系列社会问题。为了缓解社会矛盾，加强政府与人民的沟通联系，动员广大居民共同解决社会问题，60 年代联合国发起了一场旨在促进各国社会进步和经济发展的运动。根据联合国 1960 年出版的《社区和有关服务》一书的陈述，该运动旨在促进社区参与社会发展，把这些社区与整个国家结合为一体，使社区能够为国家的进步做出充分的贡献，主要提倡两种精神：一是各国人民本着主动自觉的精神，参与到改善自身生活水平的运动之中；二是各国政府发扬主动、自助、互助的精神，制订各种目标不同的社区改进方案，提供技术和其他各种服务，为社区和国家的发展做出努力。这场运动大都从乡村开始实施，随后逐步扩展到城市。我国的社区建设与国外的社区发展在含义、内容和基本原则上都具有相似性，应该说我国社区建设的理论和方法在很大程度上借鉴了国外社区发展的经验和理念。但是，两者之间还是存在很大的差异性。

第一，我国的社区建设产生并发展于社会主义制度下，与社区发展在历史背景和制度约束条件方面存在很大差异。

第二，我国的社区建设产生并发展于社会主义初级阶段，与社区发展有不一样的时代特征，因此，两者的内容并不完全相同。

第三，我国的社区建设是在党和政府的领导或主导下开展的，受国家的方针、政策和相关规定的影响，是建设中国特色社会主义战略目标的重要组成部分，与社区发展具有本质上的区别。

第四，我国的社区建设有街道办事处、居民委员会等基层政权组织及一系列群众自治组织作为社区建设的组织架构依托，与社区发展相比具有明显的组织上的保障优势。

任务二　城市社区建设

一、城市社区建设的发展历程

新中国成立以后，党和国家的工作重心从农村转向城市。新中国成立至改革开放的 30 年间，我国构建起区、街道、居委会三级城市基层政权组织体系，城市居民委员会开展了公共福利、治安保卫、调解纠纷等工作，为社区建设的产生奠定了基础。真正意义上的城市社区建设开始于改革开放以后。根据不

同阶段社区的建设内容及特点，可将城市社区建设历程分为以下几个阶段。

（一）社区服务阶段（20世纪80年代中后期—1990年）

这一阶段，社区建设以开展社区服务为核心。1986年民政部首次把"社区"概念引入城市管理，提出要在城市中开展社区服务工作。1987年，民政部召开"全国城市社区服务工作座谈会"，提出城市社区服务应从老人服务、残疾人服务、优抚对象服务、困难户服务、儿童服务、家庭服务以及其他便民服务做起。1989年9月，民政部在杭州召开"全国城市社区服务工作会议"，要求在全国普遍开展社区服务工作。这一时期，我国的社区建设以开展社区服务为主，以民政服务为重点。我国在开展社区服务的过程中，不断扩大服务对象、扩展服务内容，社区服务对象由民政对象扩大到全体居民，社区服务内容也不再局限于民政服务内容。

（二）社区建设试验探索阶段（1991—1999年）

这一阶段，中国政府提出社会建设的概念，并开始进行社区建设。1991年，时任民政部部长崔乃夫指出："社区建设是健全、完善和发挥城市基层政权组织职能的具体举措，是建立'小政府、大社会'的基础工程。"1998年，民政部基层政权建设司变更为基层政权与社区建设司，社区建设被纳入国家行政职能范围。1999年，民政部制定《全国社区建设试验区工作实施方案》，明确了社区建设的总体要求、基本原则、工作步骤以及工作内容。这一时期中国社区建设突破了社区服务的范畴，具有了更丰富的内涵与内容。上海、青岛、南京、杭州等城市积极探索社区建设的路径，初步积累了社区建设的经验。

（三）社区建设全面深化阶段（2000—2009年）

这一阶段，社区建设在全国范围内正式推广，社区建设的核心工作为创新社区管理体制、构建新的社区组织体系。2000年11月，中共中央办公厅、国务院办公厅转发《关于在全国推进城市社区建设的意见》，明确社区建设是指在党和政府的领导下，依靠社区力量，利用社区资源，强化社区功能，解决社区问题，促进社区政治、经济、文化、环境协调和健康发展，不断提高社区成员生活水平和生活质量的过程，推动各地区将社区建设纳入国民经济与社会发展计划。2001年，社区建设被列入国家"十五"计划发展纲要。2006年，党的十六届六中全会第一次提出了"农村社区"概念，开始在全国范围内推进农村社区建设。2009年，民政部发布《关于进一步推进和谐社区建设工作的意见》，确定"建设管理有序、服务完善、文明祥和的社会生活共同体"的目标，统筹推进城乡社区建设。同年，民政部授予500个社区为"全国和谐社区建设示范社区"。

（四）社区治理阶段（2010年至今）

这一阶段，社区建设的重点在于构建城乡社区治理体系，提升城乡社区治理能力，打造共建共治共享的治理格局。社区治理是社区建设的新阶段，是国家治理的重要组成部分。2012年11月，党的十八大报告指出，要健全基层党组织领导的充满活力的基层群众自治机制。2015年7月，中共中央办公厅、国务院办公厅印发《关于加强城乡社区协商的意见》，明确要开展形式多样的基层协商，推进城乡社区协商制度化、规范化和程序化。2017年6月，《中共中央 国务院关于加强和完善城乡社区治理的意见》指出，完善城乡社区治理体制，努力把城乡社区建设成为和谐有序、绿色文明、创新包容、共建共享的幸福家园。2017年10月，党的十九大报告提出，加强社区治理体系建设，推动社会治理重心向基层下移，发挥社会组织作用，实现政府治理和社会调节、居民自治良性互动。

二、城市社区建设的演进

通过梳理城市社区建设的历程，可以发现，我国政府在社区建设中不断推动社区治理方式由政府管理向协商共治转变、社区服务内容由政务向居务转变、社区参与由被动向主动转变、社区联结由松散向紧密转变。

第一，社区治理方式由政府管理向协商共治转变。改革开放初期，我国政府在社区建设中处于主导地位。伴随着城镇化的快速推进，我国的社区数量急剧增加，社区管理工作愈发繁杂，社区矛盾日益凸显，居民物质文化需求不断增长，政府单一主体无法包办所有的社区事务，诸多社区事务都需要社区内外的多主体相互配合、共同协商，利用多种资源与运用多种方式来解决。2011年7月，《中共中央 国务院关于加强社会创新管理的意见》出台，文件强调"党委领导、政府负责、社会协同、公众参与"。这表明，我国社会管理开始了社会化的路径。2013年，《中共中央关于全面深化改革若干重大问题的决定》首次提出"国家治理体系"和"治理能力"的概念。治理强调多元主体民主、参与式、互动式管理，而不是单一主体管理。2017年6月，《中共中央 国务院关于加强和完善城乡社区治理的意见》明确提出，到2020年，基本形成基层党组织领导、基层政府主导的多方参与、共同治理的城乡社区治理体系。全国各地城乡社区积极推动社区多元主体的协商共治，集中多方资源解决社区问题、化解社区矛盾。从政府管理向协商共治转变，既体现了中国市场力量和社会力量不断觉醒与独立，能够有效参与社会建设，也体现了中国不断提升国家治理水平，推动国家治理体系和治理能力现代化。

第二，社区服务内容由政务向居务转变。在过去的实践中，我国的社区服务呈现出行政化和慈善化两种特征。行政化体现在社区居委会将主要精力放在完成政府下派的任务上，对于居民的诉求重视不够，部分工作人员服务意识淡薄，导致居民与居委会的联系不紧密。慈善化体现在很多社区居委会片面地将社区服务理解为逢年过节慰问居住在社区的残疾人、老年人、贫困户等特殊群体。事实上，社区服务的对象不仅包括民政帮扶对象，还应该包括全体社区居民，社区服务的内容不仅是落实政府的任务，还应坚持居民需求导向。另外，社区服务的方式应该更加专业化、精细化。2006年，国务院发布《关于加强和改进社区服务工作的意见》，强调"大力推进社区公共服务体系建设，充分发挥社区居委会在社区服务中的作用，鼓励和支持各类组织、企业和个人开展社区服务"。2009年，民政部《关于进一步推进和谐社区建设工作的意见》提出"进一步完善以民生需求为导向的新型社区服务体系"。2017年6月，《中共中央 国务院关于加强和完善城乡社区治理的意见》提出"提高社区服务供给能力。"在现有的实践中，部分社区居委会准确把握社区居民的需求，为其提供具有针对性和专业性的服务。例如，社区居委会针对老旧无物管小区，重点解决居民关心的车位划分、电梯加装、治安维护、垃圾清理、邻里纠纷等问题；针对新建商品房小区，重点开展党建、志愿服务、文化宣传等活动，增强社区的凝聚力；针对村改居的社区，重点做好心理建设和生产生活技能培训，推进"村民"向"居民"的身份转变；针对新农村社区，重点考虑农户生计问题，降低农户的生计风险。与此同时，社区居委会不断丰富服务内容，满足社区不同群体的需求，比如为社区儿童及其家庭开展阅读、绘画等益智类亲子活动；为社区老年人提供志愿服务、开展文娱活动；为社区特殊群体提供日常照护、心理疏导、技能培训等服务。随着居民对社区服务专业要求的不断提高，越来越多的社区引进社工机构，为居民提供专业化的服务。从政务向居务的转变，体现了社区建设观念的转变，只有真正解决居民的问题、满足居民的需求、维护居民的切身利益，才是真正地为居民服务，才能培养居民的信任感。

第三，社区参与由被动向主动转变。社区参与通常肩负着实现社区自治、促进民主政治发展的理想主义使命。我国不断探索社区居民参与社区治理的路径，推动参与式社区治理模式的形成与完善。2009年，民政部发布《关于进一步推进和谐社区建设工作的意见》，积极探索业主自治与居民自治的有效衔接，引导社区居民以理性合法的形式表达利益诉求，维护自身的合法权益。2010年，中共中央办公厅、国务院办公厅发布的《关于加强和改进城市社区居民委员会建设工作的意见》指出，社区居民委员会要依法组织居民开展自治活动。2015年7月发布的《关于加强城乡社区协商的意见》指出，提升城乡居民参与协商的能力，引导群众依法表达意见，积极参与协商。2017年6月发布的《关于加强和完善城乡社区治理的意见》指出，凡涉及城乡社区公共利益的重大决策事项、关乎居民群众切身利益的实际困难问题和矛盾纠纷，原则上由社区党组织、基层群众性自治组织牵头，组织居民群众协商解决。由此可

见，参与社区协商是居民社区参与的重要组成部分，居民通过社区协商表达自身诉求，影响社区公共政策的制定与执行，维护好自身利益。当前，居民参与的途径、方式日趋多元化、多样化，社区党组织、社团组织、志愿组织为居民参与社区建设提供了重要的平台，网络技术的运用使得居民参与社区建设的方式更加灵活、便捷。居民社区参与途径的多元化、形式的多样化以及参与效果的提升，极大促进了居民的社区参与从消极被动走向积极主动。

第四，社区联结由松散向紧密转变。社区联结强调在人际互动的基础上形成紧密的居民关系。现代社会呈现出碎片化、原子化的状态，居民之间的情感联系较为薄弱，社区公共精神、公共文化难以培育，个体的幸福感与安全感降低。我国在社区建设中注重培育社区居民之间的情感，增强社区成员的互动与交往，旨在将社区建设成充满温情的家园。2000 年，《民政部关于在全国推进城市社区建设的意见》明确指出，社区是聚居在一定地域范围内的人们所组成的社会生活共同体。社区作为生活的载体，不仅具有地域性、功能性的特征，还具备情感性的特征。构建社会生活共同体就要建立社区居民之间的情感纽带，增强社区认同感和归属感，使居民在社会生活共同体中获得情感支持。党的十六届四中全会明确提出了"构建和谐社会"的思想。2009 年，民政部发布《关于进一步推进和谐社区建设工作的意见》，强调"要把城乡社区全面建设成为管理有序、服务完善、文明祥和的社会生活共同体"。2013 年，习近平总书记指出，社区建设要与邻为善、以邻为伴。我国在社区建设中积极探索邻里之间、社区各主体之间的利益、情感联结点，力图改变社区碎片化、原子化的状态，增强社区的凝聚力和提升社区居民的归属感。

三、城市社区建设面临的挑战

经过不懈的努力，我国逐渐探索出了适合自身发展的社区建设路径。随着经济社会的发展，我国社会呈现出一系列张力与矛盾，给社区建设带来了诸多挑战。

首先，个体化产生的社会风险与维护社区的和谐稳定之间存在巨大张力。个体化的浪潮将个体从传统社会形式和义务中脱离出来，个体拥有多元、自主的选择，但与此同时，个体也面临新的危机和风险。在个体化的社会中，社会联结形式弱化，而新的组织化的诉求表达机制与公共参与机制尚不健全，个体成为社会风险的承担主体。社区作为个体主要的生活空间，是风险爆发与风险承担最集中、最基础的单元。怎样克服复杂多元的社会风险，是社区建设面临的巨大挑战。

其次，居民多层次的生活需求与社区服务供给能力不足之间存在深刻矛盾。社区对于居民而言，不仅是一个居住空间，更是一个生活场域，社区应该为居民提供良好的生活环境。伴随着居民生活水平的提升，居民对社区的服务供给能力提出了越来越高的要求。而在我国大部分地区，由于硬件设施、专业能力、服务水平等诸多因素的限制，社区难以为居民提供内容丰富、形式多样且品质优良的服务。如何提升社区服务供给能力，如何协调与监督社区内部不同的服务供给主体，如何调动更多的社会力量参与社区服务，从而满足居民高品质、多层次的生活需求，是社区建设必须面对与思考的问题。

再次，社区成员异质性与社区公共性之间存在内在冲突。在市场化、城镇化快速推进的背景下，社会人员流动的速度较快、规模较大，社会分化日益加剧，社区成员之间的异质性增强，社区公共性减弱。社区成员的异质性具体表现为居民在思想观念、文化背景、经济收入、社会地位、生活方式等方面都不尽相同。人类具有同质交往的本性，个体间的异质性带来了社区的原子化、隔离化，影响整个社区凝聚力以及居民对社区的认同。但是，社区作为居民生活的公共空间，应该增强公共性。社区既要为居民提供公共产品，还应建立起公共精神、公共道德，从而减少不同观念、不同偏好、不同习惯的个体共享公共空间带来的冲突与矛盾，尽量避免异质性对公共性的侵蚀。现代社会愈发多元与复杂，如何调和异质性与公共性之间的矛盾，是对社区建设的重大挑战。

四、城市社区建设的展望

社区建设是一个持久的过程，在未来的发展中，社区应积极应对个体化、异质性以及居民需求多样化带来的挑战，以重塑社区公共性为目标，推动居民自治、培育社区精英、完善社区服务、实现协商共治。

（一）推动居民自治

居民是社区的主人，居民要主动参与社区事务，实现自我管理、自我教育、自我服务。从制度设计上看，居委会、村委会是基层群众自治组织。但从实际运行的情况看，基层群众自治仍是一项处在培育过程中的基层民主形式，对于行政力量存在着相当程度的依赖。在社区建设中要厘清政府管理与群众自治的边界，促进政府行政管理与基层群众自治有效衔接和良性互动。同时，应不断培育居民自治意识，提升自治能力，引导成立文化艺术类、志愿服务类等各种类型的自治组织，更大范围地联结社区居民、丰富居民生活、提升社区凝聚力。居民自治有利于将原子化的个体组织起来，培育居民的社区归属感和认同感，降低个体化带来的社会风险；有利于社区不同群体表达自身诉求、维护自身权利，克服异质性带来的冲突；有利于充分发挥居民在社区管理中的主体作用，推动居民从被动管理走向主动自治。

（二）培育社区精英

居民自治不可能一蹴而就，在实现居民自治的过程中，一定要重视社区精英的力量。社区精英是指具有较强的公共意识和参与意识，实际参与社区公共权力的分配与运行，对社区公共事务产生影响力的人。按照资源类型，社区精英可分为党政精英、经济精英、社团精英、专业精英四类。从功能上讲，社区精英是联结居民、表达居民利益诉求的重要群体。培育社区精英，就是带动社区中有意愿、有能力的居民参与到社区建设中，并以此带动更多的居民参与社区建设。精英治理是由政府主导治理模式向居民自治模式转变的过渡模式，精英治理最终是要走向居民自治。

（三）完善社区服务

当前，人民群众的物质文化需求呈现出多样化、多层次的趋势，这对社区服务提出了更高的要求。社区建设应不断丰富社区服务内容、创新社区服务方式，提升社区服务供给能力。社区服务能力与国家、社会公共服务能力密不可分，在和谐社会创建中，既要从宏观层面提升国家、社会的公共服务能力，还要从微观层面提升社区居委会、业委会、物业、社团组织、社工机构等社区多主体的服务能力。在提供社区服务的过程中，要树立公民导向，明确社区服务是居民基于公民身份和资格而应享有的，避免社区服务出现行政化、慈善化的倾向。与此同时，要鼓励和引导市场主体参与社区服务，在保证社区服务福利性的同时，不排斥其市场性。社区服务的完善，能够提高居民生活质量，提升居民的满足感与获得感，应对居民需求多样化带来的挑战。

（四）实现协商共治

多元主体协商共治能够为社区建设凝聚多方力量、整合多方资源、协同多种机制，解决社区内部的复杂问题。在协商共治的框架下，社区居委会、业委会、物业、社团组织、社工机构等多元主体平等地进行对话、竞争、合作，针对社区的具体问题，共同协商解决方案，防止因主体力量不对等导致部分主体权益受损，预防冲突与对抗，缓解各类社区矛盾。协商共治不仅有利于明确社区各主体责任、提升各主体议事能力以及回应居民需求的能力，维护社区公共利益，还有利于加强各主体间的沟通与联系，避免各主体间的利益分化和社区治理结构的碎片化，形成治理合力。

任务三 农村社区建设

2015 年 5 月 31 日，中共中央办公厅、国务院办公厅印发了《关于深入推进农村社区建设试点工作的指导意见》（见本章附录），对我国农村社区建设做出全面部署。

一、农村社区建设存在的问题

新中国有关农村社区建设的思想和实践，最早可以追溯到 20 世纪 50 年代末，当时全国农村都在建设人民公社。但是真正开展农村社区建设的时间，却是在 20 世纪 90 年代中后期。此后国家对农村社区建设投入了一定资金，农村基础生活设施（水、电、路、邮）有所改善。

但是农村与城市相比较，差距依然存在，如基础设施方面：从乡来看，乡级道路桥梁的实物存量呈现下降态势；从村庄来看，村庄公用设施的资金投入呈现增加的态势，但是村庄道路桥梁的实物存量变化不大。1990—2008 年，村庄年建设投入平均增速为 12.13%，村庄公用设施投入平均增速为 24.70%，但是村庄道路长度平均增速却为 0.73%；从人均收入来看，2009 年之前，农村居民收入增幅一直低于城市，虽然从 2010 年开始，农村居民可支配收入增速开始追上城市，2013 年，农民人均纯收入 8896 元，比 2012 年增加 979 元。中国社会科学院农村发展研究所 2024 年发布的《农村绿皮书：中国农村经济形势分析与预测（2023—2024）》指出，预计 2024 年农村居民人均可支配收入增加到 2.3 万元左右，城乡居民收入比下降到 2.35 万元左右，城乡居民收入差距进一步缩小。尽管如此，农村居民和城市居民之间的收入仍有差距，要真正实现农村社区向城市社区转变，除此之外，还有许多问题需要解决。

（一）广地域、低密度的人口分布，增加了农村社区建设的成本

农村社区由于自然地理位置、地理环境的原因，人口密度低，如国家贫困县、山区县的人口密度在 50~100 人，牧区县、半牧区县和陆地边境县的人口密度则不到 10 人。整体来讲，农村社区人口密度比城市社区低得多。这种广地域、低密度的分布特征，无形中增加了农村社区建设的经济、人力甚至制度成本。

（二）筹集建设资金比较困难

农村社区建设最大的制约因素是资金的匮乏。其中，最大的难题是农民建房资金问题，最大的瓶颈是基础设施和公共服务设施配套资金问题。农村社区建设是统筹城乡发展的一项庞大的系统工程，需要庞大的资金支持。然而，政府财政政策捆绑、项目整合的扶持资金非常有限，土地置换资金到位滞后，企业参与、社会组织投入、个人赞助等社会力量参与严重不足，渠道多样化、主体多元化的投融资机制尚未形成，资金短缺的瓶颈制约非常突出，难以弥补农村社区建设及维持社区机制正常运转的资金缺口。

（三）政府扶持政策的缺失

目前，基于国家层面的农村社区建设政策体系还没有形成，没有能够衔接的相关配套设施。城乡之间存在着不平等的社会保障政策以及向城市居民倾斜的社会保障制度。政府扶持政策的缺失具体表现为：一是规划审批政策缺失，缺少统一的审批标准，前置条件多、审批环节多、规费收取多、运行周期长；二是建设用地政策缺失，农村土地综合整治政策和土地增减挂钩政策缺乏可操作性，而社区建设用地受政策制约较大，现行的土地政策不能从根本上满足社区建设用地的需要；三是失地农民的就业、养老等还没有相应的政策保障。

（四）简单粗暴的发展模式导致严重的环境问题

由于部分农村社区建设在垃圾、污水处理方面跟不上，使得农村社区的环境问题日益凸显。伴随工业化、城市化的发展，以及流动人口数量的加大，生产向多样化的生产活动发展。由于社区的管理和服务不到位，农村社区的发展屡遇瓶颈，导致出现的环境、卫生、治安等方面的问题不能得到及时有效的解决。农村社区的环境问题严重制约了我国社区的良性发展。

（五）农村居民的社区整体意识不强

随着农村经济的不断发展，农民主观上渴望过上高质量的生活的愿望增强，但由于受到小农经济的自给自足意识的影响，单家独户、独门独院的思想短时间内难以根除。有些农民又不愿意参与到社区建设之中，对政府提倡的公共设施建设，如修公路、建学校等事务颇多微词，认为建设农村社区是政府的事，跟自己关系不大。这种"搭便车"的心理现象，是阻碍农村社区建设的内部因素之一。

二、加强新农村社区建设的可行途径

强化新农村社区建设的可行途径具体有以下几种。

（一）国家提供制度保障

2005 年 12 月中共中央、国务院制定并于 2006 年 2 月公布了《中共中央 国务院关于推进社会主义新农村建设的若干意见》，全面阐述了当代新农村建设发展的一系列方针政策，对建设社会主义新农村做了战略部署，提出统筹城乡经济社会发展、加强农村基础设施建设、加快发展农村社会事业等，这反映了中央从发展理念上开始转变长期实行的城市优先发展模式。国家将自觉调整国民收入的分配格局，大幅度增加对新农村建设的投入，国家公共财政将更多地惠及农村、农业与农民，这为农村社区建设提供了制度保障。

（二）转变干群观念

转变干群观念要从两方面出发：一方面上级行政机关对下级机关应当少一些干预，多一些保护，依赖其自发生成的力量来进行自我管理；另一方面要通过宣传教育和成立社区组织等方式，强化村民的社区意识和民主参与意识，调动村民的积极性和主动性，引导村民参与到社区的建设与管理中来。需要通过宣传教育等方式让社区观念深入民心，让村民了解社区与自己的学习、工作和家庭生活之间存在重要关系，同时还要以村民共同利益为出发点，培养村民的政治理性和参与社区公共事务管理的积极性。只有让村民树立起牢固的社区意识，才能通过社区治理培育村民的参与精神，才能引导村民积极参与农村社区事务管理。我们要增强村民的政治敏感，扩大社区村民的知情权，为村民参与村庄的社区化管理铺平道路。

（三）制定多方面、全方位的发展策略

农村社区的建设一定要与当地总体发展战略结合起来，使社区建设与区域发展相互促进，同时要与小城镇建设相结合，有条件的村镇要按照小城市的理念进行规划布局，优化资源的配置，加快村镇驻地向小城市发展，要坚持工业化、信息化、城镇化、农业现代化同步发展，利用工业化、城市化积累的资源支持农业和农村发展，鼓励、引导大企业参与农村社区建设。在资金的筹集方面，一是要加大财政资金扶持力度，有序整合各类专项资金；二是要鼓励和引导社会捐赠，积极鼓励社会团体及社会各界人士参与到农村社区建设中，大力开展"百企联千村"的主题活动。

（四）规范新型农村管理制度，研究制定切实可行的政策

在制度建设方面，社区制度建设应以人为本，尊重社区居民的各项权利，突出社区居民在社区建设中的主体地位，发挥社区居民在社区建设中的能动性与积极性，促进农村社区的全面发展，促进人与人、人与自然、人与社会的和谐发展，为促进农村社区的和谐发展服务。在政策扶持方面，首先要精简政策的审批流程，规范政府机关制定政策措施的方式和方法，将农村的社区建设摆在与城市社区建设同

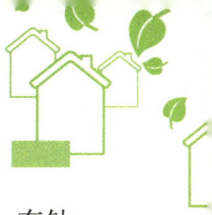

等重要的地位；其次，在政策的内容上，要包括土地、融资、拆迁补偿、减免收费等方面的政策，有针对性地解决社区建设中面临的问题；最后，在农民的就业及养老的政策保障上，要强化农民的主力军地位，利用新农合等契机，来切实解决农民在社会保障上的问题。

（五）转变社区建设发展模式

我国的城市化进程就是由于社会主义经济建设进程中经验的缺失，造成了经济建设与生态建设的不平衡发展。因此，在农村社区建设追赶城市社区建设的道路上，要吸取经验教训。农村社区建设的主导思想不应当是进行社会改造或者文明引进，而在于坚守其原本的特色。在农村社区建设中，不应只注重短期利益，从而牺牲其长远发展。应当把农村社区建设与发展现代农业结合起来，通过对节约的土地进行整理，发展家庭农场，吸引大中小企业参与农业的开发，发展各具特色的产业园区，实行规模化的经营，逐步改进农民的生产生活方式，促进社区的可持续发展。

课后练习：

1. 名词解释：（1）城市社区建设；（2）农村社区建设；（3）社区建设发展模式。

2. 问答题：

（1）结合实际，谈谈当前我国社区建设的目标是什么？

（2）当前我国城市社区建设面临哪些主要问题？应该如何解决？

（3）谈谈新农村社区建设存在的问题以及如何加强新农村社区建设？

3. 案例分析题：

"新中国第一居"挂牌15年！这里藏了怎样的"幸福密码"？

金钗袋巷79号，是中国社区建设展示中心，也是上城区紫阳街道上羊市街社区的办公所在地，由清朝光绪年间兵部侍郎朱智的故居改建而来。15年前，民政部发布寻访成果，宣布杭州上羊市街为新中国第一个居委会。

时间的指针拨回1949年10月23日，人力车夫陈福林经过民主选举当选为上羊市街居民委员会主任，标志着中国基层组织建设的一个新起点。可以这么说，从上羊市街刮起的基层民主自治之风，开始吹向中国的角角落落。

在寻访成果发布15周年纪念活动现场，上羊市街老中青三代社区"当家人"登台，讲述了他们心中基层治理的"幸福密码"。

沈雪鸿的坚守：
开了一间近15年的"邻里值班室"

老沈是在2014年9月担任上羊市街社区党委书记一职，现已退休。这个60后，在社区扎根了20多年。

2009年9月，为了和居民之间搭起一座桥梁，社区党委发动党员成立了第一个"邻里值班室"，共有20多名成员。后来，成员从党员、居民小组长发展到普通居民，"邻里值班室"也像一棵大树延伸至社区的每个小区、每个庭院、每个楼道，串联起了3800多户居民，真正实现了"小事不出楼道，大事不出社区，居民自己的事自己定"的小目标。

要知道，这和当年成立第一个居委会时，在居民委员会之下划分40个小组，每组公推组长一人、副组长二人，帮助政府传达政令，反映民意，协助处理治安、卫生、生产等工作。只不过，如今的"一方有事，八方响应"速度加快了，值班点解决不了的问题，可以找分值班室，如果分值班室也难解决，还可以直接通过视频电话连线到在总值班室坐镇的居委会委员。

综合上述案例，请分析"新中国第一居"对我国社区建设的启示。

项目小结

　　本项目学习内容包含社区建设概述、城市社区建设和农村社区建设三个任务。社区建设概述介绍了社区建设的定义、内容、基本原则、主要特征、社区建设的目标、社区建设与社区发展的关系；城市社区建设介绍了城市社区建设的发展历程、演进、面临的挑战及展望；农村社区建设介绍了存在的问题以及加强新农村社区建设的可行途径。

项目三　社区规划

学习目标

1. 知识目标：了解社区规划的概念、类型，国外城市社区规划的主要理论、基本思路、基本要求，农村社区规划的基本要求；掌握社区规划的特征、原则、方法，社区规划的主要内容，城市社区规划的定义，我国城市社区规划发展实践的主要模式，农村社区规划的定义，我国农村社区规划的主要原则、具体任务。

2. 技能目标：具备社区规划的技能。

3. 素质目标：具备进行社区规划的基本素质，以及开展规划所需的良好沟通能力和团队合作精神。

项目导入

社区规划是针对一个特定时期的社区发展目标、实施手段和人力资源进行整体布局的过程，此概念起源于美国，能促进社区资源的有效利用，合理配置生产力，充分利用城乡居住区域，提升社会经济效益，保护生态环境，推动社区开发和建设，从而制定出全面的社区发展策略。社区规划的特征包括结构总体性、范围地域性、目标预设性、过程开放性等内容。城市社区规划起源于美国建筑师佩里，经历了邻里单位理论、小区理论、可持续社区理论的变迁。城市社区规划应明确规划的基本思路、基本要求。我国城市社区规划发展不断实践，但也面临诸多挑战。

本项目包括社区规划概述、城市社区规划、农村社区规划三个学习任务。

任务一　社区规划概述

一、社区规划概念

（一）国外社区规划概念

在美国，"综合规划"（comprehensive plan）是一个在社区规划中经常使用的术语。然而，由于不同学科的特点，这一概念在城市规划领域通常被译为"住区规划"，而在社会学领域则更多被称为"社区规划"。这种差异也体现在两个学科对"社区规划"的解释和定义上。社区规划（community planning）是针对一个特定时期的社区发展目标、实施手段和人力资源进行整体布局的过程。具体而言，社区规划的目标在于有效利用社区资源，合理配置生产力和充分利用城乡居住区域，提升社会经济效益，保护生态环境，推动社区开发和建设，从而制定出全面的社区发展策略。

（二）国内社区规划概念

在我国，人们更倾向于使用"总体规划"（master plan）。在过去，"社区"的概念在我国并未广泛使用，更为常见的术语包括"邻里"和"村落"。目前，"社区规划"这一词汇还未被普遍接受，反之，"居住区规划"被大量应用（例如 GB 50180—93《城市居住区规划设计规范》）。社区规划是社区组织、社区发展和社区工作的重要组成部分与方法，可以细分为全社区的总规划和各部门的规划。前者是在全面考虑社区的经济、教育、卫生、交通等各个方面后，制定的综合性发展规划，而后者则是各个社区业务机构根据总体规划的分工制定的具体工作计划。

（三）代表性社区规划概念

从城市规划的视角来看，社区规划是一个综合性的进程，它基于人类的政治、经济、社会、文化等元素，同时考虑未来的发展预测，来对自然空间进行科学的安排和利用。这个过程中涵盖了三个关键部分：城市层面的住区规划，包括选择住区的位置、规划住区的大小、确定居住方式和管理方式；住区的整体布局，如道路网络、空间结构和环境景观等；具体的单元设计，如房屋类型、单体建筑、景观、内部装饰和照明等。

从社会学的角度来看，社区规划是对社区建设和发展的全面设计和部署，涉及社区的目标、结构和功能的总体规划。《中国社会工作百科全书》中对社区规划的定义是有效利用社区资源，协调社会关系，合理配置生产力，有计划地发展居民的生活服务设施，提高社区规划的合理性，从而提高社区整体建设的经济与社会效益，保护生态环境，促进社区经济、社会的协调发展。社区规划的内容包括社区服务、保障、文化、教育、体育、卫生、环境、安全、组织、社会工作、自治和参与等方面的要素。

从时效性来看，社区规划的目标应是一个长期性目标与阶段性目标的有机组合。按时间划分，社区规划目标分为长期目标、中期目标、短期目标。长期目标（10年以上）是社区发展与建设的主线，保证社区发展的连贯性；中期目标（5年左右）是为了实现长期目标而制定的较长期的社区发展努力方向；短期目标（1年左右）是在短期内实现的发展目标。

从层次上来看，社区规划可分为指导社区发展的城市规划、社区总体性规划、社区专项发展规划。

二、社区规划的内容

社区规划工作的内容指向既有城市环境与设施的提升，又有公共服务供给与社会福利配置的优化，如社区的体育、医疗及整体公共服务设施，是对于社区规划的多尺度社区服务供需关系和专项系统规划。针对不同类型社区在区位条件、用地类型、人口结构等方面存在的较大差异，以及由此产生的对社区公共服务功能需求和配置规模的差异，将其转化为对各级社区公共服务设施在规划实施层面的精细化要求，从"规划—建设—管理"三个阶段提出不同类型社区公共服务设施的规划实施策略。

社区规划已从单纯的规划方案向行动、管理等多维度层面转型，在提升社区系统治理与规划精细度方面更具可行性，如上海市推出的"15分钟美好生活圈"行动规划。所谓理想社区、宜居社区，其中一个潜在的前提是具有理想的、宜居的社区尺度，也就是尊重人和适应人的社区尺度。要积极主动解民难、排民忧、顺民意，这在很大程度上需要以社区的设施场所的合理配置为依托，以安全、便捷、舒适、美观的空间环境营造为衡量，以社区活力提升和地方文化保护为标志。

1. 社区服务设施

教育文化方面主要包括托儿所、幼儿园、小学、初级中学、高级中学、社区学校以及社区科技馆。其中，社区学校可与中小学校综合设置，实现资源共享。医疗卫生方面，主要有社区综合医院、社区卫生服务中心、护理院以及社区零售药店等。文化体育方面，包括文化活动中心和居民活动场馆。文化活动中心内有小型图书馆、科普知识宣传与教育场所、影视厅、舞厅、游艺厅、球类、棋类活动室等。居民活动场馆则提供科技活动、各类文艺训练、青少年与老年学习活动场所等。商业服务方面，包括净菜超市、餐饮店、综合食品店、综合百货商场、中西药店、书店、社区修配中心以及其他第三产业。邮电金融方面，有银行分理处、邮政所或邮箱、移动通信营业点、网吧、保险公司、证券交易所等。行政管理方面，设有街道办事处、派出所、工商管理所、税费管理所等。社区服务方面，包括社区服务中心、社区信息中心、家政服务中心、人才交流中心、敬老院等。

2. 社区级社区服务设施

物业管理包括办公用房和营业用房。社区居委会设有办公室、青少年活动室、老年活动室、警务室、党建活动室、社会保障服务站、卫生服务站和社区服务站等。托老所为老年人提供日托服务。便民店出售小百货、小日杂和食品等。居民停车位包括自行车车位和小汽车车位等。

三、社区规划的原则

1. 基于实际情况的原则

制定社区规划时，必须充分考虑到社区的资源和整体发展水平，确保规划是切实可行的。规划的实施需要社区在物质和精神层面提供支持，同时也需要有社会大环境作为保障。

2. 易于操作的原则

设定的社区规划目标应当清晰明确，避免含糊不清或产生歧义。同时，尽可能将目标量化，这样不仅可以为社区建设提供明确的依据，还能为后续的社区建设工作评估提供参考。

3. 详尽而具体的原则

详细且具体的社区规划能够为社区管理者和工作人员提供明确的行动步骤和依据，使工作的实施具有计划性和目标性，避免盲目行事。

4. 系统化的原则

总目标是多层次、多类型的子目标构成的目标体系。在设计社区规划目标时，应遵循系统化的原则，确保各子目标、阶段性目标与总目标一致，并保持目标方向的统一性，以及各子目标之间的协调性，避免目标间的冲突。

5. 广泛参与的原则

在制定社区规划时，应激发社区居民的参与热情，充分听取他们的意见和建议。

四、社区规划的方法

社区规划的方法主要有以下几种。

1. 社会调查和统计法

通过社会调查获取社区的基本资料和了解社区的基本情况是社区规划的前提条件。调查要有系统性、连续性，以获得比较全面、完整的材料；统计要注重准确性和科学分类，以保证统计分析结果的可靠性和价值。

2. 指标法

指标法包括设置指标并形成指标体系，分析指标数据，做出解释和结论。这一方法所用的社会指标是指反映社会结构与社会发展状况的数量指标。它是测量社会现象和社会发展过程的工具，可说明社会的状态、发展水平和发展趋势。

3. 定量和定性分析相结合的方法

规划要做到目标明确、思路清晰、内容具体、操作性强，应采用定量和定性分析相结合的方法，做到既从宏观上把握方向，又从微观上使其可操作化。

4. 社会发展数学模型法

建立在一定理论基础之上的数学模型法，能够揭示出指标与变量之间的深层次关系，其选择的指标与数据的余地较大，可以避免数量繁杂的信息干扰。

5. 社会心态分析法

社区规划促进社区发展从根本上来说是为了满足社区居民生存和发展的需求。因此，在规划时关注居民的心态十分重要。

6. 社区发展比较法

在对某一社区进行规划时，可以把其他社区作为参照系。当然在确定比较对象时，应注意对象的可比性。只有运用具有可比性的社区进行比较，比较才会具有实际价值。

总之，制定社区规划需要多种方法的配合使用。在实际社区规划当中，往往是综合运用诸多方法，而且在采用常用方法的同时，还需根据某些特殊需要，采用诸如文献资料法、社会个案法等其他方法。无论采取什么方法，关键在于方法选择适当、运用合理，能够增强社区规划的科学性和可操作性。

五、社区规划的特征

社区规划是以社区为单位进行的全方位战略部署，它具备以下特征。

1. 结构总体性

社区规划不仅是对社区某一方面的发展部署，而且是对社区整体的部署和设计。它是一个具有结构性和系统性的整体规划结构，反映了社区作为一个完整的社会实体的特性。

2. 范围地域性

由于地理、人文、资源等因素的差异，不同社区的规划会有不同的目标定位和实施方案。这种差异性是社区规划的明显特征。

3. 目标预设性

社区规划是基于对社区未来发展的预测和设想，具有明确的目标预设性。社区规划的目标是在规划实施的基础上实现的，规划的结果包括规划方案和规划实施效果两部分。

4. 过程开放性

社区规划是一个开放的体系，需要吸收各种外部资源和力量，以使规划更科学、合理、适用。在这个过程中，需要考虑多种社区发展影响因素，并充分吸收社会力量，包括专业人士和利益相关群体的参与。

六、社区规划的类型

社区规划的推广和普及需要对其进行分类。根据现有的政府管理模式，我国的社区规划可以分为物质型和综合型两种。

其一，物质型社区规划主要关注社区的物质空间改善，包括住房、商业、交通、公共设施、绿地游憩等设施的完善和景观环境的整治提升。其目标是创造出一个宜人的社区感知空间和人居环境。这种规划不脱离规划师的常规工作框架，但也需要充分体现以人为本的理念，基于对人群需求（特别是特殊人群）的了解和分析。同时，规划内容应保持与发展蓝图的距离，关注近期变化和动态调整。由于社区物质环境空间大部分属于公共领域，因此在推广物质型社区规划时，可以采用自上而下的组织形式，在地方政府的社区建设规划框架下进行。具体操作方式可以是政府机构（主要是发改部门、民政部门和规划部门）和社区基层组织联合委托，政府机构主要负责宏观指导和经费控制，将更多权力下放给基层组织。规划成果可以作为社区级公共设施和环境建设的项目实施依托和拨款依据。

其二，综合型社区规划则同时研究物质和非物质层面的内容，其内容范围不仅包括规划师擅长的物质空间方面，还包括社区的经济、社会、组织管理等方面，并提出解决方案。此类社区规划的工作可以从产业与经济、人口与社会、组织与管理、物质与空间四个方面入手，目的是发现社区发展的各个方面的问题，提升社区的软硬件环境，创造出和谐宜居的社区可持续发展氛围。

任务二　城市社区规划

一、城市社区规划概述

（一）城市社区规划概念

城市社区规划是由规划人员利用特定工具和策略，为未来城市的社区发展做出准备，规划内容包括交通、居住和工作等方面。

自工业革命时期起，现代工业的兴起促使人们越来越多地迁往城市地区居住。然而，大规模的工厂生产活动带来了大量废水和废气等环境污染问题，迫使居民区从工业区中分离出来。随着工业化和城市化的发展，人口密度增加、住宅拥挤、交通拥堵以及环境质量下降等问题逐渐显现，这促使人们开始思考如何改善城市环境，如何创造更优质的生活条件。因此，关于城市社区规划的研究与实践应运而生。

（二）代表性城市社区规划概念

现代城市规划理论起源于 19 世纪末，但社区规划理论直到 20 世纪 20 年代末才真正被提出。在 1929 年，美国建筑师佩里向纽约区域规划委员会提交了一份报告，首次明确提出并阐述了邻里单位（neighborhood unit）的概念。此后，城市社区的规划和建设经历了从邻里到小区，再到可持续社区的发展过程。

1. 邻里单位理论

随着科技的进步和生产方式的变革，古代的城市布局已经无法满足人们现代生活的需求。在 20 世纪 20 年代之后，西方国家的机动车交通发展迅速，这对经常需要穿越马路的居民，尤其是老人和孩子，构成了巨大的安全威胁，导致了许多严重的交通事故。在这种背景下，邻里单位的概念应运而生。

邻里单位的核心理念是在较大的范围内对居民社区进行统一规划，使每个邻里单位成为构建社区的基本单元。最初，这个概念的出现是为了确保孩子们在上学时不需要穿越繁忙的交通干道，从而减少危险。因此，它建议在居住区内设立小学，并根据学校的规模来确定邻里单位的人口和用地规模，进而设计出城市居民的基本居住单元。随后，邻里单位还考虑到了居住区内的公共设施、防止过境交通、住宅的方向和间距等，以确保居民有一个舒适、便利、安静和美丽的生活环境。此外，邻里单位理论还提出了让不同社会阶层的居民混合居住的建议，希望通过这种方式减少社会的阶层隔离，这反映了当时社会改良主义者希望通过调和阶级差异来实现社会和谐的愿望（图 3-1）。

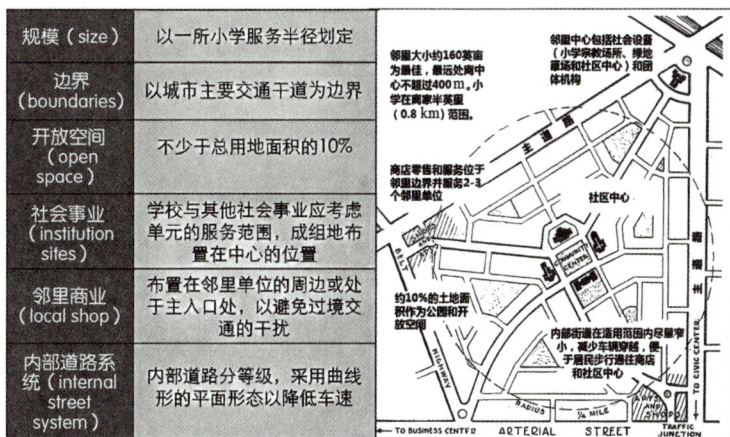

图 3-1　邻里单位六条原则及其图示[1]

---

① 许皓，李百浩. 思想史视野下邻里单位的形成与发展 [J]. 城市发展研究，2018，25（4）：39-45.

邻里单位理念适应了现代城市在交通现代化（主要指机动车）方面的发展，关注居民在居住区内的安全、卫生和舒适等需求。因此，在 20 世纪上半叶，这一理念广泛传播。1933 年，勒·柯布西耶主持的国际现代建筑协会通过了《城市规划大纲》（即《雅典宪章》），将邻里单位作为居住区规划的核心理念。

在第二次世界大战结束后，邻里单位的理念在全球范围内得到了普及，20 世纪 50 年代，该理念引入我国。然而，人们逐渐意识到，居民的日常生活和活动并不仅限于邻里范围。因此，邻里单位的理论逐渐演变为涵盖更广泛区域的小区规划理念，该理念于 1956 年由苏联专家首次提出。

小区理论强调将小区视为承载居民社会生活的基本单元，并进行全面规划。根据这一理论，城市居住区应以交通干道和其他自然或人工界限（如河流、铁路等）进行划分，而不仅局限于由一所小学的规模或使用一般城市道路来界定。

该理论旨在将小区作为构成居住区的细胞，扩大其规模，提高公共服务标准，并综合考虑住宅、绿地、公共空间、生活服务设施等要素。它着眼于在更大范围内综合处理各种社区构成要素，旨在建立完善的生活服务设施，为居民提供更好的生活空间。

2. 可持续社区理论

可持续社区的理念源于对二战后城市开发引发的问题的关注。在二战后的西方国家，特别是美国，大规模的郊区化发展为某些居民创造了优美的居住环境，但也带来了一系列严重的社会问题，如城市中心的衰落、环境恶化、犯罪率上升、郊区社区的人情冷漠、缺乏社区意识、过度依赖汽车导致能源浪费、社会阶层隔离等。可持续社区理论是对这些问题的广泛反思，它首次从城市规划的角度明确提出，创造和维护社区情感应成为社区规划和建设的基本原则，这标志着规划思想从住区转向社区的根本转变，这是人们对过去城市发展模式反思的结果。

可持续社区理论的初衷是通过减少废弃物防止污染，最大程度地保护环境和提高生产效率，并开发地方资源以振兴地方经济，促进所有居民健康水平和生活质量的提升。环境在理论中占据核心位置，因为最能代表和反映社区的是人造环境，但这种人造环境却变得越来越混乱和失控，人们不能安全地行走和玩耍，邻居之间缺乏交流，建筑与周围环境不协调，人与人之间充满不信任，自然环境被过度使用并被污染。因此，需要改变对"社区"概念的理解，以便重新规划、发展和重组社区，使其社会、环境、经济和技术协同进步。

二、城市社区规划的基本思路

城市社区的规划理念基于城市的特色、服务职能以及建设现代城市的需求。以街道办事处和居民委员会作为支撑，以提升社区服务为核心，以提升居民生活品质、提高人的素质和社区文明程度为目标，改革城市的基层管理机制，加强社区服务的管理功能。目标是建设一个环境优雅、治安优良、生活便捷、经济繁荣、文化兴盛、人际关系融洽的文明社区，实现社区的经济和社会的协调发展。都市社区规划的核心目标是构建和谐社区。其内涵至少包括三个层次：第一，人与自然环境的和谐，也就是生态平衡；第二，人与人之间的和谐，也就是我们常说的社会关系和谐；第三，人工环境的和谐，也称为空间关系和谐。这三大和谐是构建和谐社区的关键。显然，这三种和谐的形成依赖于良好的规划制定和执行。

三、城市社区规划的基本要求

城市社区规划的基本要求包括以下四个方面。

首先，在城市总体规划的指导下，需要编制城市社区规划。这包括以创造良好的社区人居环境为中

心，加强社区基础设施的建设，完善社区居住、公共服务和社区服务等功能。同时，我们也需要加强社区生态建设和污染综合治理，改善社区环境，并全面提高社区管理水平。

其次，重视社区公共空间的规划。这包括为居民提供服务的环境空间，如文体健身场所、交通设施等。在规划设计时，需要根据不同人群的需求进行分类规划，确保公共空间具有通透性，减少暗处死角，以提高和增强活动空间的人性化和生态效应，增加人群活动的安全性。

再次，根据城市规划结构和总体布局，结合社区条件，采用点、线、面相结合的原则，布局社区公共绿地。这包括小型草坪、林荫道、专用绿地和小型公园等。对于建筑密集、质量低劣、卫生条件差、居住水平低、人口密度高的社区，需要结合旧城改造和新居住区规划留出适当的绿化保留用地。

最后，需要对社区住宅进行规划。联合国在 1996 年的人类住区第二次大会上提出了人人享有适当的住房的目标。这里的适当的住房不仅指住宅本身，还指完整的居住环境。在规划布置居住用地时，需要考虑日照、采光、通风、防灾、配套设施及管理的要求，创造一个方便、舒适、安全、优美的居住生活环境。

四、我国城市社区规划发展实践

自 21 世纪初以来，我国经历了迅猛的城市化进程。到 2024 年，我国的城镇化率已经攀升至 67%。随着我国城镇化的进程进入一个新的阶段，城镇从过去的高速发展阶段转向更为成熟的中期发展阶段，未来 20 年内，我国的城市地区仍将保持快速的发展势头。这种快速的城市化为社区建设和规划带来了新的机遇和挑战。

经过多年发展，我国的城市社区规划发展出现以下几种模式。

1. 邻里型住区模式

该模式是基于佩里的邻里单位理念发展而来的。这种模式在规模上适用于较小的范围，可以作为一个独立的小型住区，也可以是大型住区的一个单元。它强调与城市的关系，包括居住区视线的通透性、空间的渗透性、功能的融合性和边界的融合性。在内部空间组织上，邻里型住区结构清晰，有多层次的领域界定，并重视街道空间关系。在管理上，这种模式实行"小封闭、大开放"的管理方式，将城市生活重新引入居住区。在我国，许多商业住宅开发项目都采用邻里型住区模式，但由于开发商获得的土地面积不同，社区的规模也会有所不同，公共服务设施的配置也没有统一的标准。

2. 混合型住区模式

这是一种应对西方社会因居住空间分化带来的环境质量低下、社会犯罪率增高等问题而产生的住区模式。在我国，由于社会转型带来的社会分层问题在城市社区中已经显现出来，因此需要认真对待并积极通过社区规划应对。混合型住区强调在同一空间内实现功能混合、社会阶层混合、建筑式样与类型混合。在管理上，该模式注重空间单元内业主的多元化、社区功能的多样化和服务设施的宜人化。这种模式旨在培育居民共同的社会观念和行为模式，以改善低收入群体的生活环境质量，提升他们的社会地位和经济能力，并更好地促进社会和谐发展。

在国内，混合型住区模式的实践以北京"建外 SOHO"、北京"Linked Hybrid"、上海"海上海新城"等为代表。这些地方通过混合不同阶层和功能，创造了一个更加和谐、包容和富有活力的城市环境。

3. 开放型住区模式

该模式代表一种城市设计理念，旨在唤起人们对城市街区、开放空间、广场和街道的关注。这种模式强调院落、街道和广场的内部机能，特别注重开放空间的公共性、尺度与类型的多样性以及性质与功能的多样性。在物质空间上，它创造层次鲜明的机构、连续开放的交通、开放适度的空间、主题鲜明的广场和融入城市整体绿网的住区绿化，从而带来城市邻里的混合性和多样化。这种模式还强调建筑的生长、转化与消亡带来的可能性。在国外的实践包括代芬特尔—斯廷布鲁格住宅区设计方案和中俄合作项目圣彼得"波罗的海明珠"住区规划；在我国则以上海金地格林为典型代表。总的来说，这种模式反映了对西方传统住区格局的怀念。

4. 复兴传统的新中式模式

近年来，中国建筑界出现了一种名为"新中式"住区设计的新设计理念。该理念结合了现代建筑的设计手法和对中国传统建筑的传承，以满足现代生活的需求并融入当地独特的地域文化为目标。这种设计不仅强调建筑形式与功能的统一，还利用现代建筑材料和新科技技术来提炼出传统建筑的元素和内涵。

新中式住宅设计尝试继承传统建筑的布局和形式要素，同时具有以下突出特点：采用现代结构和建筑材料，如砖混结构或框架结构替代传统的木结构；运用现代科技技术；根据现代设计满足居民的实际需求；抽象地呈现传统建筑符号，如色彩、庭院和里弄等。现代的新中式住区设计实践探索可以分为三个方向：新古典派的传统住区的新继承，如北京的菊儿胡同和苏州的桐芳巷；折中派的传统符号的新拼贴，如北京的观唐别墅和成都的清华坊；抽象派的历史传统的新诠释，如深圳的"第五园"和上海的"九间堂"。

新中式住区设计是对中国传统文化进行深层表达的建筑风格，它追求的是与中国传统建筑精神上的共鸣，而不仅仅是对传统建筑符号的直接模仿。尽管有些住区在传统元素的形式创新上进行了探索，但大部分新中式住区，尤其是商业开发项目，主要作为商业策略的独特卖点，成为上流阶层的象征，与大众生活相距甚远。

五、我国城市社区规划面临的问题与挑战

从城市规划的角度来看，特大城市的管理面临着以下几个主要挑战。首先，提供公平和高效的公共服务。由于就业机会和公共资源的集中，特大城市吸引了大量的人口流入。在这样的高密度和异质性的人口环境中，如何实现精细化管理，并为各种不同的人群提供公平且有差异化的公共服务，是特大城市管理的重要问题。其次，有效的风险管控与可持续发展。相比中小城市，特大城市对于自然灾害、流行疾病、恐怖袭击、金融危机、社会冲突等风险事件更为敏感，高交流度的城市环境还会诱发各类风险源的相互影响并产生新的风险源，危害性更大。因此特大城市必须探索安全韧性和可持续发展的治理路径。再次，构建多元共治的体系。与传统的管治方式不同，治理依赖于多个主体之间的广泛合作，体现了不同主体间的共同参与——在人口构成复杂、利益关系交织的特大城市中尤为明显。激励和引导多元化的主体共同投身于社会事务的处理，或者更具体地说，培养基层社会具备"内在权力和共享权力"的认识和能力，是决定特大城市治理成功或失败的关键要素。

任务三　农村社区规划

一、农村社区规划概述

农村社区规划是对一定时期内农村社区发展目标、实现手段以及人力资源的总体部署。具体而言，农村社区规划是为了有效地利用农村社区资源，合理配置生产力，提高社会经济效益，保持良好的生态环境，促进农村社区开发与建设，从而制定比较全面的发展计划。

自改革开放以来，伴随着深刻的社会变迁，我国农村经济取得了长足的进步。尽管取得了显著的发

展,但农村地区在社区建设和综合进步方面还面临许多问题,这些问题严重阻碍了农村地区的持续进步和农民生活水平的提升。因此,有必要对农村社区进行周密的规划,逐步改善村庄的环境,推动农村社区全面而均衡地发展。

二、农村社区规划的基本要求

2024年,国务院对农村社区规划建设提出了以下基本要求。

1. 坚守底线,安全第一

坚持人民至上、生命至上,有力保障农房选址安全、设计安全、建造安全和使用安全,将农房质量安全监管贯穿农房建设管理使用各环节,强化风险管控,坚决防范农房安全事故发生。

2. 远近结合,标本兼治

常态化开展既有农房安全隐患排查整治,及时消除存量安全隐患;加强新建农房建设管理,严控增量安全风险。

3. 强化协同,系统施策

落实属地管理责任,加强部门统筹协调,按照"谁审批、谁监管,谁主管、谁监管"的原则,将行政审批和安全监管有效衔接,建立农房用地、规划、建设、使用全过程管理制度。

4. 村民主体,多方参与

强化村民作为农房建设使用责任主体的安全意识,充分发挥村民自治组织作用,将农房建设行为规范纳入村规民约,鼓励引导社会力量参与,形成多元共治合力。

计划至2025年,基本建立适应农村特点的农房建设管理体制机制,实现农房质量安全的全过程闭环监管,农房建设行为规范有序,农房安全风险得到有效管控,农房质量安全水平普遍提升。到2035年,全面建立农房建设管理制度体系和技术标准体系,农房质量安全得到切实保障,配套设施基本完善,农房建设品质大幅提升。

三、农村社区规划的总体原则

农村社区规划应贯彻以下六点原则。

1. 尊重规律、稳扎稳打

顺应乡村发展规律,合理安排村庄建设时序,保持足够的耐心,久久为功、从容建设。树立正确政绩观,把保障和改善民生建立在财力可持续和农民可承受的基础之上,防止刮风搞运动,防止超越发展阶段搞大融资、大拆建、大开发,牢牢守住防范化解债务风险底线。

2. 因地制宜、分类指导

乡村建设要同地方经济发展水平相适应,同当地文化和风土人情相协调;要结合农民群众实际需要,分区分类明确目标任务,合理确定公共基础设施配置和基本公共服务标准,不搞齐步走、"一刀切",避免在"空心村"无效投入,造成浪费。

3. 注重保护、体现特色

传承保护传统村落民居和优秀乡土文化,突出地域特色和乡村特点,保留具有本土特色和乡土气息的乡村风貌,防止机械照搬城镇建设模式,打造各具特色的现代版"富春山居图"。

4. 政府引导、农民参与

发挥政府在规划引导、政策支持、组织保障等方面的作用,坚持为农民而建,尊重农民意愿,保障农民物质利益和民主权利,广泛依靠农民、教育引导农民、组织带动农民搞建设,不搞大包大揽、强迫命令，不代替农民选择。

5. 建管并重、长效运行

坚持先建机制、后建工程，统筹推进农村公共基础设施建设与管护，健全建管用相结合的长效机制，确保乡村建设项目长期稳定发挥效用，防止重建轻管、重建轻用。

6. 节约资源、绿色建设

树立绿色低碳理念，促进资源节约集约循环利用，推行绿色规划、绿色设计、绿色建设，实现乡村建设与自然生态环境有机融合。

四、农村社区规划的具体任务

农村社区规划的具体任务有以下四点。

1. 完善评价指标体系

围绕让农民群众住上好房子，进而建设好村庄、好乡镇、好县城的目标，从农房建设、村庄建设、县镇建设、发展水平四方面开展评价。可根据自身特点增加评价内容，完善评价指标体系，做到可感知、可量化、可评价。

2. 深入开展调研

省级住房和城乡建设部门要保持评价样本县稳定性，可根据实际情况扩大样本县范围，并确定省级乡村建设评价专家团队，将样本县和专家团队名单报上级部门备案。要组织专家团队赴样本县进行调研，收集相关数据资料，掌握样本县乡村建设的总体情况。广泛开展村民和村干部问卷调查，进行入户访谈，了解农民群众对乡村建设的满意度和需求。在每个样本县选择具有代表性的 3 个乡镇、10 个村庄开展蹲点式调研，实地查找乡村建设中存在的问题。

3. 科学分析评估

省级住房和城乡建设部门要指导专家团队对数据资料进行分析研判和科学评估，撰写省、县乡村建设评价报告。报告要总结地方乡村建设工作的政策措施和成效，提炼工作亮点；梳理村民调查问卷、访谈、现场调研等情况，找出农民群众的急难愁盼问题，并形成调研乡镇、村庄的问题清单；将样本县指标数据与相关政策文件、规划等设定的发展目标以及全国平均水平相比较，查找乡村建设的短板弱项，进而提出有针对性的对策建议。省级住房和城乡建设部门要审核省、县乡村建设评价报告。

4. 推动解决评价发现的问题

省级住房和城乡建设部门要指导支持样本县解决评价发现的问题，跟踪问题解决进展，针对评价反映出的本地区乡村建设的共性问题和突出短板，协调相关部门推动解决。样本县要制定工作方案，根据问题紧迫程度和解决难度科学确定工作时序，形成乡村建设的具体项目，要注重解决乡镇、村庄的实际问题，及时在全国乡村建设评价信息系统中更新进展。专家团队要帮助样本县选择适宜的技术方法和解决方案，提高乡村建设科学性、合理性。

课后练习:

1. 名词解释:(1)社区;(2)城市社区规划;(3)农村社区规划。

2. 问答题:

(1)社区规划的特征有哪些?

(2)社区规划的类型有哪些?

3. 简答题:

(1)简述社区规划的含义。

(2)简述社区规划的基本原则。

(3)简述社区规划的主要方法。

4. 案例分析题:

(1)某城市计划建设一个新的住宅区,该住宅区位于城市的郊区,占地面积约为100公顷。该住宅区的规划目标是提供高质量的住宅和配套设施,以满足居民的生活需求,并促进社区的可持续发展。请说明如何应用社区概念和原则对此进行社区规划。

(2)以某市 A 社区为例,该社区位于市中心,人口密集,交通便捷。请根据情况分析 A 社区规划的模式。

(3)以某县 B 村为例,该村庄位于山区,农业是主要经济来源。请根据情况分析该农村社区规划的特点。

项 目 小 结

本项目学习内容包含了社区规划概述、城市社区规划、农村社区规划三个任务。社区规划概述介绍了社区规划概念、内容、原则、方法、特征和类型;城市社区规划介绍了概述、基本思路、基本要求、我国城市社区规划发展实践、我国城市社区规划面临的问题与挑战;农村社区规划介绍了概述、基本要求、总体原则和具体任务。

模块二　社区管理理论

项目四　社区管理基本理论

社区管理基本理论

学习目标

1. 知识目标：理解社区管理的含义、特征、基本原则、基本模式；理解社区管理体制的基本内涵、基本框架。
2. 技能目标：具备区分国内和国外社区管理的能力。
3. 素质目标：具有进行社区服务和管理的基本素质。

项目导入

社区管理是指在社区范围内，在党的领导和政府指导下，社区职能部门、社区单位和社区居民为维护社区的整体利益，推进社区全方位发展，对社区公共事务和公益事业进行的有效调控和自我管理。本项目包括社区管理的含义、特征、基本原则、基本模式，社区管理体制的基本内涵、基本框架和国内外社区管理的实践等内容。

本项目涵盖了社区管理和社区管理体制两个方面的内容，进而阐述了社区管理的含义、特征、基本原则、基本模式，社区管理体制的内涵、基本框架、常见模式和国内外社区管理的实践等内容。

任务一　社区管理概述

社区管理是一项复杂而又系统的工作，这与家家户户、每一位居民息息相关。社区管理得好不好、有序不有序，会牵扯到社会的方方面面，会影响到整个社会的和谐、安宁和发展。

一、社区管理的含义

社区管理主要包含以下几层含义。

（一）社区管理的范围

社区管理是在社区范围内进行的管理。社区范围是一定地域范围内的人们所组成的社会生活共同体。目前城市社区的范围，一般是指经过社区改革后做了规模调整的社区居民委员会辖区，但在工作层面上则包括街道办事处。

（二）社区管理的主体

社区管理的主体主要包括作为主导的街道党委和政府派出机构，如街道办事处；政府各职能部门在社区的派出机构，如警务室、工商所、税务所、环卫所等；驻区的各种企事业单位，如物业公司、医院、学校、商店、其他企业等；广大社区居民及居民自治组织。

（三）社区管理的内容

社区管理的内容包括社区服务管理、文化管理、教育管理、卫生管理、环境管理、治安管理等具体内容。

（四）社区管理的性质

社区管理是政府的有效调控与群众的自我管理的结合。社区是由社区成员通过各种力量维系联系起来的共同体，居民群众既是这种管理的主体，又是管理的客体，既有权利，又有义务。推进社区自治需要政府的主导，需要兼顾社区内外的各种政治、社会、经济、文化的其他因素，寻找到一个适当的管理结合点。

（五）社区管理的目的

社区管理的目的是促进社区的和谐发展，满足社区居民的物质和精神文化生活需求，全面提高社区居民生活质量和社区居民素质，从而促进全社会的和谐与进步。

二、社区管理的特征

社区管理有以下三点特征。

（一）区域性特征

社区管理的具体内容基本上局限于社区的范围之内，管理的方式是发动社区内的各类管理主体进行自我组织、自我服务和自我管理。这种管理主体和管理对象的同一性使社区管理的区域性特征非常明显。如果本社区管理机构的管理对象超出了社区的范围，社区管理主体和管理对象的一致性将不复存在。因此，以街道办事处和居民委员会为主导的城镇社区管理组织和以乡镇政府、村民委员会为主导的农村社区管理组织一定要将社区管理工作指向本社区，为本社区内的成员、社区组织提供全方位、多样化的服务。

（二）群众性特征

社区管理是社区群众进行自我管理的管理行为，因而是一项群众性工作，社区工作一定要本着以人为本的原则，维护社区群众的根本利益。社区群众的参与是提高社区管理水平的坚实基础，社区群众的参与热情越高，社区管理工作越易于开展。社区群众对其生活的社区所形成的认同感、归属感的强弱，是评价社区管理工作好坏的重要标志。只有密切社区群众之间的关系，才能增强社区群众对社区的向心力和凝聚力。解决社区管理难题所应采取的基本方法，就是依靠社区群众力量，发挥社区成员的互助作用。

（三）综合性特征

社区管理工作涉及面广，包括社区服务管理、环境管理、治安管理、文化管理、卫生管理等多项工作。社区的功能也不是单一的，社区管理要综合利用社区的各种功能。由于社区成员数量众多，成员之间的异质化程度很高，所以各自之间的需求存在着很大的差异性甚至矛盾，加之社区管理主体的多元化，这就要求社区管理主体运用多学科知识、多种手段和方法，综合利用各方面的力量及多种资源和功能，去满足和平衡不同的需求，才能实现社区管理的预期目标。

三、社区管理的基本原则

社区管理的基本原则包括：

（一）共同利益原则

共同利益原则强调社区管理的目标，就是社区管理必须以社区内的全体居民、组织、团体、单位的共性需要和利益为根本目标，一切手段、做法都必须紧紧围绕这个根本目标。它是衡量社区管理有效与否的最直接的标准。按照这一原则，以社区成员的需求为工作目标，以社区服务为突破口，以创建文明社区为方向，协调社区内各方面的力量，充分利用社区的各种资源和优势，全面推进社区的服务、治安、文化、教育、环境、卫生等各方面的工作，改善社区软硬件设施，以满足社区成员多样化、高质量的生活需求和全面发展的需要。

（二）自治互助原则

自治互助原则是通过社区居民自我管理、自我教育、自我服务、自我监督、互帮互助等方式，来控制和影响社区管理的一切程序、计划与决策，实现社区管理的整体目标。在社区管理中必须克服一切由政府决定的弊端，要按照自治互助原则，通过政府向社区的放权和授权，通过各职能部门向社区延伸的机构，通过社区群众和单位的共同参与，明确社区各管理主体的责任与权利，明确社区各管理主体既是管理者，又是被管理者的重要地位，明确社区自我组织、互助组织和自我管理的方式，充分调动社区成员参与社区管理的主动性、积极性和创造性，发挥自动、自发、自助、自治、互助的精神，从而实现社区管理的良性运转。

（三）组织教育原则

组织教育原则是通过科学的方法和艰苦的工作，统一各种社区管理主体的认识与看法，使他们认清共同的需要，以形成一致的行动，解决社区内的共同问题，达到推动社区发展的目标。该原则着重强调实现社区管理目的的方法。社区管理的最终目的是社区的发展，以及社区居民生活质量和综合素质的提高。居民的综合素质包括身体素质、文化素质和品德修养等，主要包含生活态度、价值观、行为准则、文化程度、艺术修养、品格品行、健康状况等方面的内容，其中有相当一部分可以通过教育来改善和提高。社区教育是一种全方位的、新式的终身教育，从少年儿童到退休老人都是社区教育的对象，其内容和方式则根据任务的需要及对象的具体情况进行确定。教育不仅是社区自治必要的基础性工作，也是推动社区发展和协调关系的长期性任务。

（四）协调发展原则

坚持社区协调发展原则，需对社区的各被管理要素进行统一计划、组织。协调发展，需一切着眼于人，着眼于人的全面发展和人居环境的可持续发展，让普通市民享受高层次文明及高质量的生活，提高老百姓的生活质量和城市文明程度，提高居民素质，实现社会效益与经济效益共同发展，促使自然环境与人文环境协调发展，以期获得最佳的整体效益。

（五）长远预见原则

长远预见原则强调了社区管理过程中要注重预见性，要有长远的目标，要充分考虑社区管理的根本出路问题，考虑社区管理发展中可能出现的或已经出现的各种因素对以后的管理将会带来的不利影响，并在社区管理的过程中努力将这些因素消除在萌芽状态，使它对社区管理的影响降到最低程度。另外，社区管理的各个环节，如管理方案的拟订和实施、管理方法和手段的改进等，都要遵循长远预见原则，防止日后出现大的变动，造成大的损失。

（六）法制管理原则

依法治理社区是现代化社区管理的必然要求。法制管理原则要求社区各管理组织应在法律赋予的权限内行使管理职能，不可超越职权或滥用职权；社区的各项管理活动、管理行为要有法律依据，符合法律规定；社区管理工作的开展要遵循法律程序等。以我国城市社区管理为例，城市社区管理的基本原则、组织构造、管理体制和主要内容，主要依据的法律是《中华人民共和国城市居民委员会组织法》和《中华人民共和国宪法》。

（七）因地制宜原则

在社区管理工作中，各社区的发展基础、发展规划、发展形势是不同的。各地应当从实际出发，本着实事求是、改革创新的精神，按照因地制宜、切实可行的原则，探索实施社区管理的新路径、新方法。

四、社区管理的基本模式

社区管理模式主要是指由社区各相关管理组织机构及其各特定的管理职能组成的使社区管理活动得以有效开展的物质载体和运作方式。它是社区管理体系的一种外在表现，它以相应的组织机构及其职能为基本内容。社区管理的基本模式的类型有以下几种。

（一）政府导向型管理模式

该管理模式是以政府为核心，在现阶段主要是以城市区级人民政府下派的街道办事处为主体，在居委会、中介组织、社会团体等各种社区主体的共同参与配合下对社区的公共事务、社会事务等进行管理，其实质是为强化基层政府的行政职能，通过对政治、社会资源的控制实现自上而下的社会整合，其社区管理范围一般为街道行政区域。

（二）市场导向型管理模式

该管理模式即通常所说的物业管理模式。由物业管理部门依照法规、合同对统一规划开发的新建住宅小区的各类房屋建筑和附属配套设施及场地，以经营的方式进行管理，并向居住人提供多方面的服务。这种管理模式的优点是社区的建设和管理在引入了市场竞争机制后表现出了一定的生命力。其不足之处在于由于当前物业管理的不规范，亟待加强管理，社区建设可能出现"一手硬、一手软"的情况。

（三）社会导向型管理模式

该管理模式也称为社区居民自治模式，主要是指以社区居民为核心，联合社区内各种主体组织、机构，共同参与社区事务的管理。这是实行真正的民主自治管理的一种模式。这种管理模式的优点是调动社区内居民广泛参与社区事务的积极性，真正发扬了社会主义民主。同时减轻了政府在社区建设中的负担，有利于"小政府、大社会""小机构、大服务"的政府管理体制的形成。

任务二　社区管理体制

社区管理体制是指社区管理的组织体系及运行机制，它是进行社区建设和社区管理的基础和制度性保障之一。社区管理体制要以社区管理的基本内容为基础，与社会外在环境和社区发展的方向相适应，是实施管理的组织结构、职能权限划分和管理方式、工作方法的总和。

一、社区管理体制的内涵

社区管理体制是一个历史范畴。一定的社区管理体制，总是特定的历史环境和时代条件的产物。在不同的社会背景下，社区管理体制不同，如计划体制下，我国社区的管理体制主要是行政性的。组织结构为行政直线型，即市—区（县）—街道（乡镇）—居（村）民委员会这样一种行政驱动型结构。管理职能以政府为主，居（村）民委员会等社区组织成为国家行政管理体系的末端，其管理职能得不到充分发挥，运作方式是行政命令式。市场经济条件下的社区管理体制则是社会职能型的。其组织形式是多层次、多系统的网络式自治型结构。在管理职能上，依法确立政府与社区组织之间的职责权限，规范政府的角色定位，社区管理职能主要通过相对独立的、充分体现居民自治原则的管理机构去实现。管理主体将综合运用行政、法律和经济等手段，以及引进责任考评机制、法律机制、市场机制和监督机制等，处理社区内存在的问题，解决矛盾，对社区进行综合性管理，服务群众。

二、社区管理体制的基本框架

在社区建设实践中，我国城市基本形成了"两级政府、三级管理、四级落实"的社区管理体制。"两级政府"是指市、区两级政府；"三级管理"是指市、区、街道的管理；"四级落实"是指市、区、街道、社区居民委员会四级的组织落实。"二三四"管理体制的重点在于加强街道和社区居民委员会的建设，关键在于市、区两级政府要逐步放权给街道，建立责权利统一、条块结合、以块为主的管理体制。我国社区管理体制的基本框架主要包括以下四个部分。

（一）社区管理的组织体系

社区管理的组织体系是指参与社区管理的各类组织，如政府组织、社区自治组织、社区管理工作组织、社区保障监督组织，在结构上应是多层次、多系统的网络式结构。所谓多层次是指由市（区、县）—街道（镇）—居（村）民委员会—居民代表组成的多级管理体系；所谓多系统是指由政府行政管理系统、社区自治管理系统、社区生活服务管理系统组成的横向管理体系。

（二）社区管理的权责体系

在城市社区管理中，要加快理顺街道与社区的职责关系。街道是城市社区管理中最高权力机构，其职能主要包括：全面负责社区发展的规划，履行社区管理中的执法权和监督权。同时应加强社区制度建设，尽快出台《社区自治章程》等相关管理规定，对社区成员大会、社区议事委员会、社区委员会、社区单位等在社区管理中的职能、工作制度和行为规范以及评价制度进行规范和确认。

（三）社区管理的法制体系

社区管理的法制体系是以法律的形式确立新建立的社区居民委员会等组织的法人地位，赋予其相应的权利和义务，依法划定其与政府行为的边界。通过法规和规章，赋予社区各类工作委员会或执行机构以一定的权力。如在社区的治安、卫生、公共设施保护等方面，必须使相应的职能机构能行使管理、检查、监督、处罚等权力，使社区组织能有效地发挥应有的作用。再通过各项制度，确立社区内各类组织的职权范围及其相互关系，建立对各组织机构工作的内外监督制度。

（四）社区管理的工作体系

社区管理的工作体系主要包括社区管理的内容和工作方式方法。

现阶段我国社区管理的主要内容包括社区服务、社区卫生管理、社区文化管理、社区体育管理、社区环境管理、社区治安管理和社区社会保障工作。各地区要因地制宜地确定社区管理的内容。也就是说，各地区在加强社区管理的过程中，应根据本地经济和社会发展的水平与现有工作基础，从实际出发，分类指导，从基础工作做起，标准由低到高，项目由少到多，不断丰富内容，力戒形式主义，逐步完善社区管理工作。

在管理方式方法上，社区管理要强化制度规范，开展标准化管理。形成各级党政组织发挥宏观调控作用，运用行政、经济、法律、思想教育手段进行政策调节和财力支持，社区自治组织运用组织、发动等具体管理方法进行自治管理的有效的综合机制。

三、社区管理体制的常见模式

根据政府与社区自治组织的相互关系来对社区管理体制模式进行分类，大体分为自治型管理模式、政府主导型管理模式和混合型管理模式三种。

（一）自治型管理模式

德国、美国、加拿大等国的社区管理模式大多属于自治型管理模式，其特点是政府行为和社区行为分离，政府的社区发展规划由有关部门专项拨款保障，并通过社区的配合予以实施；而社区的工作则是自主自治，经费的筹措通过各类团体、基金会的捐赠实现。这种社区管理模式与政府也有一定的联系，但主要是在业务和争取政府支持方面的联系。自治型管理模式下政府起间接作用，对社区的建设主要采用法律或经济手段来调节和倡导，从法律和制度上来规范社区运行机制，而让社区在具体的建设操作中当主角。

自治型模式下的社区是社区建设和发展的主角，具有非常鲜明的自主性。如，德国社区具有双重地位，在具有法定地位的同时，它作为联邦、州和社区三级行政单位中的基层单位，除了自治任务外，还接受联邦和州的委托，在自己的社区内具体执行联邦和州的行政任务，联邦和州把大多数行政任务都委托给社区去执行。社区具有法定地位，使社区在开展社区建设、组织社区管理过程中，拥有相应的权力，从而使社区机构在社区建设和发展中具有主动性和创造性，在自主和自治的前提下，担当社区建设的组织者和管理者。

（二）政府主导型管理模式

在新加坡、中国台湾地区，其社区管理模式大多属于政府主导型管理模式，特点是在政府部门中设立专门的社区管理机构，作为政府组织体系的重要组成部分来专门负责社区规划、管理的职能。通过专门机构的指导，在社区的管理中体现政府的意志及其所倡导的社会价值观；通过对社会组织的物资支持和行为引导，把握社区活动的方向；通过政府对社区活动的领导和资助，以及对社区领袖及社团组织领导人的培训，用政府的要求统一社区活动的思想，让社区发展有意识地朝着政府的目标推进。如新加坡设有国家发展局、中国台湾地区在内政主管部门设"社区发展委员会"等专门的社区管理机构，来具体执行对社区建设各项政策和措施的管理职能，使政府成为社区建设和管理的主角。

（三）混合型管理模式

在日本和中国香港地区，其社区管理模式大多属于混合型管理模式，特点是政府对社区工作和社区建设加以规划、指导，并拨给一定的经费，但政府对社区的干预比较宽松，社区工作和社区建设以自治为主。混合型管理模式下的政府角色介于自治型和政府主导型之间，起着指导和支持作用。指导是指对社区工作和建设的规划和引导，支持是指经费上的支持。如中国香港地区的社区工作由社会福利署管辖，特区政府参与社会管理，设立民政主任制度，全港共有4个社区服务中心，社区服务中心主任由特区政府委派，在经费上，政府管理、部门管理的项目由特区政府部门专门拨款。在混合型管理体制下，社区组织具有明显的自治性。

（四）楼委会管理模式

"治城市先治小区，治小区先治楼栋。"在社区管理的过程中，有的地方探索社区管理模式新路子，建立楼宇自治委员会（简称"楼委会"）。它是以楼宇为单位，在社区居民委员会的具体指导下，发挥协商、议事、互助作用，具有"四治四有"功能的群众性组织，即治环境、治矛盾、治安全、治风气，有秩序、有情义、有乡愁、有幸福，是新型社区管理体制的基本单元。

小区楼栋长来当家，就是从群众身边的小事、无人管的事、烦心事、揪心事出发，通过楼栋长带动群众一起来解决小区里的环境卫生、车辆停放、安全防范、邻里矛盾等问题。楼栋长来自一线、下沉一线，既是充实一线工作的力量，又是党委政府延伸向下的"触角"和"探头"，是综合发挥政治、德治、法治、自治、智治作用的一次有益探索，有效回应了政府大包大揽管理的弊端，实现了小区（特别是老旧小区）从无人管到有人管、邻里疏到邻里亲，探索出了一条"居民来服务居民、居民自己的事情自己来办"的生动实践之路，走出了一条"治城市先治小区、治小区先治楼栋"的创新道路。实践证明，只有从小切口出发，不断创新方式方法、变革体制机制、完善工作格局，在治标之举中总结、提炼治本之策，才能从源头上、根本上提升社会治理能力。

任务三　国内社区管理

社区是人最基本的生活场所，社区规划与建设的出发点是保障基层居民的切身利益。社区管理的内容不仅包括住房问题，还包括服务、治安、卫生、教育、交通、娱乐、文化公园等多方面因素，既包括"硬件"，又包括"软件"，内涵非常丰富。社区管理水平的高低直接影响着居民的生活质量和社会的稳定和谐。

一、我国社区管理的主要内容

我国社区管理涵盖了居民关系协调、公共设施管理、环境卫生维护、社区安全与治安、文化活动组织、健康教育与服务、社区服务与福利以及信息公开与沟通等多个方面。这些工作的有效开展，对于提升居民的生活质量和促进社会的和谐稳定具有重要意义。

（一）居民关系协调

社区管理的首要任务是协调居民之间的关系，促进邻里和睦。这包括处理居民之间的日常纠纷、增进相互理解、加强邻里间的交流与合作，以及组织各类社区活动，增强社区的凝聚力。

（二）公共设施管理

社区公共设施是居民生活的重要组成部分。公共设施的管理包括维护和修缮公共设施，如公园、体育设施、图书馆等便民设施，确保其正常运行。同时，也要合理规划新增设施，以满足居民日益增长的物质文化需求。

（三）环境卫生维护

保持社区环境的整洁与卫生是社区管理的重要职责。这包括垃圾的分类与处理、公共区域的清洁、绿化植被的养护等。通过环境卫生维护，为居民创造一个宜居的生活环境。

（四）社区安全与治安

社区安全与治安直接关系到居民的生命财产安全。社区管理需建立有效的治安防控体系，加强巡逻和监控，及时处理各类安全隐患，确保社区的安全稳定。

（五）文化活动组织

丰富多彩的文化活动能够提升居民的精神文化生活水平。社区管理机构应组织各类文化活动，如文艺演出、展览、讲座等，满足居民的精神文化需求，增强社区的文化氛围。

（六）健康教育与服务

关注居民的健康是社区管理的重要方面。通过健康教育与服务，普及健康知识，增强居民的健康意识，同时提供必要的医疗服务和健康检查，保障居民的身体健康。

（七）社区服务与福利

社区管理与服务紧密相连。为居民提供便捷、高效的社区服务，如老年照护、儿童教育、家庭服务等，是社区管理的重要任务。同时，社区还要关注困难群体，提供必要的福利保障。

（八）信息公开与沟通

信息公开与沟通是社区管理中的重要环节。通过及时发布社区动态、政策法规等信息，保障居民的

知情权；同时建立有效的沟通渠道，听取居民的意见和建议，不断改进社区管理工作。

二、我国社区管理存在的问题

我国社区管理存在一些问题，主要表现为以下几方面。

（一）存在角色定位偏差，居委会承担的任务过多

社区居民委员会作为一个自发的组织，在工作性质上不属于国家行政人员，所以没有行政权力，基于这种自发组织的制度不健全的特点，在行使权力时所受的阻力较大。上级将行政任务交于基层的社区居民委员会，再由社区居委会的人员自发分配任务，任命执行人员。但由于社区内的执行人员的人数一般不会太多，导致社区居民委员会的工作人员所分配的工作份额过多，每个人都处在高负荷的工作状态。尤其是 2020 年新冠疫情的暴发，使这一矛盾更加凸显出来，部分社区社区安全、卫生与疾病管控等功能处在瘫痪的状态。因此，社区居民委员会的人员应该具备更多的专业技能，培养业务能力，才能圆满地执行好由上级政府分配下来的任务；同时居委会要创新工作方法，化繁为简，提高工作效率，减轻居委会人员任务压力。

居委会有很多的责任，但有责任，却没有权力。目前，居委会的职能五花八门，包括治安、计划生育等，都是由居委会负责落实的。街道办事处和各职能部门都向居委会下达任务，要求居委会多次签署责任书，压力很大。从客观事实与法律的角度来说，目前社区居民委员会的自身能力与地位导致其不能担负重要责任，在工作中顾虑较多，束手束脚。

（二）居民参与度不足，未形成有效的社区参与机制

在各地的社区管理创新工作中，虽然开始有了一些调动居民参与的意识，但还远远不够，居民参与度不足，且社区参与机制缺乏便捷有效性。居民虽然生活在社区，但大部分社区居民没有意识到自己是社区建设与发展的主体，没有意识到自己对社区应尽的责任与义务，甚至认为社区建设与发展是政府行为。居民参与热情低，参与程度不够深，参与的广泛性不足；参与的动员性、行政化色彩明显；参与的实效性差，社会效益低。

社区参与机制还没有从实质上将居民行为完全纳入进来，从一定意义上讲，居民仍然游离于这一机制之外，资源共享、责任共担的责权利机制未形成统一。社区社会组织在发挥促进社会和谐和进步作用的同时，还存在很多问题和障碍，需要我们正视。例如，在活动场地、经费支持、组织协调等方面存在瓶颈，社会组织自主开展活动的能力薄弱。

（三）社区财力有限，缺乏稳定可靠的资金保障

目前，我国城市社区建设与发展资金主要来源于政府，政府虽然加大了对社区管理的资金支持力度，但财政支持依然有限。由于社区经费不足，社区的工作开展面临许多困难：一是社区工作人员的工资和福利待遇偏低，难以调动其工作积极性；二是社区承诺的为居民解决热点、难点问题的实事工程难以落实，尤其是一些老小区，硬件设施建设水平较低，配套设施得不到有效维护。社区经费的不足造成了社区居民委员会活力不强，职能不能实现，目标难以达到。

（四）社区工作人员结构不合理，人员配置困难

社区工作人员配置仍有较大困难。社区工作人员偏少，工作负荷太大，相应的管理和服务工作跟不上。社区工作人员的专业素质、年龄结构等，都与社区管理的需求存在一定的差距。《中华人民共和国城市居民委员会组织法》（以下简称《居民委员会组织法》）规定，社区居民委员会由 5~9 人组成，但是随着社区居民委员会管理幅度增大，服务人口增多，工作量增大，居民委员会人手严重不足，精力有限，很难有时间入户了解民情、收集民意，拉大了与居民群众之间的距离，导致居民群众对居民委员会的认知度降低。

三、我国社区管理改革的建议

针对我国社区管理改革，有以下五点建议。

（一）推动居民自治

居民是社区的主人，居民要主动参与社区事务，实现自我管理、自我教育、自我服务。从制度设计上看，居委会、村委会是基层群众自治组织。但从实际运行的情况看，基层群众自治仍是一项处在培育过程中的基层民主形式，对于行政力量存在着相当程度的依赖。在社区建设中要厘清政府管理与群众自治的边界，促进政府行政管理与基层群众自治有效衔接和良性互动。同时，应不断培育居民自治意识，提升自治能力，引导成立文化艺术类、志愿服务类等各种类型的自治组织，更大范围地联结社区居民，丰富居民生活，提升社区凝聚力。居民自治有利于将原子化的个体组织起来，培育居民的社区归属感和认同感，降低个体化带来的社会风险，有利于社区不同群体表达自身诉求、维护自身权利，克服异质性带来的冲突，有利于充分发挥居民在社区中的主体作用，推动居民从被动参与社区管理走向主动参与社区自治。

（二）培育社区精英

居民自治不可能一蹴而就，在实现居民自治的过程中，一定要重视社区精英的力量。社区精英是指具有较强的公共意识和参与意识，实际参与社区公共权力的分配与运行，对社区公共事务产生影响力的人。按照资源类型，社区精英可分为党政精英、经济精英、社团精英、专业精英四个类型。从功能上讲，社区精英是联结居民、表达居民利益诉求的重要群体。培育社区精英，就是带动社区中有意愿、有能力的居民参与到社区建设中，并以此带动更多的居民参与社区建设。精英治理是政府主导治理模式向居民自治模式转变的过渡模式，精英治理最终是要走向居民自治。

（三）完善社区服务

当前，人民群众的物质文化需求呈现出多样化、多层次的趋势，这对社区服务提出了更高的要求。社区建设应不断丰富社区服务内容，创新社区服务方式，提升社区服务供给能力。

顺应居民对美好居住环境的需要，建设公共活动场地和公共绿地，推进社区适老化、适儿化改造，营造全龄友好、安全健康的生活环境。鼓励在社区公园、闲置空地和楼群间布局简易的健身场地设施，开辟健身休闲运动场所。在提供社区服务的过程中，要树立公民导向，明确社区服务是居民基于公民身份和资格而应享有的，避免社区服务出现行政化、慈善化的倾向。与此同时，要鼓励和引导市场主体参与社区服务，在保证社区服务福利性的同时，不排斥其市场性。社区服务的完善，能够提高居民生活质量，提升居民的满足感与获得感，应对居民需求多样化带来的挑战。

（四）推进智能化服务

引入互联网、云计算、大数据、区块链和人工智能等技术，建设智慧物业管理服务平台，促进线上线下服务融合发展。推进智慧物业管理服务平台、城市运行管理服务平台与智能家庭终端的互联互通和融合应用，提供一体化管理和服务。整合家政保洁、养老托育等社区到家服务，链接社区周边生活性服务业资源，建设便民、惠民智慧生活服务圈。推进社区智能感知设施建设，提高社区治理数字化、智能化水平。

（五）实现协商共治

多元主体协商共治能够为社区建设凝聚多方力量、整合多方资源、协同多种机制，有助于解决社区内部的复杂问题。在协商共治的框架下，社区居委会、业委会、物管公司、社团组织、社工机构等多元主体平等地进行对话、竞争、合作，针对社区的具体问题，共同协商解决方案，防止因主体力量不对等

导致部分主体权益受损，预防冲突与对抗，缓解各类社区矛盾。协商共治不仅有利于明确社区各主体责任、提升各主体议事能力以及回应居民需求的能力，维护社区公共利益，还有利于加强各主体间的沟通与联系，避免各主体间的利益分化和社区治理结构的碎片化，形成治理合力。

任务四　国外社区管理

社区管理的发展需要借鉴和吸收发达国家和地区的先进经验。国外社区特别是欧美社区治理源远流长、实践丰富，值得研究，我国可根据本国国情，吸收国外社区管理的有益经验，进而有力推动我国社区管理体系和管理能力现代化。

一、体现多主体自主参与的美国社区管理

美国的社区治理是一种典型的社区自治模式，它不依赖于政府，更多的是依赖社会组织、社区社会企业以及社区居民的自主参与，表现为政府行为和社区行为相对分离。美国的市是州政府的分治区，市政体制采用的是"议行合一"或"议行分设"的地方自治制度，实行高度民主自治，主要依靠社区自治组织来行使社区管理职能。同时，社区不属于联邦政府或地方政府的基层管理单元，因而在社区治理中政府无权直接干预社区事务，大都只发挥着辅助性作用。一般来说，联邦各州乃至各个市、镇政府只负责宏观调控、规划、指导、资助，具体事务交由社区组织和民间团体自主管理。

美国社区自治模式的主要特点包括：①实行民主管理。政府间接干预社区的管理，社区的核心管理机构是社区管理委员会，各个委员各司其职为社区服务。②倡导文化共享，即地域归属与文化共享。公民注重价值观的凝聚力，居民对居住的社区会有很强烈的社区环保意识、邻里互助意识和归属感，会非常积极地参与社区的各项活动。③社区建设井然有序。在制定社区发展规划时政府特别强调人与环境的协调发展，强调社区环保意识，保证了周围环境不被破坏。④服务意识强烈。美国民众积极主动为所在社区组织或公益服务机构提供无偿志愿服务。同时，志愿者参与社区组织或机构的绝大部分工作。公众积极参与社区管理，形成了良好的社区服务精神，公民认为为自己所在的社区尽其所能是自我价值的体现。⑤志愿者服务。社区的大量工作都是社会志愿者完成的，美国的法律也明确规定大学生须参与一定量的志愿者服务工作，志愿者服务已经成为并构成了美国社区文化的最重要的特征。⑥社会组织发挥巨大作用。在美国社区治理中，社会组织发挥着支撑作用，尤其在社区决策、社区规划、资金筹集、社区关系协调等方面发挥着不可替代的作用。社区的社会组织是完全非盈利目的的组织，负责社区的公共福利事业工作，而且以满足社区居民需求为中心，不断优化服务功能，拓展服务范围。

总的来看，美国社区治理尽管与北欧等国家相似，都采取自治，但所秉持的理念以及形成途径有所区别。美国的社区自治是地域归属与文化共享理念下的自治，即公民注重价值观的凝聚力，邻里互助意识，相互之间共享着某种地域归属和文化价值。

二、重视自律的日本社区管理

日本受西方文化传统的影响形成了混合型社区管理模式，这种模式是介于自治管理和政府主导型管理之间的一种模式。日本社区由政府、居民自治体以及社会组织三方力量相互协作，共同治理。政府通过立法、财政和政策引导帮助社区发展，居民自治体依靠社区居民的权责意识，在社会组织和政府的支持下进行社区自治，社会组织依托社会资源和政府扶助积极承担社会服务，三者共同推动日本社区治理体系的健全与发展。日本混合型社区是一种双向管理模式，是政府行政管理部门和民间管理组织之间的共同协作。

日本社区混合模式的主要特点：①居民参与意识较强。居民都有较强的社区荣誉感和归属感，积极参与社区各项活动，增强了社区的凝聚力。②政府对社区工作进行监督和指导，并不直接参与社区具体管理。政府的管理是间接性管理，并根据社区居民意愿执行，如日本的《环境基本法》对噪声有明文限制：疗养部门和社会福利设施集中的地方，白天噪声在 50 分贝以下，夜里不能超过 40 分贝；市民居住区白天噪声在 55 分贝以下，夜里噪声在 45 分贝以下；住宅和商业、工业混合区域白天噪声在 60 分贝下，夜里噪声在 50 分贝以下。达不到标准，有关部门会加以治理。③体现为居民服务意识。日本社区管理模式的总体规划、资金使用以及机构设置等都体现了以人为本的思想，以社区居民为中心对社区居民进行公共管理，全面贯彻为社区居民服务的宗旨，对社区内的老弱病残等给予重视和关怀。④政府与社区居民协作管理，充分发挥政府的行政职能，集合居民的力量共同促进社区的良性发展。

总的来说，日本人比较强调自律，许多大城市的市中心都热闹非凡，但在日本的许多社区，热闹和喧嚣都销声匿迹，有时让人感到静得出奇。例如，在东京市涩谷区的惠比寿居民区，附近有繁华的购物中心，热闹的地铁车站，但这里却一点也没有市中心的吵闹，非常宁静。

三、讲究和谐的瑞典社区管理

在瑞典，不管是在公共场所，还是在住宅区，一般都听不到大声喧哗。不管大街还是小巷，几乎都听不到汽车的喇叭声和自行车的铃铛声。瑞典的社区，处处都体现着人与人、人与自然的和谐共处。

大多数瑞典居民小区都对居民可能对他人造成干扰的活动进行限制，如晚上 9 点以后不准使用吸尘器，晚上 10 点后不准使用洗衣机。这样的规定虽然不是法令，但作为一种约定俗成的社会公德而被人们广泛接受。闹得太出格的，会被其他邻居告到小区物业管理处；屡教不改的，很有可能被房东请出大门。临近周末的时候，在瑞典的许多居民小区里都可以看到这样一些业主留言："各位邻居，我们将于今晚在家中宴请宾客，届时会有较高的声响，希望各位原谅。"或许是因为大多数瑞典人从小就在这样的居住环境下成长，长大了搬出去住自己的公寓也会自觉遵循这些约定。

在瑞典，大多数公寓楼的隔音效果极佳。标准公寓配置的窗户都是 3 层玻璃，隔音效果十分突出。在斯德哥尔摩市一些离主要街道较近的小区，市政管理部门规定要给居民安装 4 层玻璃，据说多装一层玻璃可以将室内噪声接收率降低 90%。而那些建在高速路或铁路旁的小区，最常用的隔音方法就是在道路两旁建隔音墙。

四、注重配套的德国社区管理

德国很少有那种封闭或半封闭形式的居民小区。即使是同一建筑商开发的集中成片的楼盘，也与邻近楼盘没有围墙之类的明显界线。

柏林市的房屋建筑法规对新建住宅中绿地等配套设施有专门规定。例如，根据地理位置不同，绿地在整个用地面积中占的比例也不同，越靠近市中心，绿地比例越小。

德国城市同样存在噪声问题。为减少道路交通噪声对居民楼的干扰，居民区限制行车速度。在柏林市的城市网状主干道之间，30 千米限速区的标志随处可见。在一些穿过居民密集区的中小干道上，还实行 22 时至次日 6 时限速 30 千米的分时限速规定，尽量避免交通噪声对居民的影响。另外，在居民区，建筑施工作业严格限定时段，小区露天运动场也明示开放时间，一般都禁止中午和晚上开展活动。这些措施有效地降低了噪声扰民问题。

德国没有类似我国城市街道办事处和居民委员会这样的具有社会意义的管理单位。德国小区物业公司的职责分为两大块，一是接洽房屋买卖和租赁业务，二是负责小区常规的检查和管理工作。有时受业主委托，物业公司还负责业主水、电、暖等设施的检查和维护工作。

五、政府有限干预下的英国社区管理

在英国，政府主张在政府政策规则的指导下，进行社区自治，促进社区的良性发展。英国社区治理实际上提倡多方合作，采取多元化的社区服务和去中心化的治理方式，其中，社区治理的理念和规范由政府主导，政府还对社区发展状况进行监管。社区服务费用主要由政府承担，但是政府直接提供的服务较少。同时，公益组织、非营利性组织、志愿者组织、社会企业在为社区提供公共服务方面起着重要作用。因此，英国社区治理的特征是在政府的有效监管下，充分开放市场，充分发挥社会组织的自治功能，促使民众充分享有社会福利。

一是重视发展第三部门。英国在长期的工业文明发展历程中，较为重视非营利性组织等第三部门的培育和发展。例如，托尼·布莱尔执政后，高度重视第三部门在公共服务供给中的重要作用。2012年4月，英国首相戴维·卡梅伦政府提出"大社会资本计划"（big society capital），向社会企业、慈善部门和社团组织等第三部门拨付大量财政资金，英国也成为世界上第一个由政府向社会组织购买公共服务的国家。因此，英国政府和第三部门在社区公共服务事务供给中形成良好的合作关系。同时，英国具有国家统一管理的公共服务系统，并且有专门负责社会组织综合性管理的机构，主要是对超过一定营业额的社会团体进行备案登记和审查监督。另外，英国社区治理的资金来源除政府资助外，还有慈善捐款，即通过大规模的政策宣传活动，吸引更多的社会资本，进而促使政府支持、社区动员和社会资本三者之间的良性互动。

二是发挥社会企业的协同功能。社会企业在城市社区建设和治理方面发挥着积极协同作用。社会企业从事的是公益性事业，采用商业模式进行运作并获取资源，投资者在收回投资成本之后，盈余部分用于企业或解决社区公共问题，增进民众福利。同时，还可以资助其他慈善组织和非政府组织。然而，社会企业与非营利性组织的主要区别在于基金来源的不同，一般来说，社会企业的收入至少半数是来自交易而非政府补助或是捐款。英国社会企业为其经济发展也做出了重要贡献，减轻了英国政府在公共事务投入上的经济负担。例如，截至2006年，英国大约有15000家社会企业，这些企业近4年的总营业收入高达180亿英镑，可以推算，社会企业每年为英国的国内生产总值做出了超过50亿英镑的贡献。由此可见，社会企业提供的产品和服务具有经济和公益双重功能。

六、有章可循的新加坡社区管理

在被誉为"花园城市"的新加坡，很少有人对小区内部的环境表示不满，这主要得益于小区严格完善的规章制度。

新加坡是一个文化多元化的国家，有着多种民族、宗教和文化传统，因此社区建设不仅要注重社区物质建设，更重要的是加强社区文化建设。新加坡的社区管理从国家治理的角度出发，以国家行政管理方式，实行政府主导的管理模式。新加坡根据地域范围划分为若干个社区发展理事会，负责实施本地域内的管理工作，社区发展理事会下设多个选区，以选区为单位设立公民咨询委员会，负责与政府沟通，维护居民权益。社区管理的最基层组织是居民委员会，全国社区的总机构是人民协会，是一个半官方性质的社区管理机构，具有法定地位。这种管理模式的社区主要经费来源于社会赞助和政府拨款。

新加坡社区政府主导模式的主要特点：①政府直接管理社区。政府行为和社区管理行为紧密结合，政府设立专门的社区组织管理部门负责对社区工作的指导和管理，社区管理是国家行政管理行为的一种体现，政府统一对社区管理层进行管理理念、管理行为的培训，对社区组织提供物质支持和管理行为引导，在社区管理中体现了政府的社会价值观。②居民自主参与意识不强。在政府主导的模式下，居民习惯接受制度安排，习惯了自上而下的管理模式，居民对社区管理的民主参与意识比较薄弱，社区居民管理主体的作用和地位被忽视。③完善的社区管理体系。社区管理各部门职能分工明确，结构严密，公民咨询委员会、社区中心管理委员会和居民委员会有不同的职责。

由于新加坡地小人多，人口密度比较大，因此无论是政府兴建的组屋还是开发商兴建的公寓，大多数都是临街而建。例如，共管式公寓"东陵丽晶园"，这个公寓小区西面和南面是两条繁忙嘈杂的公路，东面和北面则是比较安静的社区公园。为了减小公路噪声对居民的影响，小区的西南两侧除了栽植花草，还特别种植了许多高大的树木。根据新加坡建屋发展局有关共管式公寓房屋建筑与相关设施比例的规定，开发商必须将不少于40%的土地用作花园、风景区及其他娱乐健身设施用地，从而保证小区居民拥有一个结构合理、温馨舒适的居住环境。在"东陵丽晶园"居住的每一户都有一本《居住守则》，涉及日常生活、娱乐健身设施的使用、停车管理及公共设施维修等多个方面，详细规定了住户在小区内可以进行的活动及被严格禁止的行为。一旦有人违反了规定，保安人员会及时予以制止，物业管理处也会向各家各户发出书面通知进行提醒。如果违规者无视警告，没有在限定的时间内纠正错误或者给他人造成了损失，那么他除了要赔偿，还有可能吃官司。

课后练习：

1. 名词解释：（1）社区管理；（2）社区管理体制；（3）协商共治；（4）社区自治。

2. 问答题：

（1）社区管理有哪些特征？

（2）社区管理有哪些基本内容？

（3）试阐述社区管理的基本原则。

（4）我国社区管理体制的基本框架是什么？

3. 案例分析题：

（1）某饭店把垃圾连同菜汤一起倒进居民生活垃圾桶里，由于这些垃圾桶不是封闭式的，里面的污水就从垃圾桶下面的缝隙流出来；开发区某一处门面房东北侧的下水井堵塞，几家店铺的负责人都说自己没有责任，不肯找人疏通，又脏又臭的污水很快溢出来流出很远，居民不得不绕着走，最后有人干脆用水泥把下水井封死了事；居民宋某在有关部门拆除他乱建的违章建筑后，抱着父亲的骨灰盒到某社区居民委员会"抗议"；某物业管理公司设立的停车场里车来车往，附近的居民经常被嘈杂声弄得整夜难安，不停地到社区居民委员会投诉，而当社区居民委员会工作人员找物业公司协商解决此事的方法时，对方却拿着有关部门的批文，理直气壮地回答"停车场的设立是有合法手续的"。早期有人发出"关心社区、支持社区、参与社区"的倡议，提出"社区是我家，建设靠大家""社区要发展，全靠你我他"等行动口号，呼吁"人人关心社区，人人支持社区"。然而在现实生活中，不少企业、单位、居民的举动都表现出"社区建设，事不关己"的态度。

请分析案例中的社区管理存在哪些问题？

（2）某社区召开"三改一拆"旧住宅区改造民主听证会。参加会议的有各相关小区住户代表、单位代表、街道城建环保科、社区班子成员等。此次社区旧住宅区改造涉及6个小区，共计2万多平方米。由于建设时间较早，小区内基础设施比较落后，屋顶漏水、墙体老化、下水道堵塞等情况时有发生。会上，代表们提出了各自的意见和建议，社区对大家提到的问题一一做了解答，并把相关问题及时向街道进行了反映。此次听证会既让大家了解了改造的大致情况，也听取了大家的意见来完善方案，收到了较好的效果。接下来，待方案最终确定，社区将第一时间向居民公示，为改造工程打好基础。

请分析该案例中符合社区管理的原则有哪些？

项目小结

　　本项目学习内容包含了社区管理概述、社区管理体制、国内社区管理、国外社区管理四个任务。社区管理概述介绍了社区管理的含义、特征、基本原则和基本模式；社区管理体制介绍了社区管理体制的内涵、基本框架、常见模式；国内社区管理介绍了我国社区管理的主要内容、存在的问题和改革的建议；国外社区管理介绍了体现多主体自主参与的美国社区管理、重视自律的日本社区管理、讲究和谐的瑞典社区管理、注重配套的德国社区管理、政府有限干预下的英国社区管理、有章可循的新加坡社区管理。

项目五　社区管理组织

学习目标

1. 知识目标：理解社区管理组织的涵义、特征和类型。
2. 技能目标：能够区分城市和农村社区管理组织。
3. 素质目标：具有运用社区管理组织的能力。

项目导入

社区管理组织是指能够对社区事务进行管理的社会组织。城市社区管理组织包括城市社区党政管理组织、社区行政管理组织、社区物业管理公司、社区企业组织、社区居民委员会、社区成员代表大会、社区中介组织、社区业主委员会、社区志愿者组织。农村社区管理组织包括农村乡镇党委、乡镇政府、村党支部、村民委员会、农村互助合作组织和农村宗族组织。社区管理组织特征表现为区域性、自治性、公益性和双重性。

本项目包括社区管理组织概述、城市社区管理组织、农村社区管理组织三个学习任务。

任务一　社区管理组织概述

社区管理组织是指为了达到提高社区居民的生活质量、加强社区内部凝聚力和促进社区共同发展的目标，采用社区内部的自我管理机制和管理方法及不同层次的权力和责任制度，经由社区内部分工与合作而构成的人群集合。

一、社区管理组织的内涵

作为社区管理主体的社区管理组织有广义和狭义之分。广义的社区管理组织是指在社区范围内的所有为了社区成员共同目标协调服务的各类组织。狭义的社区管理组织仅指政府行政管理系统中的最基层管理组织。

社区管理组织作为一种组织形式，具有组织的一般共性，与其他任何组织一样，由人员、目标、机构、制度等若干要素构成。

（一）人员

人员是构成社区管理组织的最基本要素。社区管理组织人员以该社区的居民为主，社区管理组织的领导及组织构成人员都应体现以社区人员为主的原则，发挥社区成员的主动性和创造性。社区具体管理过程中要做到一切依靠社区成员，一切为了社区成员，社区成员共享管理成果。

（二）目标

社区管理组织必须以改善和提高社区全体成员的福利为最高宗旨，社区管理组织通过动员和运用全社区的资源，预防和解决社区内存在的各种问题，开展公共服务，协调各方利益和关系，从而达到提高社区居民生活质量和生活水平的目的。

（三）机构

社区管理组织的目标需要以相应的机构作为载体来实现。社区管理组织机构的产生和运转同样要体现社区居民自我管理、自我服务、自我教育和自我约束的原则。

（四）制度

社区管理组织的制度包括：①保障和规定社区管理组织权力、职责、活动范围等的相关制度，包括国家有关法律法规、社区管理组织章程、社区管理组织议事规则等；②对社区管理组织成员的制度约束，如社区管理组织办事人员守则、社区管理组织办事制度、社区管理组织财务管理制度等；③保障和约束社区居民的制度规范，如社区居民公约、社区居民行为守则等。所有这些构成了社区管理组织的完整的制度体系，是维持和确保社区管理组织正常运转的基本保证。

二、社区管理组织的特征

虽然不同时期社区管理组织表现出不同的特征，但透过社区发展的历史进程，还是可以综合归纳出社区管理组织共有的特征表现。

（一）区域性

从空间的角度看，社区首先体现为一个具有特定区域性的社会或社区区域共同体。作为社区管理组织的基础，它并不是基于血缘或业缘关系，而是建立在地缘关系之上。这意味着社区管理组织的各个方面，包括其管理主体、服务对象、活动范围和组织目标，都以社区作为其核心平台。社区管理组织的存在与发展，都源于社区的需求，是社区存在的必要条件和具体体现。

（二）自治性

自治性是社区管理组织的核心特性。社区管理组织它植根于社区，致力于服务社区，是居民自治的重要载体。这一点得到了国家宪法和相关法律的明确支持与规范，主要体现在以下四个方面。

（1）法律明确规定，社区管理组织是一种基层群众性自治组织，居民通过自我管理、自我服务、自我教育和自我监督的方式参与社区治理。自治性确保了居民积极参与社区自治。

（2）法律确定了社区管理组织的组成方式，即由社区居民直接选举产生。这一规定确保了社区管理组织与社区居民的紧密联系，体现了民主选举的原则。

（3）社区管理组织的权力来源于社区居民的直接选举。它不仅仅是社区居民利益的代表，更是居民意志的表达和执行机构，确保了社区居民的意志和利益得到充分体现和保障。

（4）法律明确了社区管理组织的基本职能，即维护社区居民利益、民主管理社区公共事务和组织社区公益事业。这些职能的履行，进一步强化了社区管理组织的居民自治性质，促进了社区的和谐与发展。

（三）公益性

相较于政府或企业组织，社区管理组织展现出鲜明的特色，它既不像政府管理组织那样拥有强制性和权威性，也不同于企业管理组织追求盈利的本质。社区管理组织的最高宗旨在于推动社区全体成员福利的最大化，这一核心目标深刻体现了其公益性质。作为社区全体居民的利益共同体，社区管理组织在确立目标宗旨、构建机构模式、选择管理方式以及确定管理内容时，都必须坚守并凸显公益属性。

（四）双重性

社区管理组织的双重性核心在于其职能的双重性。一方面，社区管理组织致力于为全体社区成员提供公共服务，这一服务性特征要求其承担为社区居民提供日常生活所需各类服务的核心职责。另一方面，社区管理组织也承担着组织和管理社区居民及公共事务的职能，展现出其管理性特征。重要的是，这种双重性并非平行存在，而是以服务性为主导，管理性次于并服务于服务性。换言之，社区管理组织通过提供优质服务来实现有效的管理。

三、社区管理组织的类型

社区管理组织不是单一形态，是一个组织系统，在一个社区内可能存在着诸多相互联系、相互依存、相互作用、相互补充的社区管理组织群，各种管理组织间纵横联系、交叉重叠，承担着不同的社区管理功能，共同维护社区的稳定和运转，共同促进社区的协调发展。可从以下不同角度划分社区管理组织类型。

（一）从基本形态划分

从基本形态划分，社区管理组织可分为社区政治管理组织、社区经济管理组织、社区自治管理组织和社区中介管理组织。

社区政治管理组织是统治阶级利益及意志在社区的体现，其活动范围仅限于社区政治管理组织体系之内，它的功能主要发挥于社区的政治建设方面，即通过社区政治管理组织自身的活动，在政治思想方面影响社区成员，以确保国家法律法规、政策方针在社区得到贯彻实施。这一类组织包括社区政党管理组织、社区行政管理组织等。

社区经济管理组织是围绕社区建立的、专门为社区成员提供各项有偿服务的营利性组织，其功能主要发挥于社区经济建设方面，通过向社区成员提供优质的服务获取合理合法的经济报酬。另外，在我国社区建设实践中，社区也兴办一些除了为本社区提供产品和服务外同时还向社会提供产品和服务的经济性组织，为改善和提高社区成员福利积累更雄厚的资金。这一类组织包括社区物业管理公司及社区自己兴办的各种类型的企业组织。

社区自治管理组织是社区建设和治理中的重要力量，其自治地位由宪法和法律确定，是社区居民在不需要外部力量的强制性干预，特别是政府行政干预下，社区内各种利益相关者通过民主协商合作处理社区内公共事务，实现自我教育、自我管理、自我服务、自我监督的社区居民自我管理组织。这一类组织包括社区成员代表大会、社区居民委员会、村民委员会等。

社区中介管理组织是指以社区居民为成员、以社区地域为活动范围、以满足社区居民的不同需求为目的，由居民自主成立或参加的结构松散的社区自我服务性组织。社区中介管理组织不等同于社会中介组织。社区中介管理组织成员必须是本社区居民，活动范围一般情况下也是以本社区为主，其产生依据社区居民的需要，社区居民可自愿加入或退出。这一类组织包括社区志愿者组织、老年协会、社区秧歌队、摄影协会、书法协会、钓鱼协会等。

（二）从不同区域划分

从不同区域划分，社区管理组织可分为城市社区管理组织和农村社区管理组织。

城市社区管理组织是以城市社区为管理活动范围的社区管理组织。与农村社区相比较，城市社区的大多数居民从事的是工商业及服务业，设施及环境现代化程度高；城市社区人口密度大，居民集中，异质性强，流动性大；城市社区人际关系相对疏远，交互性弱；城市社区受传统文化影响较小，受多元文化的冲击较大；城市社区社会分工复杂、社会分化程度高，阶层结构复杂多样。

农村社区管理组织是以农村社区为管理活动范围的社区管理组织。与城市社区相比较，农村社区以农业生产为主，职业种类单一，生产生活设施相对落后；农村社区人口密度较低，居住分散，流动性较小；农村社区人际交往相对较密切，血缘及地域观念较强；农村社区受传统文化影响较大，受其他文化及思想观念冲击较小；农村社区分工简单，社会分化程度低，阶层构成单一。这些特点也同样会影响农村社区管理组织的构建及管理运作。

（三）从规范性上划分

从规范性上划分，社区管理组织可分为正式社区管理组织和非正式社区管理组织。

正式社区管理组织是社区管理的主体组织，它具备明确的组织管理目标、比较完善的组织结构和制度、明确的成员分工与协作体系、正常开展组织管理活动的能力等基本要素，这一类组织包括社区政治管理组织、社区自治管理组织、社区经济管理组织等。

非正式社区管理组织是社区管理的辅助组织，它不具备正式社区管理组织的基本要素，它主要根据社区居民的意愿要求，以自愿的原则、松散的组织结构、随意进入和退出的方式运转，不需要正常开展管理活动。它对于融洽社区成员关系，丰富社区成员生活，增强社区成员聚集力，推动优美和谐社区建设等都有重大作用。这一类组织包括社区内联谊团体、兴趣小组等。

（四）从法理上划分

从法理上划分，社区管理组织可分为法人社区管理组织和非法人社区管理组织。

法人社区管理组织是指经过政府管理机构审批登记注册，具有法人地位且具体承担社区某些方面管理职责和任务的社区管理组织，类似于正式社区管理组织。

非法人社区管理组织是那些不需要经过政府管理部门审批登记，不具有法人地位且不用承担社区任何管理职责和任务的社区管理组织，类似于非正式社区管理组织。

四、国外社区管理组织模式的特点

在全球范围内，社区管理组织的建设与发展呈现出多元化的趋势。不同的国家和地区，根据各自的国情和文化背景，形成了各具特色的社区管理模式。其特点主要包括：

（一）多元参与

国外社区管理组织注重多元参与，包括政府、非政府组织、居民、商业机构等多方力量的协同合作。这种多元化的参与模式使得社区管理更加全面和深入，同时也促进了资源的共享和整合。国外社区管理组织非常重视居民的参与和意见反馈。通过定期举行听证会、座谈会等活动，了解居民的需求和意见，让居民参与到社区管理的决策和执行过程中，提高了居民对社区管理的认同感和满意度。

（二）自治为主

高度自治化是国外社区管理组织最突出的一个特点。许多国家强调社区的自治性质，赋予社区管理组织较大的自主权，这使得社区能够根据自身的实际情况和需求进行管理和服务，更加贴近居民的生活。欧美的许多国家没有在社区建立政府基层组织或派出机构，社区管理实行高度自治，依靠社区居民自由组合、民主选举产生的社团组织，如社区管理协会、社区管理委员会、社区管理服务中心等，来行使社区管理职能。

德国柏林市就有大小数千个协会组织，其中有一般的社区居民自治组织，也有诸如房东协会、租户协会、厨师协会、律师协会、家政服务者协会、志愿者协会等由特定人群组成的协会。居民可自愿加入并定期缴纳会费，而协会的责任是维护会员的共同利益，必要时出面与政府或其他组织谈判协商，以解决纠纷、确保合法权益。德国社区内这些大大小小的非政府组织，在社会的各个层面发挥着作用；美国奥克兰市亚洲东方华人社区的管理，则是依靠居民民主选举组成的社区管理协会进行的，管理协会上和州、市政府联系，下为社区全体居民服务；美国柏莱梅市中产阶级山庄社区通过民主选举成立社区管理委员会，5个委员每月开一次会，主要研究聘用社区管理公司及有关监察事项、处理邻里矛盾、和警方联络合作、参与政府活动、组织民主选举等。依靠社团组织管理社区，能很好地实现与居民的心理沟通、行为互动，以及管理民主自治。

（三）法治保障

高度法制化是国外社区管理组织的另一个突出特点。国外社区管理严格遵循法律法规，确保社区管理的规范性和合法性。通过建立健全的法律体系，保障社区居民的权益，促进社区的和谐稳定。为了推进社区服务发展，早在 1973 年，美国就颁布了《国内志愿服务法案》，从法律上保障了社区服务的组织基础。1990 年，美国布什政府签署了《社区服务法案》，从法律上明确了学校开设社区服务课程的权利和义务，确立了社区服务的义务性与合理性。1993 年，美国克林顿总统签署了《国家社区服务信托法案》，并建立了全国社区服务协会，这标志着国内所有的社区服务项目都被纳入统一的管理网络。1948 年，英国《儿童法案》的出台标志着政府系统地致力于儿童照料服务的供给——建立儿童精神病医疗中心、集体宿舍、儿童指导中心等。1990 年，英国颁布了《全国健康服务及社区照顾法案》，从立法层面确立了社区照顾的合法性。1991 年通过《儿童支持法案》，进一步保障了儿童的福利权利。2003 年又出台了《八岁以下儿童日间照顾与托幼的国家标准》，为儿童照顾的各方面服务提供了统一标准。整体性法案和针对特殊人群的法规制度的出台有效保障并推动了社区服务。

（四）专业服务

国外社区管理组织特别强调对社区成员的服务性。国外的社区管理组织通常具备专业化的服务团队和服务能力。这些团队具备丰富的专业知识和实践经验，能够为社区居民提供高效、优质的服务。西方国家将社区管理完全交由社区自治管理组织和社会中介组织，但是政府并不是对社区事务完全撒手不管，政府为社区提供公共安全服务、法律服务和资金扶持等。社区管理组织面向全体社区居民提供十分完善方便的事务性服务，如社区青少年社会化教育、社区弱势群体救助、社区文化艺术活动、社区园林绿化、社区垃圾处理、社区医疗保健、失业人口技能培训、便民商业及维修服务等技术性、专业性的服务，尤其强调社区服务的理念。例如，在美国每年大约有 9 000 万人次的志愿服务者从事社区服务工作。社区志愿服务的内容包罗万象，涉及社区居民生活的方方面面，如养老、助残、扶幼、帮孤、济贫、环保、教育、卫生、治安等，主要目的在于满足社区居民日常生活需求，特别是保护弱势群体，满足他们的各种需要。

（五）资源整合

社区管理组织善于整合各类资源，包括人力资源、物资资源、信息资源等。通过资源整合，实现资源的优化配置和高效利用，提高和增强社区管理的效率和效果。国外社区管理组织高度社会化包括两方面的含义：一方面是社区管理组织主要由社会中介组织构成，凡是涉及专业性、技术性的社区服务事务全部交由社会中介组织来完成。在西方国家，社会中介组织极其发达，服务网络极其完善，遍布所有行业领域，如在美国，各类社会中介组织就达到 100 多万个，它们承担了大量在我国是由政府负责的事务。另一方面是社区管理组织的社区居民参与度很高。在国外，社区管理组织并非具体的"做事"机构，具体事务处理交由社会中介组织，自治组织主要是居民权利的表达者和维护者，属于居民权益的保护机构，并对社会中介组织进行监督，社区全体成员非常热衷于参与社区自治管理组织及活动。

（六）信息化手段

在信息化时代，国外社区管理组织广泛运用信息技术手段，如大数据、人工智能等。这些技术提高了社区管理的智能化和精细化水平，使社区管理更加高效便捷。面对不断变化的社会环境和居民需求，国外社区管理组织展现出灵活应变的特点，它们能够及时调整管理策略和服务方式，以适应新的形势和需求，保持社区管理的活力和创新性。

综上所述，国外社区管理组织在多元参与、自治为主、法治保障、专业服务、资源整合、信息化手段等方面积累了丰富的经验。这些特点共同构成了国外社区管理组织的核心竞争力，也为我国社区管理组织的建设和发展提供了有益的借鉴和启示。

任务二　城市社区管理组织

随着我国城市经济、政治和文化的迅猛发展，改革进程不断加快，城市地区单位和人口急剧流动变

化，这给当前的城市基层社会管理带来极大的冲击。正是城市基层社会的这种转型，要求对城市基层管理进行变革，以构建城市社区为目标的城市基层社会管理组织应运而生。城市社区管理组织是城市社会治理的重要基础，它通过整合各方资源，提高城市社区的整体管理水平，为居民创造安全、舒适、便利的生活环境。这一变革过程虽然时间不长，但在社区管理组织的理论探索及实践领域却产生了十分丰富的成果。

一、城市社区政治管理组织

城市社区政治管理组织有：

（一）社区党政管理组织——社区党工委

中国共产党是中国特色社会主义事业的领导核心，是中国的执政党。我国依据法律及党章规定，必须在城市基层社区建立党的基层管理组织。社区党政管理组织的名称，因各城市具体情况不同而有所不同，如称为街道党工委、社区党工委或社区党支部。

社区政党管理组织的作用主要体现在以下三个方面。

1. 政治导向作用

所谓政治导向，主要是指作为执政党对城市社区在政治原则、政治方向和重大决策方面的导向。对社区自治组织的这种政治导向主要是通过上级党组织和上级行政体系来实现，社区党组织并不是社区自治组织的直接领导，对社区群众的公共服务必须由社区自治组织来管理和运作。

2. 思想导向作用

城市社区党组织在思想导向上可以发挥更大的作用，但是，这种作用的发挥绝不是传统的强制性的思想领导。基层党组织思想导向作用的实现需要通过党的凝聚力、渗透力和影响力来巩固和扩大党的执政基础；通过党组织及其成员的价值观念、行为道德、精神示范对社区民众进行引导和施加影响；通过党组织直接融入社区社会，直接联系广大社区群众，全心全意为社区群众解决实际问题来获得群众的认可，形成社区群众思想的主心骨。

3. 组织保证作用

党对社区的组织保证不是对社区自治组织的领导，而是党通过自己的各级组织及干部、党员参加社区自治管理组织，由此来实现党的主张和任务。党对社区的组织保证还体现在社区党组织在上一级党组织的领导下，对社区各类管理组织，尤其是社区自治管理组织的人员构成、活动规则、领导人员施加必要的影响，确保党的方针政策在社区的顺利贯彻执行。

（二）社区行政管理组织——街道办事处

1954年，第一届全国人民代表大会第四次会议通过《城市街道办事处组织条例》（以下简称《条例》），对街道办事处的设置、性质、任务、作用以法律形式加以确定。《条例》规定10万人口以上的市辖区和不设区的市，应当设立街道办事处。街道办事处不是一线城市基层政权机构，而是市辖区和市的人民政府的派出机关。

1. 街道办事处的职责

作为城市人民政府派驻基层的办事机关，街道办事处具有行政执行性、派出代表性和区域综合性特征，承担着以下五种基本职能。

（1）沟通职能。街道办事处是联系政府与社区居民的纽带和桥梁，一方面向社区居民宣传国家的各项政策、法规，另一方面向上反映社区群众意愿、需求及对党和政府工作的意见。

（2）管理职能。街道办事处根据城市政府授权行使有关行政管理职能，包括对社区市政、社区福利、社区人口、社区经济等方面的管理。

（3）服务职能。街道办事处要为社区居民生活和社区内企事业单位生产活动创造良好的社区环境，为社区内居民提供各种服务。

（4）协调职能。街道办事处一方面要协调好辖区内各行、各业、各部门的关系，另一方面要协调好辖区内各单位与上级部门及辖区外其他相关部门之间的关系。

（5）指导职能。街道办事处承担着对辖区内的各居民委员会的日常工作进行指导的职责。

2. 街道办事处的任务

任务是对职责的具体分解落实。《条例》规定街道办事处的任务有三项：一是办理市、市辖区的人民政府有关居民工作的交办事项；二是指导居民委员会的工作；三是反映居民的意见和要求。但是，随着城市经济社会的发展，在执行行政职能的过程中，街道办事处的任务也不断地扩大，实际上承担了一级行政管理的职责，从具体实践来看，可归纳如下：

（1）发展街道经济。主要是兴办经营街道企业。

（2）市政管理。包括辖区市容、环境卫生、市政设施和园林绿化管理。

（3）民政工作。包括举办社区公共福利事业、做好优抚救济、拥军优属等。

（4）社区服务。包括开展老年人服务、残疾人服务、精神卫生服务、便民利民服务、民俗改革服务等。

（5）人口管理。包括辖区内居民计划生育、劳动人口就业、暂住人口管理等。

（6）社区治安管理。包括做好普法宣传、人民调解、治安保卫，协助维护社会秩序。

（7）精神文明建设。包括发展社区文化、社区教育、社区科技、社区体育、社区卫生保健，帮扶问题人员与弱势群体。

（8）办理上级政府交办的有关事项。

（9）指导居民委员会工作，反映居民的意见和要求。

二、城市社区经济管理组织

城市社区经济管理组织包括以下几类。

（一）社区物业管理公司

社区物业管理公司是在市场经济管理模式下，以社区为主要服务范围，以满足社区居民的基本生活需求为经营内容的具有法人资格的专业企业，这种经营型的企业管理，可以使社区居民得到全方位、多层次的优质服务。在我国，基本上每一个社区都在政府相关政策的指引下，建立了社区物业管理公司。

1. 社区物业管理公司的特点

（1）微利性。社区物业管理公司是经济组织，是一个经营实体，这决定了其经营目标就是通过为社区居民提供各种便利的服务收取相应的服务报酬来维持公司的基本运作。但是，社区物业又有其特殊性，其服务对象主要是本社区的居民，要接受社区自治组织的委派和监督，如社区自治组织不满意其服务，随时可依据相关法规解除其服务的资格。因此社区物业公司的服务收费必须保持在一个微利的水平，才能赢得社区居民的支持。

（2）区域性。社区物业管理组织只限于为本社区提供物业管理服务，虽然物业管理集团公司可以同时管理多个社区物业，甚至可以跨城市经营，但其针对某一个特定社区提供服务时必须设立独立的子公司，只为本社区提供物业管理服务。

（3）服务性。社区物业管理公司只有向社区居民提供相应的各项服务才能收取相应的服务报酬，社区物业管理公司竭诚努力地为社区居民提供优质满意的服务，赢得社区居民的理解和信任，是其生存和发展的基础和必要条件。

（4）直接性。社区物业管理公司所提供的各项服务直接面对社区居民住户，没有任何中间环节，每一项服务都具体而琐碎，这要求物业公司必须提供耐心、细致、周到的服务，才能满足社区居民的需求。

2. 社区物业管理公司的服务内容

所谓社区物业管理，一般是指根据社区业主、业主委员会或者其他组织的委托，由物业管理机构对社区物业进行维护、修缮、管理，对社区内的公共秩序、交通、消防、环境、卫生、绿化等事项提供协助管理或者服务的活动。服务内容主要包括：①社区居民住户的水电维修；②社区环境卫生的清洁维护；③社区环境园林的绿化养护；④社区公共设施的管理维护；⑤社区必需的便民服务，如理发、干洗、日常副食等的提供；⑥其他社区居民所需的服务。

（二）社区企业组织

社区企业属于社区集体经济组织。这里所说的社区企业主要是指街道办事处兴办的各类企业组织。社区企业组织的形式多种多样，如社区生产合作联社、社区便民服务中心及兴办的各种生产贸易企业等。

1. 社区企业的特点

（1）以服务业为主。社区企业直接面向社区居民，为社区居民提供各种家居服务、环境综合服务、医疗卫生保健服务、文化娱乐服务、少年儿童服务、特殊群体服务（生、老、病、死等方面）。

（2）以小型企业为主。街道社区企业一般规模都比较小，多属于小微企业，其经营活动也与社区居民生活密切相关。当然街道社区企业也有少数大型企业，如广州的南华西街道企业，但这类大型企业，其经营活动基本上与本社区没有直接关系。

（3）以利用社区资源为主。企业生产经营必须依赖于一定的资源。社区企业生产经营活动所能运用整合的资源是以社区资源为主。有两类可利用的社区资源：一类是物的资源，即社区所拥有的服务设施；另一类是人的资源，即社区居民。

（4）以非市场化为主。社区企业经营活动多发生在本社区内，与社区居民的生活息息相关，经营服务对象及内容每天都一样，不可避免地带有地域、文化、感情等因素，大多数经营活动不可能采取完全市场化的模式，而更注重人本化、感情纽带的维系。

2. 社区企业的作用

（1）增强社区财力。社区兴办的企业可以为社区提供相对稳定的收入来源，为改善社区环境和条件积累一定的资金。

（2）便利居民生活。社区企业针对本社区居民的需要，建立专门为本社区居民服务的小型商贸企业，使社区居民能就近满足居家生活的必需，方便社区群众。

（3）创造就业机会。社区企业对技术水平、就业技能的要求不高，这为大量低技术劳动力包括下岗职工提供了就业机会。

（4）促进社区繁荣。社区兴办的各类小型企业，提供文化生活娱乐设施和场所，方便本社区居民的同时，还可吸引社区外人流，提升社区的人气，起到丰富社区生活、繁荣社区经济的作用。

三、城市社区自治管理组织

城市社区自治管理组织包括以下几类。

（一）城市社区居民委员会

1989 年 12 月，全国人大通过《中华人民共和国城市居民委员会组织法》，对居民委员会的设置、性质、任务、作用以法律形式加以确定。明确规定城市居民委员会是居民自我管理、自我教育、自我服务的群众性自治组织。

社区居民委员会是社区自治管理组织的主体性机构，也是社区成员代表大会常设执行机构，在社区成员代表大会和社区协商议事委员会的授权和监督下，具体组织实施社区的管理服务。社区居民委员会的主要工作职责包括以下几方面。

1. 教育职责

在社区内积极宣传贯彻党的路线、方针、政策和国家的法律法规，使群众增强依法办事观念，组织社区开展法制教育、公民道德教育、青少年教育和无业人员的职业培训等，开展文化娱乐和体育活动。

2. 服务职责

为社区居民办理公共事务和提供公益服务，为社区成员提供便民服务（包括网点服务、家政服务、保洁服务、治安服务、医疗服务等），开展以劳动就业为重点的社区事务性服务，搞好针对优抚对象、帮困对象的服务和照顾，为社区特殊群体提供社会福利性服务，增强社区成员的认同感和凝聚力。

3. 管理职责

在政府有关部门指导下，组织社区成员进行自治管理，制定居民公约，增进居民之间的团结，搞好社区的卫生、社区保障、文化、计生和治安管理，完成社区成员代表大会确定的社区管理目标。

4. 监督职责

对政府有关部门和其他社会中介组织在社区管理上履行其工作职责情况进行必要的监督，并将监督意见及时向上级有关部门进行反馈。

5. 协助职责

配合、协助政府部门完成有关工作。

（二）社区成员代表大会

社区成员代表大会是社区最高权力机构，其主要职责是选举产生社区议事协商委员会和社区居民委员会，审议和决定有关社区建设和发展的重大事项。社区成员代表大会是社区成员表达自己意愿的渠道，它行使民主选举、民主监督、民主决策和民主管理的职能，对其他社区自治管理组织具有选举、聘用、监督等控制权，是社区全体居民切身利益的忠实代表。社区成员代表大会由全体社区居民自愿参加，定期开会。

（三）社区协商议事委员会

社区协商议事委员会是社区居民代表大会闭会期间的常设机构，在社区居民代表大会闭会期间代表社区居民委员会行使议事、决策和监督权，负责对社区建设与管理的重大问题提出意见和建议，对社区建设和发展的相关事项行使协商和监督的职能。社区协商议事委员会组成人员由社区居民代表大会推选产生，对社区居民代表大会负责。

四、城市社区中介管理组织

（一）社区中介组织和社会中介组织的区别

社区中介组织是指以社区居民为成员、以社区地域为活动范围、以满足社区居民的不同需求为目的，由居民自主成立或参加的结构松散的社区自我服务性组织。社会中介组织是指那些介于政府与企业之间、商品生产与经营之间、个人与单位之间，为市场主体提供信息咨询、培训、经纪、法律等各种服务，从事协调、评价、评估、检验、仲裁等活动的机构或组织。社区中介组织与社会中介组织的关系类似于社区与社会的关系。有学者称社区是小社会，但又具有与社会不同的特点。二者的区别表现在以下几方面。

1. 活动范围不同

社会中介组织的活动范围比社区中介组织活动范围大，前者的活动范围可以是城区、城市乃至全国，它可以包括社区，而又不限于社区，而社区中介组织的范围只限于社区。可见，社区中介组织的活动范围小于社会中介组织。

2. 专业水平不同

社会中介组织大多由专业人士组成，如研究类的各种学会、协会，市场类的项目代理机构、资产评

估机构，公益类的慈善组织、环境保护组织等。这些组织都是由专家、学者或者由经过专门训练的人士组成。而社区中介组织则不同，其个别或部分成员虽然有可能是专业人士，但能否成为社区中介组织的一员与此无关，这一点不是必要条件。

3. 法人地位不同

社会中介组织有法人地位，这是其合法存在的前提，而参照《社会团体登记管理条例》规定，社区中介组织可以不用登记，不是法人。

4. 组织成立的目的或动机不同

自发型社区中介组织成立的目的主要是有利于开展活动，有利于社区居民表达自己的利益、维护自己的合法权益，有利于为居民提供志愿服务，等等。这些组织不存在生存压力或生存压力很小。而社会中介组织，是人们就业、谋求个人发展的重要平台，虽不以盈利为目的，但有较大的生存压力。

（二）社区业主委员会

业主是物业的所有权人，社区业主委员会是在物业管理区域内代表全体业主对物业实施自治管理的组织。从地域范围上看，物业比社区要小，一个社区内有多个物业区域，也就有多个业主委员会。业主委员会由业主大会或业主代表大会选举产生，社区业主委员会应当由业主组成。

一般而言，业主委员会对其拥有所有权的物业实行自治管理，聘用物业管理公司进行物业执行管理。但由于有些社区的居住物业产权结构不同，在大量多元产权结构的社区，业主委员会与物业管理公司的关系变得非常复杂。我国现行的物业管理公司，更多的是由物业开发商建立的专门物业公司，开发与物业管理是混为一体的，业主委员会的自治管理作用受到很大限制。

业主委员会代表着该物业的全体业主，有一定的社区管理权利，其权利基础是对物业的所有权。业主委员会最基本的权利是对与该物业有关的重大事项拥有决定权。这种权利通过业主公约和业主委员会章程予以保证。

业主大会由物业管理区域内全体业主组成，物业区域较大，业主人数较多时，可以按比例推举业主代表，组成物业管理区域的业主代表大会。业主大会或者业主代表大会做出的决定，应当经全体业主过半数或全体业主代表过半数通过。业主大会或者业主代表大会有以下职权：选举、罢免业主委员会委员；审议并通过业主委员会章程和业主公约；听取和审议物业管理服务工作报告；决定物业管理的其他重大事项。

（三）社区志愿者组织

全国社区志愿者工作委员会是一个重要的组织，它致力于推动和发展社区志愿服务活动，为社区居民提供多样化的服务。通过整合志愿者资源、规范志愿者行动、加强志愿者管理、维护志愿者权益以及发挥志愿者的作用，它促进了社区的发展和进步。

志愿服务组织在国际上通常被称为"非营利组织""非营利志愿服务组织"或"非政府组织"，它们具备一些共同的特征。

首先是正规性。这意味着志愿组织必须具有合法的法律地位，能够对其承诺承担经济责任，并且拥有一定的组织机构和稳定的资金来源。这确保了组织的稳定性和可持续性。

其次是非政府性。尽管志愿组织可以接受政府的支持和引导，但它们强调民主参与和自治管理，不受政府的直接领导。这使得志愿组织能够更加灵活和自主地开展活动，更好地满足社区的需求。

最后是非利润分配性。这也是志愿组织与商业组织的主要区别之一。志愿组织不以追求利益为目标，它们的活动成果不能被用于为个人或少数人获取经济收益。这种非营利性质使得志愿组织能够更加专注于提供服务和推动社区发展，而不是追求经济利益。

全国社区志愿者工作委员会的成立和发展，正是基于这些志愿组织的共同特征。它以社区为平台，以服务为纽带，通过倡导社会新风尚来推动社区志愿服务活动的发展。它的服务内容广泛且深入，涉及居民生活的方方面面，为社区居民提供了实实在在的帮助和支持。同时，它也注重整合志愿者资源、规范志愿者行动和加强志愿者管理，以确保志愿服务的质量和效果。

任务三 农村社区管理组织

农村是与城市相对应的空间区域。农村社区的建设与发展对我国社会经济的发展有着举足轻重的意义。在传统农业社会向现代工业社会的变迁中，我国农村社区管理组织也正在发生着巨大的转变。

一、农村社区党政管理组织——乡镇党委和村党支部

（一）乡镇党委

乡镇党委是我国农村基层政治管理的重要组织，负责领导和推动乡镇各项工作的开展。在我国现行的行政体制下，乡镇党委扮演着至关重要的角色，它既是党的基层组织，又是乡镇的管理核心。

首先，乡镇党委是党的基层组织，它负责贯彻执行党的路线、方针、政策和上级党组织的决议。这意味着乡镇党委要紧密围绕党的中心工作，确保党的政策在农村基层得到有效贯彻和落实。同时，乡镇党委还要领导本乡镇的党组织，加强党的建设，提高本乡镇党员的政治素质和组织纪律性。

其次，乡镇党委作为乡镇的管理核心，负责领导和支持乡镇行政组织、经济组织和群众自治组织的工作。这包括支持和保证乡镇人民政府依法行使职权，推动农村经济发展和社会进步，维护农村社会稳定。同时，乡镇党委还要加强对村级组织的领导，推动村级组织发挥自治作用，促进农村社区的建设和发展。此外，乡镇党委还要负责讨论决定本乡镇经济建设和社会发展中的重要问题。这包括制定乡镇发展规划，推动农业产业结构调整和农村经济发展；加强基础设施建设，改善农村生产生活条件；推进社会事业发展，提高农民群众的生活水平等。

根据《中国共产党农村基层组织工作条例》的规定，乡镇党委的主要职责是：

（1）贯彻执行党的路线、方针、政策和上级党组织及本乡镇党员代表大会（党员大会）的决议；

（2）讨论决定本乡镇经济建设和社会发展中的重大问题。需由乡镇政权机关或集体经济组织决定的问题，由乡镇政权机关或集体经济组织依照法律和有关规定做出决定；

（3）领导乡镇政权机关和群众组织，支持和保证这些机关和组织依照国家法律法规及各自章程充分行使职权；

（4）加强乡镇党委自身建设和以党支部为核心的村级组织建设；

（5）按照干部管理权限，负责开展干部教育、培养、选拔和监督工作。协助管理上级有关部门驻乡镇单位的干部；

（6）领导本乡镇的社会主义民主法制建设和精神文明建设，做好社会治安综合治理及计划生育工作。

（二）村党支部

村党支部是我国农村中最基层的管理组织。根据党章规定，在村一级设立村党支部，村党支部领导本村的工作，支持和保证本村行政组织、经济组织和群众自治组织充分行使职权。

根据《中国共产党农村基层组织工作条例》规定，村党支部的主要职责是：

1. 贯彻执行党的路线、方针、政策和上级党组织及本村党员大会的决议；

2. 讨论决定本村经济建设和社会发展中的重要问题。需由村民委员会、村民会议或集体经济组织决定的事情，由村民委员会、村民会议或集体经济组织依照法律和有关规定做出决定；

3. 领导和推进村级民主选举、民主决策、民主管理、民主监督，支持和保障村民依法开展自治活动。领导村民委员会、村集体经济组织和共青团、妇代会、民兵等群众组织，支持和保证这些组织依照国家法律法规及各自章程充分行使职权；

4. 搞好党组织自身建设，对党员进行教育、管理和监督。负责对要求入党的积极分子进行教育和培养，做好发展党员工作；

5. 负责村、组干部和村办企业管理人员的教育、管理和监督；

6. 搞好本村的社会主义精神文明建设和社会治安、计划生育工作。

二、农村社区行政管理组织——乡镇政府

在我国现行的行政体制中，乡镇政府是我国最基层的行政单位，在基层的政治、经济、文化和社会生活中扮演着极其重要的角色，其职能的有效发挥直接关系到农村的民主建设、经济发展、文化建设和社会稳定等，是巩固国家政权的根基所在。其职能主要包括：

（一）社会管理职能

乡镇政府是国家最基层的政权机关和最基本的独立行政单位，具有执行国家意志的义务和保一方平安的责任。对乡村社会进行管理，是乡镇政府的首要职能，具体包括：①贯彻执行上级的各项方针政策，保障公民享有宪法规定的经济、政治和文化权利；②综合治理，维护社会稳定，妥善处理突发性、群体性事件，调节和处理好各种利益矛盾和纠纷；③根据乡村社会的需要，组织制定和推动落实经农民认可的乡规民约，构建和谐的乡村社会等。

（二）发展经济职能

发展农村经济是农民走向富裕、乡镇摆脱发展困境的唯一出路。乡镇政府担负着发展乡镇经济，带领乡镇村民致富的重任，主要包括：①组织制定本乡镇产业发展规划，指导产业结构调整，打造地域产业特色；②组织营造良好的投资环境，包括政策环境、硬件环境、社会环境，加大招商引资力度；③通过推动和引导农村经济合作组织的发展，指导农村生产，提高农村生产组织化程度；④信息服务，为本地农产品的市场衔接提供充分的市场信息，促进农业新技术的推广。

（三）公共服务职能

乡镇政府公共服务的职能主要是管好、用好国家拨付到农村的各种资金，为乡村提供必要的公共保障：①生产保障，包括提供水利灌溉、道路运输、电力供应、农技推广、病虫害防治等生产性公共产品；②教育保障，包括协助教育部门普及九年义务教育，提高农民的科学文化素质；③医疗保障，包括农村医疗设施、医疗手段的完善和提高，农村医疗保险制度的建立和落实；④养老保障，包括福利院、敬老院的建设，农村养老保险制度的推行；⑤生活保障，包括建设乡村社会的各种生活基础设施，建立农村特困户的救助制度和救助体系；⑥生育保障，为提高人口质量提供各种优质服务，等等。

（四）农村基层建设职能

乡镇政府的农村基层建设职能包括：①抓好村民委员会班子建设，依法指导和帮助组织好乡村基层组织和社区自治，为落实公民在选举、决策、管理和监督等方面的民主权利创造条件；②农村人力素质建设，加强农村思想政治工作和社会主义精神文明建设，倡导乡村社会文明新风；③农村文化设施建设；④农村民主法制建设，畅通群众表达意愿的渠道，建立和完善民主决策、科学决策的程序和机制。

三、农村社区自治管理组织

农村社区自治管理组织包括：

（一）村民委员会

农村村民委员会是与城市社区居民委员会相对应的基层自治管理组织，主要负责农村村民的自我管理、自我教育和自我服务工作。它实行民主选举、决策、管理和监督，是基层群众自治的重要体现。在党的方针政策和国家法律法规的指导下，村民委员会承担着以下主要职责：

1. 办理和发展本村的公共事务和公益事业

组织全体村民结合实际讨论制定和完善村民自治章程、村规民约、村民会议和村民代表会议议事规则、财务管理制度等，明确规定村干部的职责、村民的权利和义务。

2. 调解民间纠纷

坚持村务公开，确保村民对村务的知情权、参与权、监督权，凡是与村民切身利益密切相关的事项，都要实行民主决策，让全体村民积极参与，并加以监督。

3. 协助维护社会治安

协助乡镇相关部门搞好村里的社会治安、移风易俗等方面的工作。

4. 大力发展村集体经济

村集体经济是村民自治运作和发展的物质基础。村民委员会要适时、适度、因地制宜地建立村集体经济，增强村里的经济实力，提高村民的生活水平，增强村民委员会的服务功能和村民自治的吸引力、凝聚力。

5. 向人民政府反映村民的意见、要求和提出建议

将收集的村民意见、要求以及建议向当地人民政府反映，起到沟通桥梁作用。

6. 提高村民的文化素质

村民委员会不仅要加强村民自治组织自身建设，更要提高广大农民的文化水平和民主素养，为新农村建设提供坚实的智力保障。

（二）农村互助合作组织

农村互助合作组织，亦被称为农村经济合作组织，是在我国农村家庭承包经营和土地承包制度的基础上，由农业生产及其上下游行业各环节的参与者，在技术、信息、资金、购销、加工、贮运等环节开展互助合作，自愿联合、民主管理的互助性经济自治组织。其特征表现在：

1. 自愿性

农民参与或退出农村互助合作组织完全基于自愿，没有任何强制性。这一原则确保了农民可以根据自身需求和经济条件选择是否参与合作，进一步激发农民的生产积极性。

2. 广泛性

尽管农村互助合作组织主要服务于生活在农村的农民，但其并不局限于农民。机关企事业单位及其他职业职工也有权自愿加入，使得组织更加多元，涵盖不同背景和职业的群体。

3. 民主性

在农村互助合作组织中，所有成员的权利和义务都是平等的。组织的重大事项需经全体成员共同决策，采用成员代表大会下的理事长（或秘书长）负责制，确保每个成员都有发声的权利，实行一人一票制，确保决策的公正性和透明度。

4. 自主性

农村互助合作组织在国家法律法规和章程的框架下，拥有独立自主权，能够自主组织和开展各种活动。这种自主性不仅提高了组织的灵活性，也使其更能适应不断变化的市场环境。

5. 服务性

农村互助合作组织的核心目的是为组织成员的生产和经营提供服务。互助是其重要的前提，而服务

的提供则是其根本目的。这种服务导向的宗旨确保了组织能够真正为农民和其他参与者创造价值，推动农村经济的可持续发展。

随着农村经济的崛起和社会的全面发展，农村互助合作组织的形态在各地的实践中逐渐展现出多元化的趋势。这些组织不仅丰富了农村经济结构，也为农民提供了更加多样化的合作选择。它们的主要类型有：

（1）按互助合作领域划分，涵盖种植、养殖、加工、运输、金融以及农产品营销等各个领域。这些组织根据当地资源和市场需求，为农民提供从生产到销售的全方位服务。

（2）按组建方式分类，包括能人引领型、农业产业化龙头企业或专业市场带动型、政府涉农部门引导型以及村级集体经济组织创办型等。这些类型的组织不仅体现了农村经济的多样性，也反映了社会各界的积极参与和支持。

（3）从合作紧密程度区分，主要分为股份制（紧密型）和会员制（松散型）两种。股份制组织通常具有更紧密的合作关系和更高的组织化程度，而会员制组织则更加灵活，便于农民根据自身需求有选择地参与。

综上所述，农村互助合作组织作为农村经济合作的新动力，通过其独特的自愿性、广泛参与性、民主管理结构、自主运营机制和服务导向宗旨，为农民和其他参与者提供了有效的平台，促进资源共享、风险共担，推动农村经济的繁荣和发展。

（三）农村宗族组织

农村宗族组织作为一种特定的社会现象，深深根植于我国悠久的历史和文化传统之中。它通常以姓氏为基础，由同姓家族成员组成，拥有一定的族规、族产和族谱。其特点是具有强烈的血缘和地缘关系，以祖先崇拜为核心，强调家族荣誉和传统价值观念，对成员有较强的约束力和影响力。目前，我国农村宗族组织在一定程度上得到了保留和发展，在某些地区仍然比较活跃，成为农村社区生活的重要组成部分，但同时也面临着现代化和城市化带来的挑战和影响。

农村宗族作为农村中的一种农民群众自发性的管理组织，其主要的组织活动方式有以下几种：①全宗族层次的联系活动，如修宗族族谱、建宗族祠堂、修祖坟、祭祖等。②聚居地村落社区内的活动。主要表现在经济活动中的帮扶、文化生活中的互娱互乐、婚丧喜庆等日常生活中的互助等。③农村社区管理活动。一些组织程度较强的宗族，还可能行使农村社区管理者的全部或部分职能。④协调活动。主要表现为对宗族与族外关系的协调处理，如协调族际以及族人与族外其他人员之间的关系等。

在评估农村宗族组织对农村经济社会的运行和发展的影响时，应采取客观公正的态度，既不能全面否定，也不能盲目肯定。实际上，农村宗族组织的作用具有正、负两个方面的影响。从正面来看，农村宗族组织在多个方面发挥了积极作用。首先，其对于保护和发扬我国的传统文化价值理念具有显著贡献，为中华民族的"寻根"精神和归属感追求提供了坚实的基础。其次，农村宗族组织为农村生产活动提供了便利，丰富了农村社会的文化生活。它们为成员间的交往、沟通和互助提供了有效的组织形式，促进了农村社会关系的和谐与凝聚。最后，农村宗族组织在农村社会稳定方面发挥了积极作用。将农村宗族组织纳入农村社会管理组织的轨道，为农村群众提供了一个重要的渠道，以帮助他们寻求自我保护，调解邻里纠纷，进而协助农村基层政权维护社会的稳定。从反面看，农村宗族组织毕竟是我国封建社会长期发展的产物，与小农经济意识紧密相关，如果任其自行发展，其负面作用也是显而易见的：首先，农村宗族组织是滋生落后意识和行为的温床和土壤。其次，农村宗族组织也抑制了创新精神，特别是宗族组织内青年的创新精神。最后，容易产生宗族矛盾，酿成农村重大群体性冲突事件。

因此，在未来的发展中，需要在保护和传承宗族文化的同时，加强宗族组织建设，提高宗族组织的组织能力和管理能力，推动宗族组织与现代社会的和谐健康发展，鼓励和支持宗族组织参与社区公共事务和公共服务，促进宗族组织和社区的融合和发展。

课后练习：

1. 名词解释：（1）社区管理组织；（2）居民委员会；（3）农村村民委员会。

2. 问答题：

（1）社区管理组织有哪些特征？

（2）社会中介组织与社区中介组织有何区别？

（3）农村村民委员会的主要职责有哪些？

3. 案例分析题：

（1）某县西园路居民委员会以"六进社区"活动为载体，开展形式多样的群众文体活动。活动中，他们重点开展了"五好家庭""文明户""好婆婆""好媳妇"等评比活动，积极引导广大党员和群众参与文明社区建设，培养居民健康向上的精神面貌，涌现出文明楼栋5个、五好家庭14户、好媳妇7个、好婆婆8个；党支部组织党员干部深入居民小区、楼栋大院，开展以"倡导文明新风，告别不文明行为"为主题的宣传活动；在职党员纷纷走进居民委员会与社区的大街小巷，参加环境卫生整治；党支部组织无职党员到居民区参加周末文化活动，给居民带来了全新的文化气息。另外，居民委员会还在居民区组织了以宣传党的二十大精神为主题，歌颂伟大祖国和中国共产党等弘扬主旋律的文化活动，祝愿伟大的祖国繁荣昌盛。

请分析案例中的居民委员会在社区管理中主要承担什么任务和职能？该案例表明居民委员会在行使哪项职能？当前该社区的管理中存在哪些问题？

（2）近年来，农村老年人协会在农村经济和社会发展中的作用越来越大，但老年人协会管理不规范所暴露出的问题也越来越多。过去，老年人协会有名无实，虽普遍存在，却并不规范。由于无法开立非公企业账户，集体财产只能存放在会长个人名下，个人腐败问题和民事纠纷普遍存在。因此，如何规范管理老年人协会工作显得尤为重要。为此，某社区试点，率先成立社区层面的有社团法人资格的基层老年人组织，并登记在册。与以往行政村自主筹建的老年人协会不同，这个老年人协会具有独立的民事主体资格，可开立银行账户。根据老年人协会章程，协会的业务范围包括办理老年证、协助社区管理居家养老服务中心，以及为老年人提供咨询和维权帮助等工作。同时，明确组织机构和负责人的产生、罢免，资产管理、使用原则，以及章程的修改程序等。在财务方面，建立严格的财务管理制度，配备具有专业资格的会计人员，并规定要将资金使用情况每年向会员公布一次，实现财务透明化管理。老年人协会成立之后，有了独立的法人和银行账户，就便于一些专项经费的下拨，更有利于推动社区老年人事业的发展。如今许多村居社区中，成年男性大多在外工作，老人多留守家里，老年人协会组织的重要性得以显现。该社区还将让老年人协会协助管理社区居家养老照料中心，这是一种创新的自我管理、自我服务模式，让他们参与社区居家养老照料中心的管理工作，真正实现老人的老有所乐、老有所为、老有所养。

请分析案例中的社区民间组织对于社区发展具有什么意义？

（3）某住宅小区数百名业主自发组成了业主维权委员会，宣称要罢免不能代表业主利益的业主委员会，并要求选出能代表广大业主利益的新的业主委员会成员。据悉，该小区的业主委员会是由开发商控制的物业管理公司临时指定的，而且对于物业管理公司的选聘也是直接由几个委员决定，并未经过业主大会的审议，更未形成业主大会的决议，少了一道选聘程序，因此闹出了现在的大麻烦。

请根据案例分析什么是业主大会和业主委员会？假如你是某社区居民委员会的负责人，你所管辖的社区内出现此类事件时，你将会如何处理？

项目小结

本项目学习内容包含了社区管理组织概述、城市社区管理组织、农村社区管理组织三个学习任务。社区管理组织概述介绍了社区管理组织的内涵、特征、类型，及国外社区管理组织模式的特点；城市社区管理组织介绍了城区社区政治管理组织、城市社区经济管理组织、城市社区自治管理组织、城市社区中介管理组织；农村社区管理组织介绍了农村社区党政管理组织——乡镇党委和村党支部、农村社区行政管理组织——乡镇政府。

项目六　社区民主治理

学习目标

1. 知识目标：了解民主治理的概念、背景及城市社区民主治理的发展阶段。熟悉城市和农村社区民主治理的网络、农村社区民主治理的发展阶段及存在的问题。掌握社区民主治理的主体和客体及城市社区民主治理的模式、农村社区民主治理的方式。

2. 技能目标：能对城市社区和农村社区进行有针对性的民主治理。

3. 素质目标：具备开展社区民主治理的素质。

项目导入

社区民主治理是以社区成员为基础，以民主协商的治理精神，对社区公共事务与公益事业进行合作共治的基层社区管理体系，是欧美新公共管理运动、全球化运动、协商民主理论和实践与我国改革开放伟大实践综合作用的结果。其内涵是指在一定范围内，依托政府组织、民营组织、社会组织、居民自治组织等各种组织体系，针对社区内的公共问题，共同完成和实现社区社会事务管理和公共服务的过程。它的基本形式是民主选举、民主决策、民主管理、民主监督，目标是实现社区居民的自我教育、自我管理、自我服务、自我约束。

本项目的内容包括社区民主治理概述、城市社区民主治理、农村社区民主治理三个学习任务。

任务一　社区民主治理概述

一、社区民主治理的背景

我国社区民主治理的兴起有着深远的国内与国际背景，是欧美新公共管理运动、全球化运动、协商民主理论与实践及我国改革开放伟大实践综合作用的结果。

（一）新公共管理运动的兴起

第二次世界大战以来，凯恩斯主义盛行，政府机构臃肿，负担沉重，支出庞大，效率低下，公民的社会责任感与社会参与的效能感不断被削弱。为纠正政府的负面影响，自 20 世纪 80 年代以来，西方公共行政学界及政府兴起了以公共服务社会化、政府—公民关系伙伴化、公共服务顾客导向和政府再造为内容的新公共管理运动。这场运动使人们以新的眼光审视与分析政府、市场、社会、社区的相互关系，社区的独立与自治引起了政府的高度重视。

习近平总书记曾指出："人民对美好生活的向往，就是我们的奋斗目标。"党的十八大以来，以习近平同志为核心的党中央为推进国家治理体系和治理能力现代化，出台了一系列重要文件，采取了一系列重大措施，取得了卓越成效，把党对国家的治理能力全面提高到新的水准。

（二）全球化的影响

自 20 世纪 90 年代以来，在全球化浪潮的影响下，社区民主治理变得非常必要，这是因为社区民主

治理是进一步促进街道、城镇和更大范围的地方区域的社会和经济发展的重要基础。全球化的辐射力提升了地方社区及其成员民主参与社区管理的效能，使居民不断参与到更多的相关的公共事务之中，由公民参与和自主管理而形成的多元管理体系日渐成型。

（三）我国的社会化、市场化改革

20 世纪 70 年代以来，在经济全球化、政治民主化和社会信息化浪潮的冲击下。我国以社会化、市场化为导向对行政体制、经济体制与社会管理体制进行全面的改革。在城市，大量的国家单位或集体单位在此过程中瓦解，数量庞大的"单位人"失去单位身份，成为"社会人"或"社区人"，社区取代单位成为人们的利益与情感归属。在农村，人民公社制解体，农村社区创造了新型民主治理模式，并获得国家的支持。社区生活已成为人们公共生活的重要组成部分，社区的政治地位已经有了很大的提高。发展无止境，改革无止境，加强社区建设，是新形势下坚持党的群众路线，做好群众工作和加强基层政权建设的重要内容。

（四）协商民主

协商民主是 20 世纪后期西方学术界开始关注的新领域。协商民主是指公民、法人在平等、自由的氛围中就公共事务与公共问题展开理性商讨，各抒己见，达成共识，实现决策的科学化、民主化与合法化的公共决策与公共治理模式。其核心要素是协商与共识。

我国的社会主义协商民主既是我国人民民主的重要形式，又是党的群众路线在政治领域的重要体现，也是调动一切积极因素、凝聚各方资源共同治理国家和社会的有效制度安排。社会主义协商民主的要素可概括为如下几点：一是协商主题，主要是经济社会发展的重大问题和涉及群众切身利益的实际问题。二是协商主体，主要包括执政党、各民主党派及无党派人士、社会团体、社会各界、社会组织、广大人民群众。三是协商的时机，协商贯穿在决策的全过程之中，包括决策之前、决策实施之中和决策实施之后。四是协商平台，其中包括国家政权机关、政协组织、党派团体、基层组织、社会组织、企事业单位、各类智库等。其中，政协把协商民主贯穿于履职全过程。开展制度化、常态化的协商，是我国重要的政治生活内容。五是协商目的，是为了达成共识，使决策最终建立在最广大的民意基础之上。六是协商方式，包括提案、会议、座谈、论证、听证、公示、评估、咨询、网络等，会议是最常见的协商方式。

二、社区民主治理的内涵

（一）民主治理的含义

从小的方面来讲，民主是指可以按着自己的意愿去做事情，不受别人的压迫。从大的方面来讲，民主是指人民有参与国事或对国事有自由发表意见的权利。

著名学者、政治学家俞可平教授说过这样一句话："良好的治理，亦即善治，就是使公共利益最大化的社会管理过程。善治的本质特征就在于它是政府与公民对公共生活的合作管理"。善治依赖于政府与公民对公共事务的合作共治，任何一方的越位或缺位都会动摇善治的根基。善治是公民认同政府权威又不依附权威，通过有序地行使政治权利参与选举、决策、管理与监督；同时，善治也体现为政府激发公民参与社会管理又不转嫁责任，坚守自身在公共服务供给方面的责任与效率。

（二）社区民主治理的主体

社区民主治理的主体是社区利益相关者。包括社区居民、社区内外的政府机构、社区内公共服务者、社区内外的非政府组织、社区内单位及社区内非正式群体网络。

社区外政府机构是指中央和地方的立法、行政和司法机关，主要职能是为社区民主治理提供宪法性规则的支持与约束，决定社区公共事务民主治理的主客体资格与协助建构协商机制；社区内公共服务者是指直接在社区行使公共权力、供给公共产品的政府公共服务机构及其人员，主要职能是在社区进行公共管理与提供优质公共服务，以及与社区内组织与居民协商建立集体选择规则，促进社区民主共治。

社区内外的非政府组织是根据国家法律法规建立的旨在维护公益、增进权利、促进交流的不包含政府职能的正式组织。包括社区党组织、居民委员会、村民委员会、业主委员会、社区成员全体大会或社区成员代表大会、社区协商议事委员会、志愿组织、各种协会与学会、红十字会等。因分工不同，这些组织相应承担社区公共事务与议题的协商或表决，或代理行使公共权力并提供公共服务，或建立社区事务的操作性规则，或构建社区内物质共荣与精神共融的互助交流平台等事项。社区内外的非政府组织是社区民主治理的主导力量。社区民主治理的质量主要取决于各非政府组织的责任感、参与度及合作水平。

社区内单位指地处社区内的与社区利益相关的企事业单位和机关团体等组织。社区内非正式群体网络包括楼道网络、邻里网络、互助与志愿网络等联谊性网络。其功能是参与建立、健全与落实社区的操作性规则，使社区民主治理细节与精神渗透到日常生活中去，这是社区民主治理良性运转的重要基础。

因此，我国新时期的社区民主治理是一种上下互动、左右联动的复合治理。一方面，广大社区居民通过民主选举、民主决策、民主管理和民主监督的机制，直接参与社区公共事务的治理和公共产品的供给。另一方面，基层政府机关通过宏观的法定程序支持、协助、参与社区民主治理。

（三）社区民主治理的客体

社区民主治理的客体是指引起主体关注的社区公共问题、公益事业及由主体专责的社区公共事务，包括社区政府机构的公共管理与公共服务和与社区高质量人居环境密切相关的社区公共事务或公益事业。社区的民主治理针对国家公共管理职责的要求及社区公共需求而展开。因此，社区民主治理客体的来源是公共管理职责、社区公共需求和社区公共问题，包括与社区成员的生命、健康、安全等权利的实现息息相关的需求与问题，以及社区认同、社区和谐、社区参与、社区交流、社区发展等方面的需求与问题（表6-1）。

表6-1　社区民主治理的主客体

权利	社区民主治理主体	社区民主治理客体
公民权利	社区居民、社区内外的政府机构、社区内公共服务者、社区内外的非政府组织、社区内单位及社区内非正式群体网络	与社区成员生命权、健康权、安全权相关的社区需求、问题及事务
政治权利	社区居民、社区内外的政府机构、社区内公共服务者、社区内外的非政府组织、社区内单位及社区内非正式群体网络	与社区成员的选举权与被选举权、社区内结社的自由、社区内的言论自由等相关的社区需求、问题及事务
社会权利	社区居民、社区内外的政府机构、社区内公共服务者、社区内外的非政府组织、社区内单位及社区内非正式群体网络	与社区成员的社会经济权利相关的就业、救济、社会保障等需求、问题及事务
共和权利	社区居民、社区内外政府机构、社区内公共服务者、社区内外非政府组织、社区内单位及社区内非正式群体网络	与平等参与社区公共事务的权利与自由，维护社区的公共利益，保护社区环境权、公共财产权、历史文化权相关的需求、问题及事务

注：20世纪末，继公民权利、政治权利和社会权利的界定之后，第四种公民的权利——共和权利（republican rights）——被承认并加以实施。共和权利指维护公共利益的权利，包括环境权、历史文化遗产权及公共财产权。

可见，社区民主治理的客体包括物质性与精神性两方面的内容。前者体现为有利于社区成员实现四种权利的医疗、环卫、市政、社区活动与服务设施等物质性硬件设施。后者则体现为社区成员的公民意识与行动和认同，关心、信任与参与的社区文化等精神性软件氛围。

（四）社区民主治理的方式

社区民主治理应以民主与协商为主要形式。民主由民主选举、民主决策、民主管理、民主监督构

成。协商是一种尊重、对话、理性与参与的精神，贯穿于社区民主的全过程。

1. 民主选举

民主选举是社区民主治理的基础。这个民主选举应是公开、公平、公正的。我国相关法律要求居民委员会和村民委员会等社区治理主体应由社区成员选举产生。社区成员有权选举和被选举为居（村）民代表、居（村）民小组长及社区成员代表大会成员、社区协商议事委员会成员和社区居（村）民委员会成员。民主选举遵循"选民登记、公布条件、报名、资格审查、正式选举"的程序，实行差额选举、匿名投票、公开计票。

2. 民主决策

民主决策是指社区的重大事项由社区成员（代表）会议决定（必要时须由全体社区成员公决），由居（村）民委员会负责执行。日常事务的民主决策先由社区居（村）民委员会和社区党组织讨论形成初步意见，再交社区协商议事委员会讨论通过。在民主决策的过程中要充分发扬民主，鼓励居民参与，切实做到听民意、鼓民力、重民智。

3. 民主管理

民主管理是指由居民选举产生的社区居（村）民委员会代表社区居民管理社区日常公共事务，维护社区公共利益。社区民主管理应以"管理即服务"为理念，以人为本，依靠居民，团结居民，以民主对话、说理与激发居民参与为手段，以居民的自我管理与社区公共事务的无为而治为目标，以社区服务、社区文化、社区教育、社区治安、社区环境、社区卫生为主要内容，创造上下一心、多元参与、良性互动的自动运转的管理模式。

4. 民主监督

民主监督是指社区的利益相关者对所让渡的权力的行使与责任的履行实施监察和督促。社区民主监督的主体包括社区成员、社区内外的政府机构、社区内公共服务者、社区内外的非政府组织、社区内单位及社区内非正式群体网络等利益相关者。社区居（村）民民主选举产生常设的监督机构。有的社区通过选举产生社区协商议事委员会作为常设的监督机构，承担日常监督职能，社区利益相关者通过社区协商议事委员会开展监督。民主监督的对象主要是社区成员授权其供给社区公共产品的机构及其工作人员，包括社区居（村）民委员会、物业管理公司、社区内政府机构及其成员的工作等。社区公共服务过程的公开和民主评议是社区民主监督的主要形式（图6-1）。

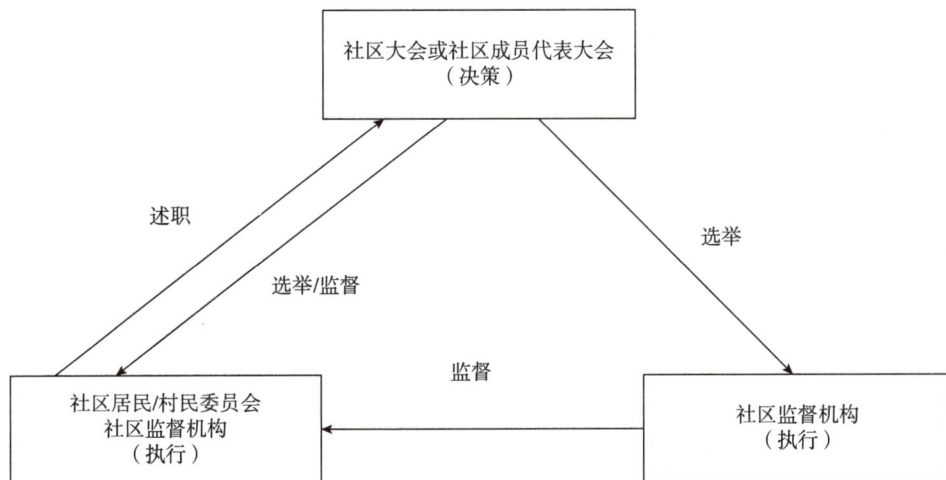

图6-1　民主决策、民主管理、民主监督的关系[1]

① 张兴杰，叶涯剑. 社区管理［M］. 北京：科学出版社，2016：98.

（五）社区民主治理的目的

社区民主治理的目的是通过民主与协商促进基层政府职能转变，完善居民自治机制，推进基层民主协商，激发社区活力，健全社区服务机制，构建多元参与机制，从而实现社区成员与组织的自我管理、自我教育、自我服务、自我监督。

1. 自我管理

社区利益相关者不需外力强制，便可自动启动民主协商机制管理社区公共事务与公益事业，尊重、关心、参与、合作、信任、协商的价值和行为与社区生活融为一体，民主治理处于自动运转的状态。

2. 自我教育

社区居民与组织自主学习知识文化，满足社区的文化教育需求，建立传播科学与艺术知识的组织与网络，共享社区知识，缔造知识型、学习型社区。

3. 自我服务

通过调动社区自身的资源，建立社区服务中介组织，提高其专业化、社会化水平，以自组织的方式解决与政府行政职能无关的社区公共需求、社区公共问题。

4. 自我监督

社区成员以自组织、自发的方式完成社区秩序与制度的建立、维系与变迁，以内部协商、谈判的方式解决分歧与冲突，不需外部强制。

三、影响社区民主治理的因素

社区民主治理属于多主体、多对象的复合治理，其治理绩效受以下因素的制约。

（一）集体行动的困境与社区参与度

居民对社区事务参与的方式有两种，一是被动参与，二是自发参与。不管是哪一种，与参与者相关的利益大小决定其参与的积极性高低，由于志愿投身参与社区公共事务的成本基本上由社区成员个人承担，而受益则由全体成员共享，社区参与便陷入集体行动的困境——"搭便车"。只要人们可以坐收渔利，做一名"搭便车者"是理性的选择。换句话说，即使一个集体中所有个人都是理性的，作为一个共同体，他们采取行动实现集体的共同目标或利益后都能增进各自利益，他们仍然不会自愿采取行动以实现共同利益。古希腊伟大的哲学家、科学家和教育家亚里士多德说过这样一句话，"凡是属于最大多数人的公共事物常常是最少受人照顾的事物"。所以提高居民的社区参与度将成为开展社区民主治理的首要条件。

（二）委托—代理问题

在社区民主治理中，社区居民在大多数情况下依靠选举产生的民意代表代理行使治理权，社区居民与社区公共事务的日常治理者是委托与代理的关系。这种关系隐藏着社区公共事务的代理机构或代理者的短期行为、滥用代理权、不作为甚至背叛等道德风险。这是因为委托人与代理人的目标与意愿不一定一致，委托人对代理人的实际工作绩效难以确定或确定成本过高。因此，委托人不能确定代理人是否适当地实施了行动。

（三）基层政府的错位与越位

在社区民主治理中，政府的角色定位深刻影响社区民主治理的成效。基层政府是决策者，居民委员会或村民委员会是管理者，居民或村民是被管理者。如果基层政府动辄以行政命令干预社区事务，控制所有社区组织与社区资源，包揽社区公共事务，警惕与扼杀社区居民对社区公共事务的参与，则易造成社区冷漠症，将严重削弱社区治理的绩效。

四、提高社区民主治理绩效的对策

提高社区民主治理绩效的对策有：

（一）造就社区积极公民

社区民主治理的良好运转需要社区利益相关者的公民精神与积极的公民行为的支撑。美国内布拉斯加大学教授罗伯特·D·帕特南的实证研究显示，公民精神发达的地区，公共管理的质量与效率均高于那些公民精神不发达的地区。一个地区的公民精神程度越高，地区政府就越有效率。公民精神是指公民间的信任、团结、合作、互助及对公共事务的责任感、参与的心理状态与行为表现。积极公民意味着公民从政府服务的被动消费者变为社区治理的主动参与者，关心社区发展，希望自己在社区中发挥积极、持续影响，投身于思考、设计、影响社区公共事务的决策。造就社区积极公民，首先要确立社区公民在社区民主治理的主导地位，变政府治理为公民治理；其次是建设社区公民文化，培育社区的社会资本；最后要提高公民参与社区治理的受益—成本比率。

（二）完善参与机制

社区参与是社区民主治理的灵魂，必须调动社区内各利益相关者的力量参与社区建设。首先，积极创新社区参与的组织、教育、投入、保障体制，扩大居民的参与空间，保障居民的参与权力。其次，积极培育各种社区服务组织介入社区服务工作，使居民参与组织化，社区服务专业化。开放科技、教育、文化、卫生、体育等方面的社区服务，坚持社区服务社会化、市场化的发展方向。最后，强化社区居民的共同体意识与归属感，鼓励他们积极参与社区公共事务。强化居民与社区的利益关系，完成从住户到利益相关者的身份转变，使居民在维护自我利益的过程中促进社区公共利益。

（三）转变政府角色定位

政府在社区中的角色应是行政性公共产品的供给者与社区各利益相关者的协调者。在社区治理的过程中，无论在城市还是农村，社区的安全、计生、消防、教育、文化、体育、医疗、卫生、养老、安居、救济等公共产品的供给，都离不开政府的行政职能。但政府供给应该局限在某些法定必须由政府供给或政府供给更有效率的公共产品上，按照政事分离原则把所包揽的技术性或专业性公共产品外包给社区的专业服务组织，政府从这些组织中购买公共产品供应社区。

任务二　城市社区民主治理

城市社区民主治理是指在城市社区内外的政府机构与公共服务机构的支持与协助下，建立以社区居民代表大会或社区居民全体大会为决策机构、以居民委员会为执行机构、以社区协商议事委员会为常设监督机构的治理架构，以社区居民、社区内外的非政府组织、服务组织与非正式群体网络为参与主体的合作自治组织治理。

一、城市社区民主治理的发展过程

随着城市单位制的瓦解，城市社区民主治理蓬勃发展，经历了萌芽、探索与爆发的阶段。各地社区在民主治理上进行了很多有益的探索。我国城市社区民主治理取得新的飞跃。

（一）萌芽阶段

从新中国成立到改革开放前，是城市社区民主治理的萌芽阶段。这一阶段经历了初创、建设、取代、恢复、破坏五阶段。虽然作为城市社区民主治理的主体，居民委员会早在 20 世纪 50 年代就已存在，并被 1954 年的《城市居民委员会组织条例》（1990 年废止）确认为"群众自治性的居民组织"，但是，在单位体制之下，居民委员会蜕变为只管辖那些"没有单位或暂时不在单位的人"的政府机构，而绝大多数有单位的人依附于单位的庇护，群众自治难以落实。

（二）探索阶段

从改革开放到 1999 年，是城市社区民主治理"摸着石头过河"的探索阶段。这个过程大致经历了 20 世纪 80 年代的酝酿阶段以及 90 年代后期的成长阶段。1982 年的新宪法确立了居民委员会在城市基层民主治理中的主体地位，并将其定性为"基层群众性自治组织"。1987 年，民政部在武汉召开全国社区服务工作会议，"社区"一词被官方正式认可。

自 1991 年开始，民政部在全国各大城市开展社区建设工作。到 20 世纪 90 年代后期，随着市场经济与社会的发展，单位体制日渐瓦解，社区对社会整合与公共治理的重要地位日益凸显，原有社区运行机制已不再适应新形势的需要，社区治理方式酝酿新的变革，城市基层民主自治制度呼之欲出。

（三）爆发阶段

1999 年，民政部制定了《全国社区建设试验区工作实施方案》，第一次以政府文件的形式明确提出了社区自治概念，并强调城市基层管理体制要由行政化管理体制向法制保障下的社区自治体制转变。为实施此方案，民政部陆续在沈阳、南京、武汉等城市的 26 个城区，建立了国家级社区建设实验区，着手社区自治的试点，形成了诸如"沈阳模式""江汉模式""上海模式""温州模式"等各具特色的新的社区自治形式。

进入 21 世纪，居民委员会的"海选"成为我国政治生活的一大变动。2000 年年底，广西进行居民委员会直选，实现了我国社区自治发展进程中的一次重大突破。2002 年，广州首届直选居民委员会产生。同年，北京东城区九道湾社区首次通过直接、差额选举的方式产生了新一届社区居民委员会成员和社区代表会议代表。2003 年，上海第一次大范围地采用由居民代表提名，并通过差额选举的方式进行居民委员会换届，其中，浦东新区浦兴街道的金桥湾居民委员会还进行了直接选举。

二、城市社区民主治理的模式

（一）我国城市社区民主治理的网络

我国城市社区民主治理以街道办事处、街道党委、社区党组织、社区居民代表大会（或社区居民全体大会）、业主委员会（或业主大会）、社区居民委员会、社区协商议事委员会为主要治理主体，以社区居民、社区内外的非政府组织、服务组织与非正式群体网络为参与治理主体（图 6-2）。

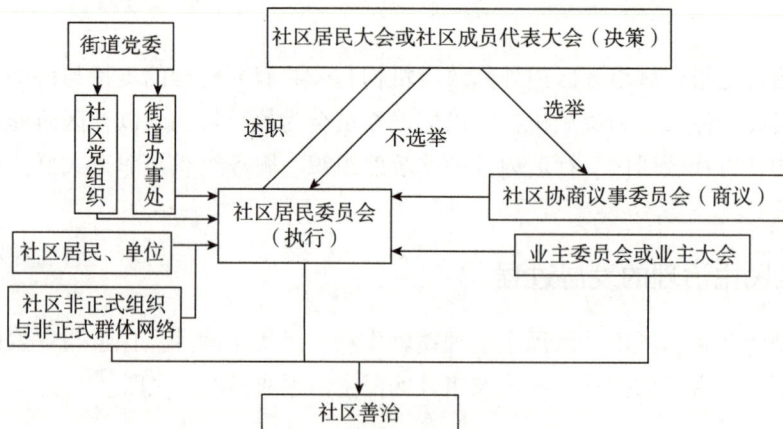

图 6-2　城市社区民主治理网络示意图①

① 张兴杰，叶湉剑. 社区管理 [M]. 北京：科学出版社，2016：103.

1. 街道办事处

根据我国《城市街道办事处组织条例》的规定，街道办事处承办本辖区的人民政府交办的有关居民的事项，指导社区居民委员会的工作，反映居民的意见和要求。但随着社会的变迁，现在的街道办事处已经演变为上级政府的办事机构，承担着完成职能部门（治安、劳动、环卫、城市管理、工商、税务、物价等）下派工作的义务。为完成上级布置的任务，街道办事处将社区居民委员会作为其办事机构。

2. 社区党组织

社区党组织在城市社区民主治理中扮演双重角色。首先，社区党组织是社区建设的领导核心，主要体现在对社区内各类组织的协调和带动社区其他居民参与社区建设上。其次，社区党组织是社区民主治理过程中的重要参与力量。社区党组织在社区民主治理中领导与参与的双重角色是实现社区善治的需要。

3. 社区居民大会或社区成员代表大会

社区居民大会或社区成员代表大会是社区公共事务的最高权力机构，拥有最高决策权。社区居民大会或社区成员代表大会选举产生社区居民委员会，听取和审议居民委员会年度工作报告和工作计划，研究、决定本辖区的重大问题；选举产生社区议事协商委员会，讨论和评价社区建设诸事项，反馈居民意见和建议。社区成员代表大会每年召开不少于 2 次，由居民委员会主持，其成员一般由 30~50 人组成，由居民民主选举产生，代表任期为 3 年。

4. 业主大会或业主委员会

在一些由新建商品房构成的社区中，业主大会或业主委员会是社区民主治理网络的重要组成部分。根据国务院颁布的《物业管理条例》，作为房屋所有权人的业主，有权组成业主大会。业主大会有权制定、修改业主公约和业主大会议事规则，选举、更换业主委员会委员，监督业主委员会的工作，选聘、解聘物业管理企业，并监督实施、制定、修改物业管理区域内物业共用空间和共用设施设备的使用、公共秩序和环境卫生的维护等方面的规章制度。业主委员会是业主大会的执行机构，有权召开业主大会会议，报告物业管理的实施情况，代表业主与业主大会选聘的物业管理企业签订物业服务合同，及时了解业主、物业使用人的意见和建议，监督和协助物业管理企业履行物业服务合同，监督业主公约的实施。同时，业主大会、业主委员会应当积极配合相关居民委员会依法履行自治管理职责。

5. 社区居民委员会

我国宪法与《中华人民共和国城市居民委员会组织法》及其他相关的通则和条例，对居民委员会的地位、性质、职责、任务做了明确的界定（表6-2）。

法律规定，居民委员会应由居民选举产生。居民委员会由主任、副主任和委员共 5~9 人组成，每届任期 3 年，其成员可以连选连任。居民委员会可以设立人民调解、治安保卫、公共卫生等下属委员会。目前，大多数居民委员会成为街道办事处的下属机构。

表 6-2　居民委员会的地位、性质、职责与任务

类别	特点	内容
地位	双重	"政府的跑腿"和"社区的首脑"
性质	双重	自治组织与基层行政事务的承担者
职责	双重	自组织社区事务
		协助不设区的市、市辖区的政府或者它的派出机关开展工作

类别	特点		内容
任务	双重	自治	提供社会和社区公共产品，即办理社区公益事业、调解民间纠纷、维护社会治安； 表达民意民情，即向人民政府或者它的派出机关反映居民的意见、要求和提出建议
		政治与行政	宣传宪法、法律、法规和国家的政策，维护居民的合法权益，教育居民履行依法应尽的义务，爱护公共财产，开展多种形式的社会主义精神文明活动； 协助人民政府或者它的派出机关做好与居民利益有关的公共卫生、优抚救济、青少年教育等工作

20 世纪 90 年代中期以来，各地对传统的居民委员会重新进行了设计，按照"社区自治、议行分设"的原则，对社区居民委员会组织机构采取"议行分离"体制，选举产生了新型的社区自治组织。在实践中，这种"议行分离"体制下的社区自治组织机构有两种模式：一种是实体型"议行分离"体制，以沈阳市、合肥市、武汉市的社区自治组织机构为典型；另一种是虚体型"议行分离"体制，以上海市、南京市、宁波市的社区自治组织机构为代表（图6-3）。在实体型体制下，社区居民大会或社区成员代表大会是社区的最高权力机构，拥有最高决定权。社区居民委员会是社区的执行机构（社区的办事机构），由社区居民大会或社区成员代表大会选举产生，受其监督，对其负责。在虚体型体制下，社区居民委员会是社区的议事机构，其成员由社区居民代表大会选举产生，属于志愿性质，社工服务站是执行机构，其工作人员由街道办事处招聘，与社区居民委员会成员同时由居民代表大会直选产生，其工资由街道办事处拨付，经居民委员会考核后发放。居民委员会有权辞退社工，有权对他们的工作进行评议和监督。社工的主要职责是认真完成政府和其他行政职能部门布置的各项工作，认真办理居民的公共事务和公益事业。

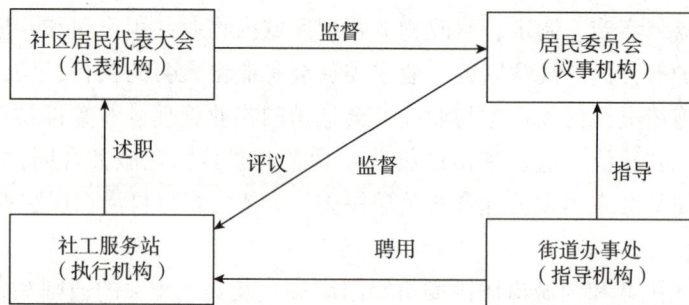

图 6-3　虚体型社区民主治理结构[①]

6. 社区议事协商委员会

在以居民委员会为社区事务执行者的治理模式中，一般设立社区议事协商委员会作为议事与监督机构。它主要由在社区内有一定影响、在群众中享有较高威望、热心社会公益事业的辖区内主要单位领导和知名人士、居民代表组成，由社区居民大会或社区成员代表大会选举产生，在社区居民大会或社区成员代表大会闭会期间行使对社区的协商、议事职能和民主监督职能。社区议事协商委员会不定期召开工作会议，对辖区内需要解决的重要问题进行民主议事和民主监督。

7. 物业管理公司

物业管理公司是具备相应资格并按照法定程序成立的从事物业管理服务的经营性企业法人。新建商品房住宅小区一般都由物业管理公司提供社区内的物业维护、治安、卫生、绿化、车辆道路管理及其他有偿服务。物业管理公司的服务质量直接影响到居民的居住环境与生活质量。物业管理公司也是社区民主治理的重要组成部分。

---

① 张兴杰，叶湮剑. 社区管理 ［M］. 北京：科学出版社，2016：105.

8. 居民小组

每一栋楼的居民组成居民小组，自主管理楼内的公共事务（门栋自治）。其形式包括：①推选门栋代表。同一楼群的居民通过户代表会议，民主推选门栋代表。各门栋代表通过各种途径听取本楼居民的意见和建议，定期开会研究和解决本楼的实际问题。②订立门栋公约。③不定期举行"户主会"，商讨解决本楼的公共问题。④设立门栋自治基金，用于本楼公益事务。⑤开展丰富多样的公益活动。

9. 居民论坛

社区居民定期召开大会，讨论社区内部的公共问题、公共事务或者创建网上社区论坛，线上商讨社区公共事务。

10. 居民公决

通过全体居民共同表决的形式，来解决社区内部公共问题或开展公益事业建设。

11. 居民专门委员会

居民就社区的专项事项建立相应的机构，参与、讨论、监督或解决相关问题、执行相关事务，行使民主管理、民主监督的权利。例如，沈阳市沈河区山东堡社区居民自发组织"社区文明建设督导委员会"，参与对社区公共设施、绿化、治安、卫生、环境等的综合管理，维护《居民公约》。

（二）我国城市社区民主治理的模式

20多年来，我国许多城市纷纷探索和创新社区治理的模式。在城市社区民主治理的实验探索中，出现了两种不同的探索路径：第一种是"两级政府、三级管理、四级网络"；第二种是强化基层社区的功能，重新界定社区与政府的关系，建立社区治理组织，确立其在社区的主导地位，动员、整合社会力量参与社区治理，促进社区的自组织治理。

1. 上海模式

上海社区管理模式可以归纳为"两级政府、三级管理、四级网络"。"两级政府"是指市政府和区政府，"三级管理"是指市政府、区政府和街道办事处对社区建设所实施的管理，"四级网络"是指在全市各社区内推行网格化管理。在街道形成"一个功能、三个中心"的格局，"一个功能"是指社会综合管理功能；"三个中心"包括社区事务受理服务中心、社区医疗服务中心和社区文化中心。在社区居民委员会层面，实现"居站分设"的管理模式，成立社区工作站，通过政府购买服务，逐步承接从政府、自治组织中剥离出来的社会职能，承办社区的各类服务项目，满足社区成员的多层次需求（图6-4）。

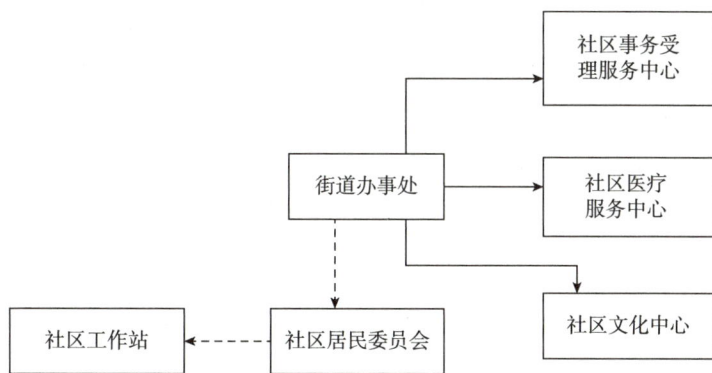

图6-4 上海社区管理模式图[1]

2. 深圳模式

深圳在探索社区民主治理中采用了两种模式，即罗湖模式和盐田模式。

---

[1] 张兴杰，叶湔剑. 社区管理［M］. 北京：科学出版社，2016：106.

（1）罗湖模式是以居住小区为基础，居民委员会与物业管理公司紧密结合的社区服务市场化模式。在政府的统一规划指导下，在一些可以实行市场化的社区服务领域中引入市场运作机制，以建设安全文明小区为切入点，化整为零，分散管理，将居民委员会的社会性职能与物业管理公司的商业性运营较好地结合在一起，形成一种高度市场化的社区建设和管理模式。凡是社区公共服务等项目一律由社区居民通过招投标聘请物业公司进行专业化市场化管理，社区居民委员会不从事营利目的的经济活动，主要从事社会性工作，如民政、调解等。

（2）盐田模式是一种多赢模式，其指导思想是"强政府，强社会"的治理理念，采取"议行分设"的组织形式，在社区创立"一会两站"的社区新型管理体制（图6-5）。

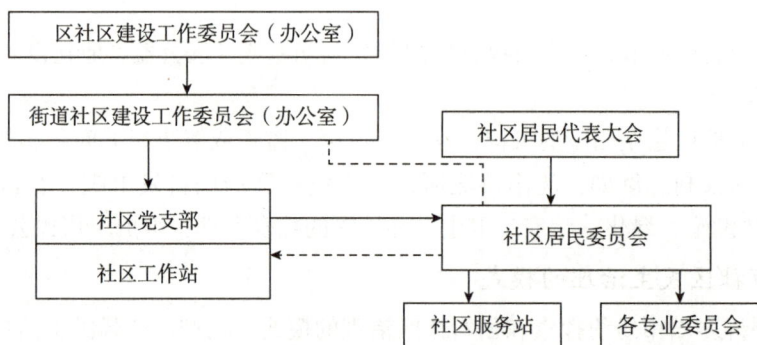

图6-5 深圳社区管理模式图[①]

3. 江汉模式

武汉的江汉模式是江汉区探索出的一条社区管理与建设的新路径（表6-3）。

表6-3 江汉模式的内容

措施		内容
界定政府—社区的关系	指导与服务	区、街政府部门应指导居民委员会管理社区公共事务，并向社区居民提供公共服务
	协助、服务与监督	居民委员会应按《居委会组织法》的规定协助政府开展工作并对区、街政府部门的服务予以监督
强化居民委员会权力		社区工作者选免权、内部事物决定权、财务自主权、民主管理监督权和不合理摊派拒绝权
五个"到社区"		工作人员配置到社区，工作任务落实到社区，工作经费划拨到社区，服务承诺到社区，考评监督到社区
权随责走、费随事转		区、街政府部门需要社区居民委员会协助时，区、街政府部门必须同时为社区组织提供协助所需的权利和经费
		政府部门的社会性职能向社区转移时，必须同时转移权利和经费
社区民主考核		一是居民代表对社区组织及社区工作者进行考评
		二是社区组织、居民代表对政府工作人员进行考评
		三是社区组织、居民代表对区政府有关职能部门和街道办事处及相关科室进行考评

任务三　农村社区民主治理

农村社区民主治理是以乡镇党委及政府、农村党支部、村民会议、村民代表会议、村民委员会、村民小组、村务公开监督小组、村民民主理财小组等为治理主体，以村里的公共事务与公益事业为对象，以"民主选举、民主决策、民主监督、民主管理"为方式的农村民主治理。农村民主治理在农村基

---

① 张兴杰，叶涯剑. 社区管理［M］. 北京：科学出版社，2016：109.

层治理中发挥着至关重要的作用，但也出现了各种新的问题，有待完善。

一、农村社区民主治理的兴起与发展

（一）农村社区民主治理兴起的背景

我国农村社区的民主治理，是农民基于个体理性而自发形成的集体行动与国家进行理性互动的结果，其兴起与发展有着深刻的历史背景。

（1）人民公社的解体导致农村公共产品短缺。20世纪70年代末80年代初，随着人民公社体制退出历史舞台，国家对农村的公共产品的供给弱化，农村社区的公共服务体系名存实亡，农村社会出现了一定的无序状态。为满足农村社区对公共产品的需要，某些地方的农村村民自发地组织起来，自主地管理农村公共事务与公益事业，维持公共秩序，创造公共福利。

（2）国家在农村的治理能力与权威面临挑战。20世纪80年代初，国家虽然建立乡（镇）政府以弥补人民公社解体后出现的乡村权力真空，但国家在农村的治理与合法性遇到了严峻挑战。一方面，随着家庭联产承包责任制的推行，大部分行政村的集体经济沦为空壳，村级行政组织陷于瘫痪。国家面临的突出问题之一是以何种形式将分散的农民重新整合到国家体系中来，实现对乡村的有效治理。另一方面，随着国家权威在农村的减弱，国家与农民之间的垂直行政联系出现断裂，各种传统的权威形式（如宗族势力等）在农村地区再度兴起并意图取代国家法理权威，干群关系日趋紧张。

（3）农民与国家的互动催生农村民主治理模式。为应对上述挑战，国家曾试图重组村级政府，强化垂直治理，但又不利于激发农民的积极性与创造性，而且增加了国家财政负担。因此，国家鼓励农民参与农村治理，支持以农民为主体的农村民主治理模式，实现村级治理单位非行政化。同时，各地农民自主探索的民主治理模式所产生的良好绩效强化了农民的民主意志与政府的信心，使自下而上的制度创新与自上而下的制度确认的制度变迁路径得以确立，掀起我国农村公共事务的民主治理新政。

（二）农村社区民主治理的兴起与发展

自20世纪80年代以来，我国农村社区民主治理的兴起与发展经历了创始、探索与创新、成熟与再探索的阶段。

1. 创始阶段（1980—1987年）

20世纪80年代初，人民公社解体，但相应的农村治理机构并未同时建立，农村的公共设施、治安、集体福利、土地、水利管理等公共产品的供给短缺，一些地区的农民开始自发探索新时期农村公共治理的组织形式。最早的农村社区民主治理组织出现在广西的部分农村。村民以无记名投票的形式选举产生了村民委员会。村民委员会建立后，与村民共同制定村规民约和管理章程，组织农民修路建桥，植树造林，安装电视转播器，维护社会治安，为当地村民营造一个安定的生产生活环境，实现公共产品的自我供给。到1982年年底，全国不少地区都出现了类似村民委员会的组织。1982年12月，新宪法正式确认了村民委员会的法律地位，全国农村掀起建立村民委员会的热潮。1986年9月，中共中央和国务院发布了《关于加强农村基层政权建设工作的通知》，强调要进一步发挥群众自治组织自我教育、自我管理、自我服务的作用，同时将民政部确定为村民委员会建设的主管机构。这意味着农村社区的民主治理已正式进入中央政府的工作日程。

2. 探索与创新阶段（1987—1997年）

1987年11月，全国人大常委会通过了《中华人民共和国村民委员会组织法（试行）》，村民自治被以法律形式确定下来。1988年6月，民政部开始在全国范围内组织乡村选举，村民自治开始进入制度化运作阶段。1990年以来，全国广泛开展了村级选举的示范活动。1992年年底，各省都实行了农村基层选举。到1997年年底，全国绝大多数省份都已进行了两届村民委员会选举，福建省、黑龙江省、河北省、内蒙古自治区等已进行了四届村民委员会选举。全国60%以上的村庄建立了以村民委员会为主要载体的"民主选举、民主决策、民主管理、民主监督"制度。在农村社区民主治理探索与创新的实践中，各地积累了许多丰富的经验。

3. 成熟与再探索阶段（1998 年至今）

1998 年是我国农村社区民主治理走向成熟的转折年。这一年，第九届全国人大常委会第五次会议通过新的《中华人民共和国村民委员会组织法》，并于同年 11 月 4 日正式颁布实施。各省级行政区的地方立法机构陆续依据《中华人民共和国村民委员会组织法》制定了本行政区域内的《村民委员会组织法实施办法》和《村民委员会选举办法》两个地方法规，从而基本形成了中央立法与地方立法相结合的农村社区民主治理的法律框架。这标志着我国农村社区的民主治理正逐步走向以制度化、规范化、程序化为特征的成熟阶段。在民主治理的制度完善方面，有了突破性的进展，如村民直接提名候选人实行差额选举、设立秘密写票处、公开计票、加大了对破坏选举行为的处理力度、设定了罢免程序，民主选举流程已经日臻成熟。村民把选举当做基层民主政治生活的一个自然的组成部分。

但进入 21 世纪以来，农村社区民主治理出现了成长的烦恼和发展的困境，具体表现在村民委员会与村党支部暗箱操作，村民的参与权和知情权不能得到落实，贿选，村霸横行，乡镇政府非法干预等问题，这意味着需要进一步探索与完善农村社区民主治理。

二、农村社区民主治理的模式

农村社区民主治理的基本模式是在乡镇党委、政府的支持下，以农村党支部作为民主治理的领导核心；以村民会议为最高权力机关，以村民代表会议为常设机关，代行村民会议的职权；以村民委员会作为村民会议的执行机关，履行法律赋予的职权和职责；各个专门委员会作为具体的职能机关，协助村民委员会开展村务管理；以村民民主理财小组和村务公开监督小组作为监督机关，代表村民行使村务监督权和村务管理、村务决策的参与权；以"民主选举、民主决策、民主管理、民主监督"为形式，对农村公共事务与公益事业进行民主治理。

（一）农村社区民主治理的网络

农村社区民主治理的网络包括乡镇党委及政府、农村党支部、村民会议、村民代表会议、村民委员会、村民小组、村务公开监督小组、村民民主理财小组等（图 6-6）。

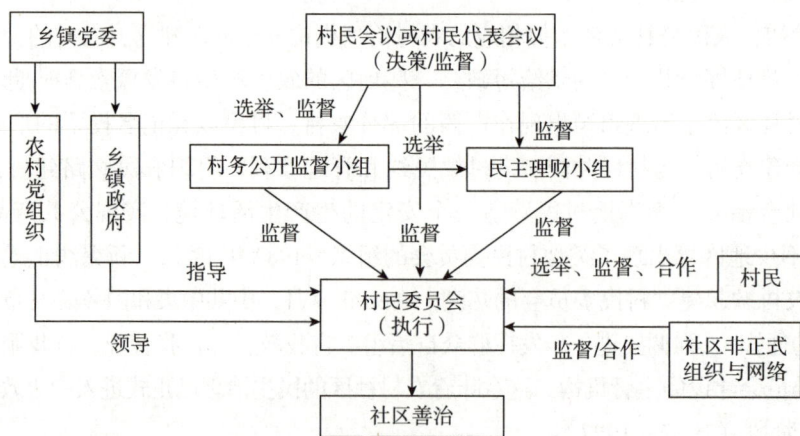

图 6-6　农村社区民主治理网络结构图①

1. 乡、镇政府

《中华人民共和国村民委员会组织法》规定，乡、民族乡、镇的人民政府对村民委员会的工作给予

---

① 张兴杰，叶湘剑. 社区管理［M］. 北京：科学出版社，2016：113.

指导、支持和帮助，但是不得干预依法属于村民自治范围内的事项。

2. 农村党支部

农村党支部是农村民主治理的领导核心，是农村民主治理健康发展的前提和保障，发挥着政治领导、利益表达、服务支持和监督制约等作用。

3. 村民会议

村民会议是村的最高权力机构。职权是审议村民委员会的工作报告，评议村民委员会成员的工作，制定和修改村民自治章程、村规民约，并报乡、民族乡、镇的人民政府备案。涉及《中华人民共和国村民委员会组织法》规定的有关村民利益事项，必须提请村民会议讨论决定，方可办理。

4. 村民代表会议

村民代表会议是村民会议的代表机构。村民会议闭会期间，由村民代表会议代行村民会议职权。村民会议和村民代表会议，是村民直接行使民主权利或代表村民行使民主权利的决策、监督组织，对村级重大事务具有决策权和管理权。

5. 村民委员会

村民委员会是村民自我管理、自我教育、自我服务的基层群众自治组织，执行村民会议或村民代表会议的决定，对其负责，受其监督。村民委员会由村主任、副主任、人民调解员、治安保卫委员、妇女委员、公共卫生委员、村民小组组长等成员组成，所有村民委员会成员都必须经由民主选举产生。村民委员会成员的权力来自村民的授予，村民有权撤换或罢免不称职的村民委员会成员。

6. 村民小组

村民小组是村民委员会内的一个自治单位，不具法人资格，不是行政组织，是联系村民与村民委员会的桥梁和纽带。

7. 村务公开监督小组

村务公开监督小组成员由村民会议或村民代表会议在村民代表中推选产生，负责监督村务公开制度的落实。

8. 村民民主理财小组

村民民主理财小组成员由村民会议或村民代表会议从村务公开监督小组成员中推选产生，负责对本村集体财务活动进行民主监督，参与制订本村集体的财务计划和各项财务管理制度，有权检查、审核财务账目及相关的经济活动事项，有权否决不合理开支。

9. 宗族

宗族是指以拥有共同祖先的人群为纽带形成的组织。存在宗族组织的村庄，宗族构成了宗族型村庄村民的主要行动单位。宗族意识较强、宗族组织较为健全的村庄，村民集体行动能力一般都会较强，村庄公共物品的供给一般不成问题，村庄的秩序良好。但是，有些农村的宗族组织变为村霸，对村庄的民主治理产生恶劣影响。

（二）农村社区民主治理的方式

农村社区民主治理的方式包括村民依民主程序选举、罢免村民委员会，监督村民委员会的运作，对村内公共事务与公益事业进行民主决策、民主管理与民主监督。

1. 民主选举

民主选举指村民委员会的成员由有选举权和被选举权的村民选举产生或罢免，任何组织和个人不得指定、委派或者撤换村民委员会干部（图6-7）。

在具体的选举过程中，如何确定候选人是一大难题，我国农村选举中出现了"海选""两票制""预选""三上三下三公布"等制度创新，创造性地解决了这一问题。

（1）"海选"，是 20 世纪 90 年代由吉林省梨树县创造的一种村民委员会选举方式，其特点是不设候选人，由选民直接选举村民委员会成员，"提名权、投票权、决定权"三权合一。具体做法是每位选民领取一张空白选票，然后进入秘密划票间，将自己心目中的村民委员会成员人选的姓名填写在空白票上，再将票投进投票箱，选民投票完成。村民委员会成员在投票结果中产生，过半数票而得票多者当选，如在一次性投票中无人得票过半数或出现缺额，则对得票多的被选人进行再次投票。

（2）"两票制"，是山西省河曲县创造的选举模式，整个选举过程分两个阶段，投两次票。第一个阶段是确定正式候选人，由村党支部、村民代表会议和村民提名候选人，组织提名和村民提名具有同等权利。然后由有选举权的村民进行预选，投票确定正式候选人。第二阶段是正式选举，召开选举大会，无记名投票，直接选举村民委员会成员。"两票制"选举村民委员会的方式，被移植到村党支部书记选举上。具体做法是，在村党支部的选举中，先让村民对候选人投"信任票"，票数过半才能成为正式的候选人，再由全体党员投"选举票"。

（3）"预选"，是福建全省统一实行的确定候选人的方式。为保证正式候选人能够代表选民的意愿，在初步候选人到正式候选人的筛选过程中，采用由村民代表会议组成人员和有关人员投票决定正式候选人的方式。

（4）"三上三下三公布"，是河南省驻马店地区汝南县创造的通过民主协商确定正式候选人的方式。该县规定，提名推荐候选人应按三比一或五比一确定，以便实行差额选举。推荐方法采用"三上三下三公布"程序，即选民自下而上地提名候选人（一上）；村选举领导小组公布所有提名人选（一下）；然后，各村民小组再就候选人名单进行讨论，重新提出一份名单（二上）；接着，村选举领导小组邀请村民小组组长和村民代表召开协商会议，而后再自上而下地公布协商后的名单（二下）；同样的协商程序再重复一次（三上三下）。

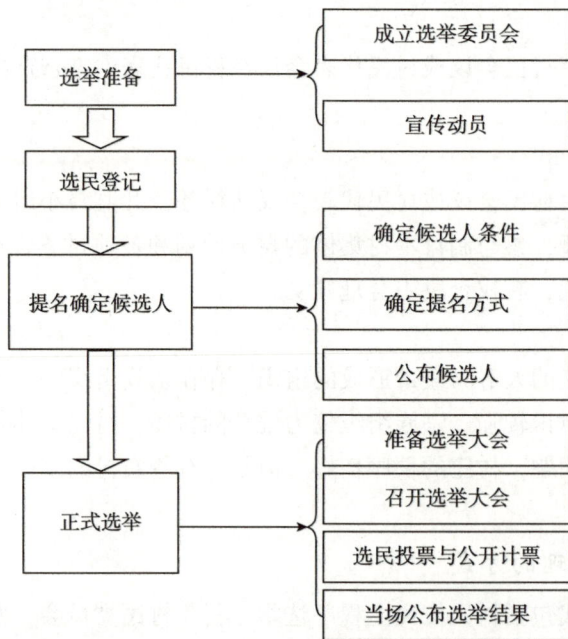

图 6-7 村民委员会选举流程示意图①

2. 民主决策

民主决策指凡是与农民群众切身利益密切相关的事项，如村集体的土地承包和租赁、集体企业改

---

① 张兴杰，叶涯剑. 社区管理［M］. 北京：科学出版社，2016：144.

制、集体举债、集体资产处置、村干部报酬、村公益事业的经费筹集方案及建设承包方案等，都要实行民主决策，不能由个人或少数人决定。民主决策的机构是村民会议或村民代表会议。当有 1/10 以上的村民提议，应当召开村民会议。村民会议应有本村 18 周岁以上村民的过半数参加，或者有本村 2/3 以上的户的代表参加。会议决定遵循到会人员的过半数通过原则。人数较多或者居住较分散的村，经常召开村民会议有困难的，可以推选产生村民代表，由村民委员会召集村民代表开会，协商决定有关事项。

3. 民主管理

民主管理指村民依法拟订村规民约，直接参与村庄公共事务与公益事业的日常管理。民主管理的方式表现为直接参与和民主制定制度和规范行为（图 6-8）。

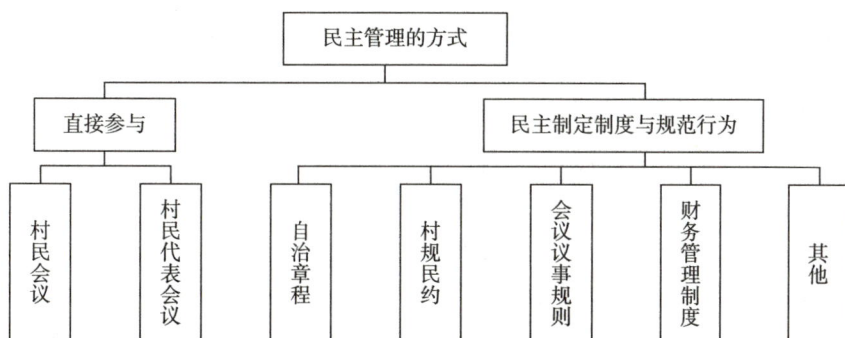

图 6-8　民主管理结构示意图①

4. 民主监督

民主监督指村民有权对村民委员会的工作和村内公共事务进行监督。

（1）民主监督的主体包括村民、村民会议、村民代表会议、民主理财小组、村务公开监督小组，主要对象是村务的实施者——村民委员会与村支部委员会。但同时，村民也对村民代表、民主理财小组、村务公开监督小组的成员进行直接的监督，并有权罢免其中不称职的成员。

（2）民主监督的制度主要包括民主评审制度与村务公开制度：①民主评审制度。村民委员会每年都要向村民（代表）会议报告工作，接受村民的评议。经村民民主评议不称职的村民委员会成员，可以撤换和罢免。1/5 以上有选举权的村民联名提起，即可要求罢免村民委员会成员。②村务公开制度。村务公开包括村政务、自治事务与财务向全体村民公开。村民委员会要将村中各项重要事务和涉及村民利益并为村民所关心的事务，向村民公开，接受村民的监督（表 6-4）。

表 6-4　村务公开的种类与内容

村务公开	公开内容
政务公开	宅基地审批、土地征用补偿、救灾救济款物发放、税费改革等
自治事务公开	合作医疗、集体采购、农村社会保险、村公用事业、村民福利、村集体经济项目经营、村集体土地利用、村干部误工补贴等
财务公开	财务计划、财务收入、财务支出、债权债务、集体收益及其分配等

其中财务公开是重点，也是矛盾的聚焦点，应严格遵循以下程序至少每 6 个月公布一次（图 6-9）。

---

① 张兴杰，叶湘钊. 社区管理 [M]. 北京：科学出版社，2016：116.

```
财务人员  →明确账目→  村委会  ←核对收支←  村理财小组
                      ↑                      ↓
                      反馈                  逐笔逐项
                      ↑                      ↓
村民  ←公告栏公布←  村委会  ←讨论决策←  两委联席会议
```

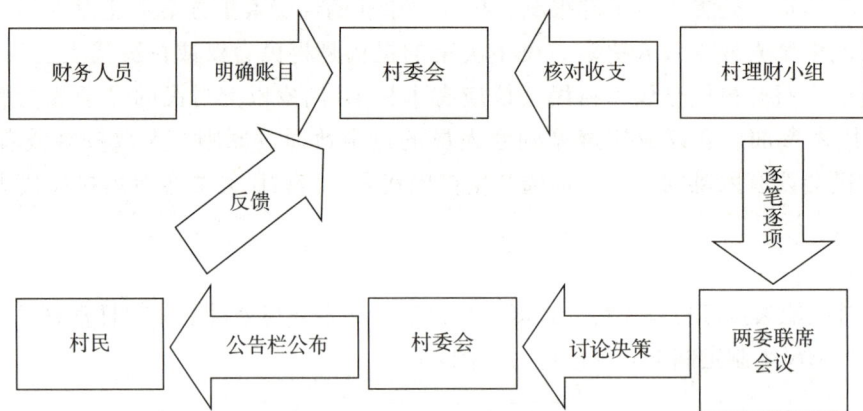

图6-9　村务公开流程图①

（三）农村社区民主治理模式的创新

为进一步提高农村社区民主治理的绩效，各地进行了各种有益的探索。广东省在安塘等街道办事处所辖的农村试点社区中推行了"活力民主、阳光村务"新模式。具体做法是在村民代表会议下选举产生会议召集组、监督组和发展组三个常设、独立工作小组，以促进与制衡村民委员会的各项工作，使其既光明磊落又充满活力。目的在于保障村民充分享有知情权、参与权、管理权、监督权，保证乡村治理的决策、执行、监督等环节相互制衡和规范有序，更加充分地发挥村民代表会议和村民会议的职能和作用，进一步激发村民委员会的活力，使其成为真正带领村民创业致富、共谋公益的组织。

三、我国农村社区民主治理存在的问题及前景

（一）存在的问题

我国农村社区民主治理存在的问题主要有：

（1）某些农村的宗族势力非法干预甚至控制村民委员会和村党支部选举。宗族在农村社区民主治理中发挥着一定作用。但随着农村社区民主治理的深入及其效用的提升，一些地方农村的宗族势力开始非法干预村庄选举。例如，在调查中发现，有的地方在村民委员会选举时，有候选人请本家族有影响的头面人物争取选票，干扰村民委员会的选举，利用宗族势力把持村民自治组织。或者成立宗族性质的选举机构，直接利用宗族组织进行选举活动。强令本族村民只能选本族的人或本族认定的人，否则将会被驱出本族等。或者组织本族人员控制选举会场，一旦发现选举结果达不到本族的目的时，或撕毁选票，或抢走票箱，或大打出手，致使选举无法正常进行。甚至还出现了干预、控制农村党支部的选举或运作的情况，其主要表现形式有如下几种情况：①在党员发展上，长期不发展党员或只发展家族党员；②在支部组成上，出现了"家族党支部"或"亲戚党支部"等现象，经常把家族事情作为党内事务来处理，在党内也按在宗族的地位来分享权力。这些现象虽然并不普遍，但值得引起各级党政部门的高度警惕。

（2）乡镇党政对农村社区民主治理的越权干预。根据《中华人民共和国村民委员会组织法》的规定，乡镇政府与村民委员会的关系只是指导、支持和帮助村民委员会的工作，但由于国家宏观治理的制度安排与基层政府的治理机制未能与农村民主治理微观机制的变革相配套，乡—村两级的治理体制仍然是行政命令式的治理体制。为了政令的贯通，乡镇党政采取各种行政措施控制村民委员会干部和村的公共治理，将村民委员会行政化，作为自身的执行机构，村干部成为完成乡镇任务的准行政干部。村民委

---

① 张兴杰，叶涯剑. 社区管理［M］. 北京：科学出版社，2016：118.

员会行政化的必然后果是村民的民主权利被悬空，严重削弱了村庄治理的民主性。

（3）农村党支部与村民委员会的关系不协调。1998年全国农村普遍实行村民委员会直选以后，不少地方的农村党支部与村民委员会的关系出现不协调的情况。常见的表现是村支书无视村民委员会的法定职权，个人专权，架空村民委员会，使之长期无法管理村内公共事务。

（二）农村社区民主治理的前景

农村社区民主治理是基层社会治理的重要组成部分，其前景与中国乡村发展息息相关。

（1）农村社区民主治理的制度化、规范化水平将越来越高。第十一届全国人大常委会第十七次会议通过了《中华人民共和国村民委员会组织法（修订草案）》。修订草案指出完善民主议事制度、明确村应当建立村务监督机构、规范村民选举委托投票行为、明确对村民委员会成员的罢免程序、明确村民委员会每届任期3年、明确村民委员会成员候选人资格条件、增加选民登记的有关规定等内容。

（2）农村社区民主治理的协商民主特征将日趋明显。我国社会主义新农村的社区民主治理的一个主要特征就是政府、非政府组织、社区居民所代表的国家权力与社会权力的协商、合作与共治，而非西方式的社区自治。相应的，我国农村社区民主治理也并非是把国家权力驱逐出村的过程，而是两者相互合作、相互促进的过程。农村社区民主治理离不开行政权力与资源的支持，政府也不能借农村社区民主治理而推卸其在农村的责任。20多年的农村社区民主治理实践已构建了良好的民主架构，激发了农民的民主意识，提高了民主素质，为提升农村社区民主治理绩效奠定了坚实的基础，必将促进农村社区民主治理水平进一步提升。

课后练习：

1. 名词解释：（1）社区民主治理；（2）社区利益相关者；（3）协商民主；（4）民主监督；（5）公民精神。

2. 问答题：

（1）社区民主治理的客体是什么？

（2）社区民主治理的目标是什么？

（3）我国城市社区民主治理存在的问题是什么？

（4）城市社区民主治理的主体是什么？

（5）如何解决目前农村社区民主治理所出现的主要问题？

3. 案例分析：

某小区因为设施破旧、环境较差，问题很多，居民与居民、居民与物业、居民与社区之间矛盾不少。比如电线乱拉、车辆乱停，比如垃圾分类投放点太近、太远，比如业主养犬不拴绳、乱拉狗屎，比如绿地荒芜、杂物占地……一些业主对此不满意，就不付物业费；物业公司收不到物业费，小区建设投入更少。这样就形成了恶性循环，问题最终还是得不到解决。

请你根据上述情况写一份解决问题的方案。

项目小结

本项目包含了社区民主治理概述、城市社区民主治理、农村社区民主治理三个任务。社区民主治理概述介绍了社区民主治理的背景、内涵、影响因素和提高社区民主治理绩效的对策；城市社区民主治理介绍了其发展过程和模式；农村社区民主治理介绍了其兴起与发展、模式、存在的问题及前景。

项目七　社区环境建设与管理

社区环境建设与管理

1. 知识目标：理解社区环境的相关知识及内容。
2. 技能目标：具备区分城市社区环境建设与农村社区环境建设的能力。
3. 素质目标：具备建设与管理社区环境的基本素质。

项 目 导 入

社区环境是相对于作为社区主体的社区居民而言的，它是社区主体赖以生存及社区活动得以产生的自然条件、社会条件、人文条件和经济条件的总和。社区环境可归纳为自然环境、社会环境、人文环境和经济环境等方面。社区环境的特点：具有广泛性、复杂性、差异性、动态性，及与社区经济发展水平密切相关。

本项目的内容包括社区环境概述、城市社区环境建设与管理、农村社区环境建设与管理三个学习任务。

任务一　社区环境概述

社区居民总是生活在特定的环境之中。任何社区首先要有一个适宜社区居民进行工作、学习和生活的环境，并配备必要设施，以保证居民安全、健康，使居民能够合理地、积极地工作、学习和生活。社区居民对社区环境质量需求的变化，是社区环境建设的内在动力，也是社区环境建设的依据和出发点。加强社区环境建设和管理必须高度重视环境保护工作。

一、社区环境的含义与内容

（一）环境的概念及特征

1. 环境的概念

人的一切行为都离不开环境，环境是人类生存、发展的首要条件。在环境科学中，一般认为环境是围绕着人类的生存空间，以及其中可直接、间接影响人类生活和发展的各种自然因素的总和。但也有些人认为，环境除自然因素外，还包括有关的社会因素，如《大不列颠国际大百科全书》认为"环境是包括人类，并对其生活和活动给予各种影响的外部条件的总和"。而1989年颁布实施的《中华人民共和国环境保护法》则指出："本法所称环境，是指影响人类生存和发展的各种天然的和经过人工改造的自然因素的总体，包括大气、水、海洋、土地、矿藏、森林、草原、野生生物、自然遗迹、人文遗迹、自然保护区、风景名胜区、城市和乡村等。"

2. 环境的特征

环境是一个复杂的，有时、空、量、序变化的动态系统和开放系统，系统内外存在物质和能量的变化和交换。环境构成一个系统，是因为在各个子系统和各组成部分之间，存在着相互作用，并构成一定的网络结构。正是这种网络结构，使环境具有整体功能，形成集合效应，起着协调作用。人类环境存在连续不断的、巨大和高速的物质、能量和信息的流动，因此环境表现出其对人类活动的干扰与压力，具有整体性、有限性、不可逆性、隐显性、持续反应性、灾害放大性等特征。

（二）社区环境的含义及构成

在研究社区环境时，由于考察角度和范围的不同，人们对社区环境的理解有广义和狭义之分。广义的社区环境，也可称之为一般意义上的社区环境，即把社区作为主体，研究社区的外部环境状况对社区的影响，从这种视角出发，我们可以把社区环境简单地界定为社区的外部环境。狭义的社区环境也可称之为特殊意义上的社区环境，即把居住在某一特定社区的居民作为主体，研究社区范围内一切与居民生活密切相关的各种环境因素对社区的影响。从这个视角出发，可以把社区环境界定为影响社区居民生活的各种环境要素，本项目将主要从狭义的角度来研究社区环境。

1. 社区环境的含义

所谓社区环境是相对于作为社区主体的社区居民而言的，它是社区主体赖以生存及社区活动得以产生的自然条件、社会条件、人文条件和经济条件的总和。可理解为承载社区主体赖以生存及社会活动得以产生的各种条件的空间场所的总和。

2. 社区环境的构成

根据对社区环境的定义，可以把社区环境归纳为自然环境、社会环境、人文环境和经济环境四个方面。

（1）自然环境是构成社区的地理基础，它为社区实体提供一定的空间区域，是社区赖以存在的自然条件。所谓自然环境，是人类生存和发展所依赖的各种自然条件的总和，它包括地理区位、地形、地质、气候、土壤、水文、资源、动物、植物、微生物等。

（2）社会环境是构成社区的必要条件，是指社区范围内与人们从事社会活动有关的各种条件的总和，它包括整个社区的人口分布及动态、服务设施、娱乐设施和社会生活设施等。

（3）人文环境主要包括历史背景、意识形态、行为规范、文化传统、教育科技的发展水平、文化交流的状况、文化模式、价值观念、生活方式、风俗习惯等。除了精神性条件之外，还包括物质性条件，即人工环境，如生产设施（厂房、机器等）、生活设施（住宅、商店等）、基础设施（道路、供暖、供电、供气、排水、照明、电话、邮政、停车场等）。

（4）经济环境与社区成员关系最为密切，是社区存在和发展的基础，具体包括社区范围内的资源条件、市场条件、就业情况、收入水平、经济设施及技术水平。

（三）社区环境的特征

社区环境是典型的自然生态系统和人工生态系统的合成系统，是人类在利用和改造自然环境的基础上创造出来的高度人工化的人与自然和谐的新的生存环境。人类活动对社区环境的不断改造，使社区环境具有诸多区别于其它人工环境的特征。

（1）社区经济发展水平和社区环境质量的关系十分紧密，两者相互依存。社区的发展根植于特定社区的经济发展水平。社区经济的发展与社区环境的建设两者相辅相成，互相影响。社区环境的改善需要经济条件的支撑。社区为发展经济、提高居民生活质量必然不断开发环境，而环境作为一种资源，经过合理的开发利用可以促进经济发展，但是，过度的环境开发所带来的经济发展则常常使环境付出了遭受污染的巨大代价，从而导致社区环境质量的下降，最终将降低社区的生活质量，不利于社区经济和环境建设的可持续发展。所以，为了更好地利用社区的各种环境要素，必须把发展经济和保护环境有机地结合起来。

（2）社区环境的广泛性。社区环境是社区存在和发展的外部要素的总和，因此，凡是作用于社区系统的外部条件和要素，都应该属于社区环境的范畴。如社区所在的地理位置、社区的气候特征、社区的人口数量、人口素质、社区居民的民族状况，社区的文化教育、社区的总体经济发展，社区居民的人际关系、道德水准等，这些都是社区环境的一部分。这些条件和要素之间相互作用、相互影响，共同构成了社区的整体环境。

（3）社区环境的复杂性和其它社会子系统类似，社区环境也是一个复杂的开放系统，它对社区各个方面的影响与作用是广泛的，更重要的是在此基础上表现出复杂性。社区环境的各种条件和要素本身，以及这些条件、要素之间构成纵横交错的复杂关系，一旦某个环节发生改变，都会直接或间接地影响到其他要素的存在和发展。同时，由于构成社区环境的诸多因素始终处于不断变化之中，因此，必须加强对社区环境的动态管理。

（4）社区环境的差异性。由于不同的社区所处的地理位置、文化传统、经济条件的不同，因此，社区环境也不尽相同，或者说，构成社区环境的各种条件和要素对不同的社区来说存在或多或少的差异性。同时，针对不同的社区条件也形成了各种不同的社区管理体制和社区管理模式，这些管理体制和管理模式的形成和发展也表明社区环境在管理的"软"环境上的差异。

（5）社区环境的动态性。"万物皆变"，世界上没有一成不变的东西，任何事物都处于不断变化之中，社区环境的各个条件和要素也不例外。社会整体的经济、政治环境的不断变迁，体制的不断变革，思想观念的不断改变，这些都会促使社区环境因素产生相应的变化，从而直接或间接地影响着社区本身的变化与变革。

二、社区环境的保护与建设

（一）社区环境污染

1. 社区环境污染的含义

社区环境污染是指社区居民在生产、生活和一切社会活动中将产生的废弃物和有害物质排入环境，导致环境质量下降，从而对社区及人类生存、生态环境产生影响和危害的现象。社区环境污染主要是由人为因素造成的。环境污染根据污染源大体可分空气污染、水污染、固体废弃物污染和噪声污染。

2. 社区环境污染的分类

（1）社区空气污染。社区空气污染是指社区居民在从事生产和生活活动中，某些污染物质进入了大气，使大气的化学、物理、生物等方面的特性发生改变，影响人们的生活、工作，危害人体健康，直接或间接损害各种建筑物和设备等的现象。空气污染物主要有颗粒物、粉尘、二氧化碳、氮氧化合物、一氧化碳、碳氢化合物和各类工业废气、交通工具尾气等。空气污染物主要来源于人类的生产和生活，主要污染源有生活污染源、工业污染源、交通污染源等。社区空气污染对社区居民身体健康、社区植物和气候都会产生严重的危害。

（2）社区水污染。社区水污染是指因社区居民在生活和生产活动中向社区内的江河湖海排放有毒有害液体，改变了天然水的物理、化学和生物学的性质与组成，影响人类对水的利用，从而危害了人体健康和水体中的生物的现象。社区水污染会造成严重的危害，对人体健康的危害主要表现在可引起急慢性中毒、诱发癌症、引发各种传染病。

（3）社区固体废弃物污染。社区固体废弃物污染是指社区居民在生产和生活活动中丢弃的工业固体废渣、城市生活垃圾和农业固体废弃物等造成的周边环境污染。固体废弃物对人体健康和环境均会产生

较为严重的危害。

（4）社区噪声污染。社区噪声污染是指社区居民在生活和生产活动中，人为造成的妨碍人们学习、工作和休息，危害人体健康，并超过一定分贝的高强度声音。噪声通过空气等物质传播到人的听觉感官，危害人体健康，妨碍学习、工作和休息，是影响社区环境的一大公害。常见的噪声有工业噪声、建筑施工噪声、交通噪声和社会生活噪声（如广播喇叭、各种音响声等）。噪声对人体健康、睡眠和心理均会产生不良影响。

（二）社区环境的保护

1. 社区环境保护的含义

环境保护是指国家和政府通过运用行政、法律、经济、教育和科学技术等诸方面的手段，防止环境污染和生态破坏，以保护和改善人们的生活环境和生态环境，使之有利于人类生存和发展而开展的各项活动。其主要包括环境保护理论和技术研究、环境保护管理制度的制定和实施、环境保护的立法、环境保护的知识教育、环境污染的防治等。国家环境标准体系（图7-1）的建立为环境保护提供了"度量衡"。

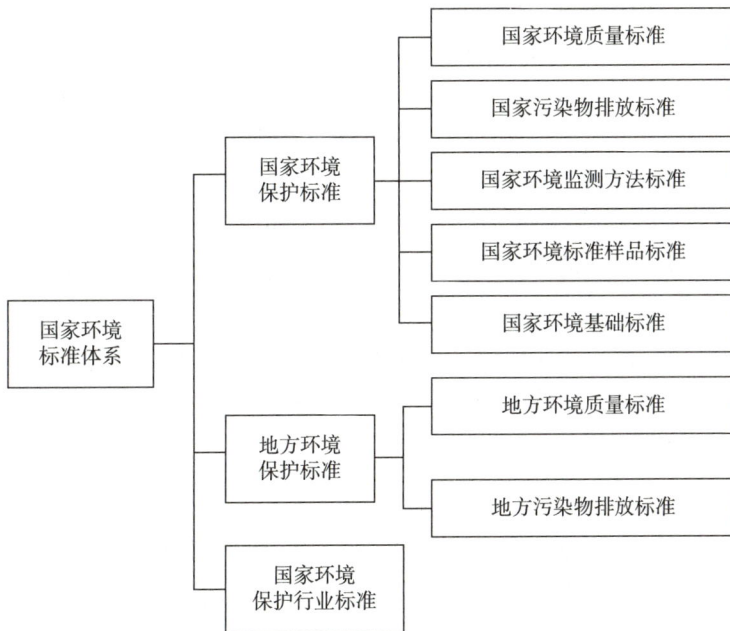

图 7-1 国家环境标准体系[1]

所谓社区环境保护，是指基层政府和社区自治组织运用各种手段来防止社区环境污染和生态破坏，以保护和改善社区居民生活环境及生态环境而开展的各种活动。从某种意义上来说，社区环境保护实质上是对社区环境的管理，它具有综合性、整体性和持久性的特点。

（1）综合性。社区环境保护涉及面广，既关系到农业、工业、商业、交通运输等各个行业，又关系到社区居民生活的方方面面。所以，搞好社区环境管理，不只是一个纯技术问题，更是一个综合性的社会问题，需要动员全社区的力量，尤其是要在基层政府和自治组织的指导下，采取行政、法律、经济、教育和科技等多种手段，进行综合治理。

（2）整体性。社区作为社会生态系统的一个子系统，同整个社会及其他子系统之间是相互联系、相互制约的关系，这些子系统共同构成一个有机、整体的社会生态系统。因此，搞好社区的环境管理，必须注意社会生态系统的整体性，尤其是在治理社区环境污染和其他公害的过程中，要遵循生态规律，树

---

[1] 张兴杰，叶淮剑. 社区管理［M］. 北京：科学出版社，2016：125.

立全局观念。

（3）持久性。社区环境保护是一项长期的任务。对于那些环境污染比较严重的而经济实力又有限的地区，更要注意树立长期保护环境的观念。

2. 社区环境保护的原则

（1）"三同时"原则。又称为"三同步"原则，是指在新建、改建、扩建的基本建设项目、技术改造项目、区域自然资源开发项目中，防止污染和其它公害的设施，必须与主体工程同时设计、同时施工、同时投产。

（2）协调发展原则。是指在社区建设与管理中，要注意使社区的经济建设同环境保护协调起来，实现经济效益、社会效益和环境效益的统一。

（3）"谁污染谁付费"原则。也称"谁污染谁治理"原则，是指凡造成社区环境污染和破坏的单位与个人，都要承担治理环境污染的责任，并按照国家有关规定缴纳排污费。

3. 社区环境保护的措施

社区环境保护的主体是政府部门、社区自治组织和居民群众，要搞好社区环境保护工作，必须充分发挥他们的作用。

（1）政府部门要充分发挥管理职能。一是政府部门要制定科学的社区环境规划；二是要严格执行环境保护的有关法律、法规和政策；三是要加强社区环境的监测，掌握社区环境状况及变化趋势，为社区环境保护提供科学依据。

（2）社区自治组织要加强宣传教育，增强社区居民的环境保护意识。环境问题不只是一个经济问题，还是一个社会问题，没有广泛的动员和社区居民的积极参与，搞好社区环境保护很难。

（3）采取必要的经济手段。第一，要注意不断扩大环境保护投资的比例。要采取多渠道、多元化的形式筹集环境保护资金。除了政府每年要增加环保投入之外，还要注意引入市场机制，吸引社会闲散资金或引入外资来加强社区环境保护设施的建设。第二，要加强环境保护资金的管理，确保专款专用。

（三）社区环境的建设

1. 社区环境建设的意义

社区环境建设影响着社区的形象，而社区形象又反映着一个社区的政治、经济、文化和科学技术的发展水平。加强社区环境建设，对于加强社区建设和社区现代化管理，实现经济与社会协调发展，促进社区全面进步有着十分重要的意义。

（1）社区环境建设是社区建设的基础。社区环境是社区建设中最基本的改造对象，是居民开展社会活动不可缺少的物质前提，它制约着社区居民的社会实践，影响社区变迁。社区环境开发与保护的好坏，直接影响社区居民经济活动和生活质量。同时，社区环境建设还为人们的审美活动提供了对象，为人们的工作、休闲提供了特定的活动场所。社区要发展，必须重视环境建设，营造良好的投资环境。

（2）社区环境建设是提高居民生活质量的需要。不断提高社区居民生活质量是社区建设的重要任务。研究表明，人体在绿色植物占比25%左右的环境中，皮肤温度可降低1~3℃，脉搏的跳动次数可减少4~8次。社区绿化环境搞好后，空气中的阳离子就会增多，这有利于调节人体内的血清浓度和神经系统的功能。

（3）社区环境建设有助于社区精神文明建设。社区环境的改善有助于社区居民积极生活和勤奋工作，有助于社区居民爱惜与维护环境的卫生与整洁，有助于社区居民增强自豪感和凝聚力，从而促进社区精神文明的良性发展。

2. 社区环境建设的内容

社区环境建设的内容具体包括以下三方面。

（1）净化环境，建设卫生社区。净化环境，主要是指搞好社区的环境卫生。环境卫生是社区公共卫生的一部分，它对于防止和消除不良环境对人体造成的危害、改善居民的卫生条件、预防疾病有重大意义。同时社区环境卫生水平的高低，也反映了社区经济发展水平的高低，以及居民精神面貌的好坏与文化素养的高低。

（2）绿化环境，建设绿色社区。绿化环境是建设环境优美社区的重要环节，也是美化环境的重要内容。社区环境的绿化建设主要包括有计划地种植花草树木，积极扩大地表、空间的绿色植被，建设好小区公园。

（3）美化环境，建设美好社区。美化环境是在净化、绿化的基础上，实现社区环境优美的更高层次的要求和目标。美化社区的基本要求是社区环境，如房屋建筑、街道小巷、园林街景等要做到整齐、清洁、协调、美观，形成优雅清新、赏心悦目的社区景观，培养高尚美好、奋发向上的居民精神。

3. 社区环境建设的措施

社区环境建设是一个综合性的过程，涉及多个方面和层次，需要政府、社会组织、居民等多方共同参与和努力，通过综合施策、持续推进，不断提升社区的整体水平和居民的生活质量。

（1）完善社区环境规划。社区环境规划主要包括社区环卫基础设施规划和社区公共绿地规划。加强社区的道路、水电、通讯等基础设施建设，确保居民的基本生活需求得到满足。同时，优化社区公共绿地规划，提升居民幸福感。

（2）提升社区环境质量。加强垃圾分类管理，推动居民垃圾分类，减少环境污染。增加绿化覆盖面积，改善社区景观，提升居民居住环境质量。

（3）增强社区管理能力。建立社区居民自治组织，如居委会或业主委员会，鼓励居民参与社区环境决策和管理。

（4）强化社区资源整合。整合社区内外的各种资源，如企业、社会组织、志愿者等，形成合力，共同推动社区建设。

（5）加强环境执法队伍建设。社区环境管理的实施需要公安、工商、城管、卫生、环保等具有社会管理职能的有关部门的执法队伍分配到社区，综合行使环境卫生、园林绿化、环境保护、建设监管等管理职能。

任务二　城市社区环境建设与管理

城市社区是指在特定的区域内，由从事各种非农业劳动且有各种社会分工的密集人口所组成的社区。改善城市社区环境的状况不仅关系到我国社区居民的生活质量和生活水平，同时也关系到我国社区可持续发展的重大问题。

一、我国城市社区环境建设与管理面临的现实问题

我国城市社区环境建设与管理面临以下问题，还需久久为功。

（一）城市社区的环境质量随建设年代不同存在着差距

在早期建设的社区当中，建筑技术落后、经济发展迟缓等因素，影响了我国城市社区环境的整体状况。因此，城市社区在总体上呈现出发展不平衡的态势。城市化程度较高的大中城市，其社区环境改造的力度也较大，社区环境改善的速度相对较快，但是基础设施较差的中小城市以及周边地区则面临着巨大的社区环境建设的压力。同时，从全国范围来看，由于经济发展水平的不平衡性，使得不同城市之间、城市的不同区域之间，在社区环境的规划、改造和建设上都存在着发展不平衡的问题。

（二）城市社区的老化问题

城市社区老化对社区环境所造成的影响，一方面表现在城市社区的老化使社区范围内缺乏开放的消防空间以及必要的社区消防安全设施，因此极易发生火灾，严重威胁着社区居民的身心健康。另一方面则表现在城市社区的老化使城市社区的街道十分狭窄，容易造成交通拥堵与交通事故；同时空气、噪声等环境污染更加重了老化的城市社区卫生环境的恶劣程度。

（三）城市社区环境污染严重

1. 空气污染逐渐加重

一般来说，城市中的空气污染源大致来自以下几个方面：一是工厂，很多城市的火力发电厂和重工业企业都大量排放二氧化碳、二氧化硫等废气和粉尘。我国城市大气污染主要以煤烟型为主，这与我国以煤为主的能源构成和消费结构密切相关。二是随着家庭汽车的逐步增多，汽车尾气成为城市空气污染的重要因素之一。随着城市规模的不断扩张和机动车数量的迅速增加，机动车尾气引起的城市空气污染问题日益严重。特别是北京、上海、广州等超大城市，机动车尾气已经成为城市大气污染的首要原因。三是家庭对能源的消耗。四是各种喷雾剂的使用，如空气清新剂、杀虫剂，这些化学制品的大量使用增加了空气中原来没有的成分，造成污染。五是随着燃烧石油、煤炭、天然气所产生的二氧化碳浓度的逐渐增加，形成所谓的"温室效应"，不利于空气污染物的扩散，进一步加剧了城市社区的空气污染。

2. 水污染没有得到有效治理

我国城市污水排放量一直保持着较高的比重，严重污染着城市的水体。在影响城市水体的诸多因素中，生活污水和工业废水是造成城市水环境恶化的两个主要因素。由于受经济结构调整、产业技术进步和污染控制措施得力等综合因素的影响，我国工业废水排放量总体上呈下降的趋势。与工业废水排放情况不同，近年来随着城市化进程的加快和城市生活水平的提高，生活污水排放量不断增加，严重污染城市社区内的水体。城市中的水污染，除了地下水、地表水的污染以外，还包括天上水的污染。众所周知，酸雨就是典型的例证。空中的酸性化合物随雨雪落到地上，形成酸雨，使森林死亡，湖泊、土地酸化。

3. 生活垃圾污染越来越严重

随着城市人口的增加和生活水平的提高，我国城市生活垃圾的产生量越来越大。造成生活垃圾污染严重的主要原因之一是垃圾处理不当。虽然我国已经采取了一系列措施来处理生活垃圾，如建设垃圾处理设施、推广垃圾分类处理等，但仍然存在许多问题。例如，部分地区的垃圾处理设施落后，处理能力不足；垃圾分类制度尚未全面普及，执行力度不够；部分居民缺乏环保意识，随意丢弃垃圾等。

4. 城市噪声未得到有效控制

城市噪声也是城市环境污染的一个重要方面。多数城市的噪声污染水平处于中等，生活噪声影响范围呈扩大趋势，其中交通噪声对生活环境干扰最大，施工噪声也是造成噪音污染的来源之一。据统计，在影响城市环境的各种噪声来源中，工业噪声占 8%～10%，建筑施工噪声约占 5%，交通噪声约占 30%，社会生活噪声约占 47%。

二、以城市住宅小区探索城市社区建设

由于城市住宅小区是城市社区的主要构成部分，因此，研究城市社区环境建设与管理，应紧密结合住宅小区的实际情况来开展。

（一）住宅小区的概念、特点与功能

1. 住宅小区的概念及特点

住宅小区是指有一定人口和建筑规模，能满足住户日常物质与文化需要，为城市干道所分割或自然

界限所包围的相对独立的区域。住宅小区就其个性而言有如下特点：

（1）规划建设集中化，使用功能多样化。新建的住宅小区大多集中了商业、服务业、文化、教育、卫生、办公用房、住宅及配套建筑和设施，组成了完整的、功能齐全的多功能区。

（2）楼宇结构整体化，公共设施系统化。住宅小区的房屋是由住宅的主体及与之相应的各类服务用房构成，并与区域的建筑、道路、绿化等配套建筑组成统一整体，贯通各家各户的水、暖、电和气等组成的一个网络体系，从而使住宅小区的各类房屋、各种专业设备形成一个多层次、多功能的大系统。

（3）产权多元化，管理复杂化。由于住宅建设投资渠道多样化及商品化住宅的逐步推广，房屋的产权结构发生了重大变化。房屋的产权由单一的全民所有制变为多种所有制，一个住宅可以分属国家、集体和个人等不同的产权所有人。住宅小区的整体性要求统一管理，而产权又为多元化，则将导致住宅小区的各项管理工作复杂化。

2. 住宅小区的功能

住宅小区有以下功能：

（1）居住功能。根据居民家庭不同的经济收入和不同的人口构成，小区为居民提供不同类型和不同档次的住宅，满足居民对住宅的使用需求。

（2）服务功能。住宅小区的公用配套设施能为住户提供多项目、多层次的服务。

（3）经济功能。住宅小区的经济功能主要体现在交换功能和消费功能两个方面。从房地产行业看，住宅与其他用房的出售或出租，都体现商品交换关系，同时，住宅也是人们使用时间长、价值量大的消费品。住宅小区的经济功能是城市经济的一个组成部分，并受其制约。

（4）社会功能。住宅小区居民与为之服务的各种行政、商业、文化等组织相互联系，共同组成了住宅区的社会关系，形成了住宅区的社会网络，相互影响，相互制约。

（二）住宅小区的环境建设

住宅小区的环境建设是为了满足社区居民居住、工作、休息、文化教育、生活服务、交通等方面的要求，它的任务是为住户创造一个满足日常物质与精神生活需要的宁静、卫生、方便和优美的环境。

住宅小区的环境建设目标概括起来有以下四个方面。

1. 社会效益

住宅小区建设的社会效益主要体现在为居民提供一个安全、舒适、和谐、优美的生活空间，它包括社区的治安、交通、绿化、卫生、文化、教育、娱乐等方面，它对调节人际关系、维护社会安定团结有着十分重要的意义。

2. 经济效益

住宅小区的环境建设，一方面能够提高物业的价值，有利于物业的后续销售，从而使开发商获取更多的销售利润；另一方面能够延长物业的使用寿命。前者涉及经营单位的利益，后者主要涉及权益人的利益。

3. 环境效益

住宅小区的环境状况与居民的身心健康有着密切的关系，因此，创造一个良好的生活环境，不仅有助于居民的身心健康，还对整个城市的风貌产生积极的影响。

4. 心理效益

这是上述效益反映在居民心态中的一种主观感觉，如果住宅和环境的舒适、优美的程度已达到了心理定位，居民会有一种满足感、幸福感。

住宅小区环境建设的目标是要达到以上四种效益的统一，这四种效益的实现必须依赖于良好的小区环境的建设与管理。

（三）住宅小区环境建设的实施

物业管理公司实施小区建设与管理的职能主要体现在两个方面：一是参与开发前的规划设计，以保证小区环境建设的需要；二是入住后的各种设施的完善及软环境建设（主要是人际整合和文化环境建设）。

1. 住宅小区规划

搞好住宅小区规划，为小区居民提供一个优美、舒适、安宁、方便的居住环境，是住宅小区环境建设的基础，也是建设现代化文明小区、文明社区和文明城市的基础。按照城市规划的总体要求和住宅小区建设的标准，住宅小区规划主要包括：

（1）住宅小区用地规划；

（2）住宅小区建筑规划；

（3）住宅小区公共建筑规划；

（4）住宅小区道路规划；

（5）住宅小区绿地规划；

（6）住宅小区活动场地规划；

（7）住宅小区环境小品规划。

2. 住宅小区环境建设

住宅小区的环境建设应立足于两个方面：一是配套设施的不断完善，创造一个整洁优美、舒适方便的居住环境；二是通过完善的管理，建立良好的社区文化环境，加强社区的文化资源整合，创建文明小区。

（1）配套设施的完善。配套设施的完善是给物业管理提供物质基础，是社区管理阶段不可缺少的环节。

（2）建立社区文化环境，加强社区的文化资源整合。社区文化环境的建立，一方面包括各种场所、设施的建设，另一方面也包括软环境建设，即精神文明建设。

（四）住宅小区的环境管理

如果说住宅小区的环境建设是住宅小区建设的物质基础的话，那么住宅小区的环境管理则是住宅小区环境建设的核心。只有有效的住宅小区的环境管理，才能使住宅小区的环境建设成果得以保持与得到维护，才能为社区的长远发展奠定基础，为居民提供长久良好的居住环境。

1. 住宅小区管理机构的建立

建立住宅小区管理机构可从以下三方面着手。

（1）健全业主管理委员会，强化管理监督职能。为了做好物业管理，除了要有完善的法律法规，使管理有法可依、有章可循外，更重要的是要使各业主直接参与物业管理，组成业主管理委员会。这是由业主代表组成，代表业主的利益，向社会各方面反映业主意愿和要求，并监督物业管理公司行为的民间组织。业主管理委员会的权利基础是其对物业的所有权，它代表着该物业的全体业主，对有关的一切重大事项拥有决定权。

（2）加强物业管理公司的专业化建设，引进竞争机制，提高其管理与服务水平。物业管理公司是按合法程序建立并具备相应资质条件的、对物业进行管理的企业性经济实体，是独立核算、自负盈亏的经济组织。其组建原则是企业化、专业化、社会化。其经营宗旨是综合管理、全面服务，为业主和租户提供良好的工作环境与生活环境。

（3）处理好小区各管理机构的关系。小区管理机构涉及物业管理公司与业主管理委员会之间的关系，以及二者与街道办事处等行政部门和职能部门的关系。要加强小区环境建设与管理，必须加强小区

管理机构的建设，明确各自职责，为社区管理提供组织保障。需注意以下几方面。

①完全市场条件下的物业管理公司与业主管理委员会之间有如下几方面关系：业主管理委员会是决策人，物业管理公司是雇员，二者间的委托与受委托是一种合同关系，是一种市场的双向选择；二者独立运作，互不干扰，双方可因发展变化的需要，在协商一致的条件下续签、修改或解除合同，但都无权干预对方的内部活动。

②由于住宅小区实行属地管理，小区业主管理委员会与物业管理公司应当接受当地政府与街道办事处的领导与管理。

③房产、城建、煤气、电信、电业、自来水、公安等管理部门，对住宅小区实行行政管理和行业管理，并对小区业主管理委员会和物业管理公司实行指导、检查和监督。

2. 各种管理制度的建立

管理制度的作用在于：一方面，借助物业管理制度的法规、规章形式，明确物业管理主体的权责内容，约束和规范管理主体行为，以提高物业管理的整体水平。另一方面，物业管理内容的制度化有助于对物业管理实施监督，正确发挥物业管理公司为全体业主和租户服务的行业职能，以便更好地实现以创造优美、舒适、安全、方便的生活环境为宗旨的社会职责。

从物业管理者的角度来看，管理制度的建设包括对外与对内管理制度两大类。对外管理制度的建立可协调住户、租户、管理者的行为关系；对内管理制度的建立是约束物业管理公司的内部行为。而小区环境的管理则侧重于前一项制度的建立，它包括以下几项内容。

（1）住户手册。住户手册是物业管理公司发给住户并由住户保存的文件。制定住户手册的目的是让住户了解物业的概况、物业管理公司的职责权限、管理的主要内容和主要规定、住户的权利和义务，以及应注意的事项等。通过住户手册，加强物业管理公司与住户的联系，发挥双方的积极性，共创良好的环境。住户手册内容包括物业概况、物业管理、业主与租户须知、日常管理与维修、综合服务、电话号码及其他应注意事项等。

（2）物业管理公约。物业管理公约也称公共契约，属于合同性质。它是由物业业主或物业使用者和物业管理者共同参与而订立的协议，它将业主或使用者及管理者双方的权利和义务以文件的形式予以确定，并对全体业主或使用者及管理者均有约束力。物业管理公约一般由物业管理公司拟定，但需经各方签署认可后方能生效。

（3）住宅小区管理规定。住宅小区管理规定是一份综合性的管理文件，制定的目的是保证住宅区房屋及公共设施的正常使用，为住户创造一个良好的社区生活环境。

（4）住户的行为规范。物业管理的成功与否，其前提条件之一是住户是否密切配合。作为物业的业主或使用人在享受自己的权利时，不能损害其他人的利益。为管好住宅小区的环境，就必须有全体住户共同遵守的行为规范。

（5）业主管理委员会章程。社区管理委员会章程对成立业主管理委员会的目的、宗旨、权利与义务、成立的方法、主要职责进行规定，明确业主管理委员会在小区环境管理中的作用及地位。

（6）物业管理公司职能制度。物业管理公司职能制度主要是明确物业管理公司各部门的职责范围，使物业公司真正为社区服务。

（7）物业管理公司岗位制度。物业管理公司岗位制度主要是明确物业管理公司所设立岗位的职责范围，规定某一岗位对从业人员的要求，包括基本素质、应知应会、岗位职责、工作量规范等方面。

总之，在小区环境管理中，应发挥各种管理制度的作用，并在实践中不断地丰富完善。同时，在日常社区管理中必须严格执行管理制度，即物业公司、住户等必须遵守各项规定，共同创造小区的优美环境。

任务三　农村社区环境建设与管理

农村社区的发展，不应当只是表现为物质财富的增长和人民生活水平的提高，而且要表现为能够创造和维护一个最适合人类生存的良好环境。也就是说要达到经济、社会和生态三种效益的有机组合，离开任何一个方面，农村社区的发展都是不协调的、不全面的。

一、农村社区生态环境建设

（一）生态环境的含义

生态环境对农村社区有着重要的意义。所谓生态环境是指由生物群落及非生物自然因素组成的各种生态系统所构成的整体，主要或完全由自然因素形成，并间接地、潜在地、长远地对人类的生存和发展产生影响。生态环境的破坏最终会导致人类生活环境的恶化。因此，要保护和改善生活环境，就必须保护和改善生态环境。

（二）农村社区生态环境建设面临的主要问题

改革开放以来，我国农村在经济建设方面取得巨大成就的同时，在农村社区生态环境保护方面也硕果累累，但也要看到，农村社区生态环境保护方面仍存在一些不足，这些问题不解决，农村社区生态环境就难以持续发展。

1. 绿色植物遭到严重摧残，水土流失日益严重

对绿色植物的摧残，会给环境带来极大的破坏。长期以来，不少农村把森林视为采伐业基地，重采轻育或只采不育，致使采伐量大于生产量，导致以森林为主体的生态系统遭到严重破坏，水土流失现象日益加重，生态服务功能持续下降，生态灾害日益频繁，生态问题复杂化。

2. 生物资源遭到严重破坏，珍稀动物面临绝种危险

生物资源、野生动植物的存在，具有维持生态系统动态平衡的功能。目前，由于人类对野生动物的肆意捕杀，许多野生动物面临绝种的危险。而有机杀虫剂的长期不合理使用、粮食作物品种单一性选择等，则使许多野生的和人工栽培的植物品种日渐减少。

3. 矿产资源和水资源的过度开采和利用，使生态系统被破坏程度加剧

矿产资源属于不可再生资源，现在农村社区不少乡镇企业技术装备落后，原料、能源浪费大，如果过度开发、利用，很快会面临矿产资源枯竭的严重问题。水资源虽然是可再生资源，但如果既不珍惜地表水，又盲目地、无节制地利用地下水，不按照地下水资源的多少合理布井，盲目超量开采，将导致地下水位急剧下降，最终也必将影响人们的生产生活用水。

4. 污染加剧，水质不断下降，空气质量不容乐观

随着城市环境的恶化和乡镇工业的迅速发展，农村社区的环境污染问题越来越突出了。现在，工业污水和生活污水的排放量不断增多，这些污水中含有粪便、污物、细菌、毒素等，不经过任何处理直接排到江河湖海。随着城市环境污染的辐射和乡镇工业的发展，广大农村也正成为污染的受害者。许多农村社区以煤炭为主要能源，燃烧煤炭产生的排放物占据了整个燃料排放物排放量的95%。煤烟型污染是城市大气污染的主要类型，现已扩散成为农村社区大气污染的重要类型；土炼焦、土炼硫、小化工等行业所排放的有毒气体也成为农村社区大气污染的重要污染源，农村社区空气质量已经不容乐观。

（三）导致农村社区生态环境建设滞后的主要因素

导致农村社区生态环境建设滞后的主要因素有：

1. 公众环境意识水平较低

所谓环境意识，是指人们在认知环境状况和了解环保规则的基础上，根据自己的基本价值观念而发生的参与环境保护的自觉性，它最终体现在有利于环境保护的行为上。目前，仍有许多人对环境问题的客观状况缺乏清醒的认识，对许多根本性的环境问题缺少了解。

2. 环境问题与贫困等其他社会问题交叉、重叠，加大了环境建设的难度

贫困地区由于经济基础薄弱，难以保证环境建设上的投入，同时恶劣的环境状况又加剧了贫困状态，形成恶性循环。

3. 人口众多，环境资源压力大

环境问题和人口问题有密切的互为因果的联系。在一定社会发展阶段、一定地理环境和生产力水平的条件下，人口增长应有一个适当比例。人口数量过快增长对环境造成一定程度的压力。

（四）加强农村社区生态环境建设的措施

1. 全面实施农村能源工程

全面实施农村能源工程主要涉及：大力发展农村沼气，加强沼气技术与种植、养殖等技术的有机结合，形成以沼气为纽带的生态种养发展模式；加强农村节能工程建设和新能源开发，全面普及节柴、节煤灶具和技术，积极发展太阳能、风能等其他新型能源；加快农村小水电建设。

2. 全面实施生态移民工程

充分利用扶贫开发、退耕还林和自然保护区等项目建设的契机，把生活在自然条件恶劣、自然灾害频发村寨的贫困人口和自然保护区核心区内的人口，逐步搬迁到生产生活条件较好的地方，实现异地搬迁脱贫。

3. 全面实施农村社区环境保护工程

改善农村社区能源结构，淘汰高能耗、高污染的小型企业，改善农村社区大气环境质量，抓好农村社区水环境质量控制工程。加快农村社区污水集中处理设施及矿山生态环境治理工程建设。

二、农村社区的资源保护

农村社区的资源保护主要是农业资源保护。农业资源是指人们从事农业生产或农业经济活动中可以利用的各种资源，包括农业自然资源和农业社会资源。农业自然资源主要指自然界存在的，可为农业生产服务的物质、能量和环境条件的总称。它包括水资源、土地资源、气候资源和物种资源等。农业社会资源指社会、经济和科学技术因素中可以用于农业生产的各种要素，主要有人口、劳动力、科学技术和技术装备、资金、经济体制和政策及法律法规等。

（一）加强农业资源保护的法制建设和管理

1. 法律管理应成为强化资源环境管理的主要手段

法律法规是资源环境管理的基础和依据。在追求可持续发展的今天，随着对农业资源系统认识的深化和实践的需要，应全面审理我国现行有关农业资源的法律、法规体系和管理体系，提出修订和补充措施，并制定相应的法律实施细则、条例和管理办法。

2. 建立并完善农业资源产权制度

调整并明晰各类农业资源的产权关系，从法律上支持、监督产权所有者对农业资源保护的稳定性和持久性，并以法律形式强化农业资源管理的协调机制。

3. 制定农业资源综合管理法规

树立农业自然资源整体化观念，突出农业资源立法的前瞻性，强化综合管理意识；确立市场经济条件下农业资源综合管理法律的地位；建立农业资源综合管理法律体系，实现对农业资源的综合管理。

（二）调整农村产业结构，优化资源和生产要素的组合

进一步扩大生态农业和可持续农业的试点，及时推广应用新技术、新资源。积极稳妥地调整农业生产结构，形成结构合理的农、林、牧、副、渔全面发展的大农业格局，发展农业产前、产后的延伸产业，形成种、养、加工"一条龙"的产业链及农、工、贸相配套的农业产业化体系。

（三）合理开发农业资源，加强对资源的保护利用

1. 保护耕地

国土资源部公布的 2022 年度全国土地利用变更调查数据显示，全国耕地面积 19.14 亿亩，较上年末净增加约 130 万亩；建设用地 6.30 亿亩，较上年末净增加约 440 万亩，年度增幅从 0.83% 降至 0.70%。党中央、国务院高度重视耕地保护工作，各级党委和政府保护耕地的积极性和主动性明显增强。近年来，习近平总书记多次就耕地保护工作做出重要指示批示。2021 年 4 月 30 日召开的中共中央政治局会议强调，要压实地方各级党委和政府责任，实行党政同责，遏制耕地"非农化"、严格管控"非粮化"，对在耕地保护方面有令不行、有禁不止、失职渎职的，要严肃追究责任。我国各项建设都应力求少占地、占坏地，坚持有偿用地，有借有还，尽可能利用各种空闲地，减少占地损失，有计划地开垦边远地区的宜农荒地。

2. 改善农业资源环境

防止工业"三废"直接排入农业环境而造成环境污染，严格控制乡镇企业的污染源；同时要控制农业自身的污染源，即减少化学农药的使用量，尤其是高毒性农药的使用，防止过量使用氮素化肥，避免农用水体富营养化等。

3. 注意引进、吸收发达国家有关农业资源

引进、吸收发达国家有关农业资源的节能、资源保护和环境修复的先进技术，重视农业资源的高效利用和资源替代等。

（四）开展农业自然资源评估和评价工作

长期以来，对农业资源的无偿使用已经造成资源的严重浪费，这对农业资源的保护和开发利用非常不利。在市场经济条件下，若不能及时扭转资源无价和价格扭曲现象，就会加重对农业资源的浪费。因此，必须规范将农业资源作为一种特殊资产的评估方法，加强农业自然资源的估价和评价工作，推行有偿使用及社会补偿制度、资源开发的申报和审批制度，以便加强对农业资源的管理，保护农业资源环境。

课后练习：

1. 名词解释：（1）社区环境；（2）社区环境污染；（3）生态环境。

2. 问答题：

（1）环境的概念和特征是什么？

（2）社区环境保护的原则有哪些？

（3）农村社区生态环境建设面临的主要问题及成因是什么？

3. 案例分析题：

（1）某社区近期在重新改造社区环境，请就如何进行社区环境的保护与建设谈谈你的看法。

（2）某社区近期有一个新的住宅小区开发项目。请谈谈如何进行住宅小区的环境建设创新。

项·目·小·结

　　本项目包含社区环境概述、城市社区环境建设与管理、农村社区环境建设与管理三部分内容。社区环境概述介绍了社区环境的含义与内容、保护与建设；城市社区环境建设与管理介绍了我国城市社区环境建设与管理面临的现实问题、以城市住宅小区探索城市社区建设；农村社区环境建设与管理介绍了农村社区生态环境建设、农村社区的资源保护。

项目八　社区服务与管理

1. 知识目标：理解社区服务的相关知识内容。
2. 技能目标：具备区分城市社区服务与农村社区服务的能力。
3. 素质目标：具备开展社区服务管理的基本素质。

项　目　导　入

　　社区作为人类社会生活的共同体，离不开社区服务，社区服务是随着经济社会的发展逐步产生的。进入 20 世纪 80 年代以来，随着经济和社会改革的不断深入，我国的社会福利制度发生了重大变化，单位承担的福利服务逐渐下沉到社区，社区服务应运而生，并不断发展、壮大。

　　本项目的内容包括社区服务概述、城市社区服务与管理、农村社区服务与管理三个学习任务。

任务一　社区服务概述

一、社区服务的含义

（一）社区服务的概念

　　社区服务是指在政府的规划、指导和扶持下，依托街道办事处、居民委员会和社团等社区组织机构，发动和组织社区成员，利用和开发社区资源，为满足社区成员的各种需求而开展的具有社会福利和公益性质的居民服务。

（二）社区服务的基本内涵

1. 社区服务的主体

　　社区服务的主体即服务者，包括了所有支持、组织和参与社区服务的政府、组织和个人。在社区服务中，政府的作用非常关键，它既为社区服务提供宏观的政策指导，又为社区服务组织的建立运转提供人员、物质和资金的扶助，起着规划、指导和扶持的作用。

　　社区服务以社区组织为依托。在我国城市中，社区组织主要指街道办事处和居民委员会，在农村中主要指村民委员会，此外还包括各类社会团体，如帮扶小组、志愿者组织、同乡会、非政府组织等。街道办事处和居民委员会是社区服务的主要组织机构。各类社团是社区服务的有益补充，它们充分发挥自身机制灵活、运转高效的特点，为社区服务增添了活力。

　　社区服务主体中的个人主要指社区服务的管理者、各类专职或兼职社区工作者及广大志愿者，他们分属于不同的社区组织，是社区服务的具体操作者和执行者。

2. 社区服务的客体

　　社区服务的客体即被服务者或服务对象，包括了辖区内的全体社区居民和单位组织。作为一项社会

福利措施，社区内的居民都有权享受社区服务，其中老年人、残疾人、青少年、社区矫正对象、贫困者、下岗失业工人等弱势群体是社区服务的重点对象，他们由于自身生理、心理和社会经济条件上的局限而更加需要社区服务。此外，随着社区服务的广泛开展，辖区单位和组织也成为社区服务的重要对象，通过为辖区单位提供餐饮、娱乐等后勤服务，能够密切社区与辖区单位的联系，有助于共同建设社区、发展社区。

应该重视的是，大多数社区居民既是社区服务的客体，又是社区服务的主体，也就是说他们既可以接受他人的服务又可以力所能及地为别人服务，从而达到权利和义务的统一。任何成功的社区服务都是建立在社区居民的广泛认同和积极参与基础上的，这就要求我们在开展社区服务时，注意调动社区居民的参与性和积极性，真正在居民心中树立"社区是我家，文明建设靠大家"的观念。

3. 社区服务的目的

社区服务的目的在于满足社区成员的各种生活需要，这既包括物质生活的需要也包括精神生活的需要。前者如衣食住行等便民生活服务项目、劳动就业项目、卫生体育项目、特殊群体服务项目等；后者则包括了文化娱乐服务、社区教育服务、治安调解服务等内容。如此众多的社区服务项目和内容，正是由社区居民丰富而广泛的生活需要所决定的。

4. 社区服务的性质

社区服务是社会公益性的，或称公共福利性的。福利性、公益性是社区服务的本质属性。商业服务与社区服务尽管在服务的具体事项上相似，但两者的性质是不同的。商业服务是营利性的，注重企业的经济效益；社区服务是非营利性的，更加注重社会效益。当然，社区服务并不排斥提供有偿社区服务的可能。不过即使有偿，也应当遵循便民微利的原则，所收费用主要用于补偿服务成本、维持和改善服务方面。社区服务的性质要求必须始终把社会效益放在第一位，不能因为仅注重经济效益而削弱、损害或取消社会效益。

（三）社区服务的特点

社区服务具有以下四个特点。

1. 福利性

福利性体现在社区服务把社会效益放在首位，以满足社区居民生活服务需求为目标，而不是以营利为目的。福利性是社区服务最本质的特点，其他几个方面的特点都是由此派生和衍生出来的。

2. 群众性

群众性体现为调动社区居民的参与性和积极性，社区的事情让居民自己组织或参与，体现了社区服务是居民群众的自我服务形式。

3. 互助性

互助性体现在通过组织发动社区成员开展社区互助服务，从而展现"人人为我，我为人人"的社区精神风貌。

4. 地缘性

地缘性体现在社区服务只能存在于社区居民生活的范围中、存在于社区服务组织和设施直接发挥作用的区域内。

二、我国社区服务的发展历程

20 世纪初，在早期社会活动家梁漱溟、陶行知、晏阳初等所倡导的乡村建设运动中已经有了现代社区服务的雏形。而在当时中国共产党领导的革命运动中，也有社区服务的内容。

新中国成立后，我国的社区服务重点在城市展开。20 世纪 50 年代初，各地政府、各单位在机关大

院、街道、居民区兴建了一批托儿所、幼儿园，设置了互助组、医疗组等服务组织，同时广泛开展爱国卫生活动。一大批热心公益事业、不计报酬的干部群众积极投身于社区服务，这对良好社会风气的形成起到了十分重要的作用。但 20 世纪 50 年代末到 70 年代末，由于极左思想的影响，适宜分散经营的修补、缝纫、零售、餐饮、手工劳动的个体户等被取消，代之以集体生产的各类合作社，一些"不切实际"的义务服务很快难以为继，导致此后相当长一段时间内社区服务无人过问。

随着 1978 年党的十一届三中全会的召开，我国进入社会主义现代化建设的新时期，我国社区服务也进入了蓬勃发展的大好阶段。一般认为，我国现代社区服务的产生和发展大体经历了以下三个阶段。

（一）倡导和起步阶段：1987—1989 年

20 世纪 80 年代以来，随着计划经济向市场经济的转化，社会人口流动加剧，城市人口急剧膨胀，家庭结构日趋小型化，原先由政府、企业承担的问题越来越多转向由社会承担。为了配合国家经济体制改革和社会保障制度建设，1987 年初民政部率先提出了"社区服务"概念，倡导在城市基层开展以民政对象为服务主体的社区服务活动。同年 9 月，民政部在武汉市召开全国社区服务工作座谈会，对如何具体开展社区服务做了研究，提出了工作要求，这标志着社区服务正式由国家倡导发动。

（二）推广与普及阶段：1989—1993 年

1987 年，民政部在武汉市召开全国社区服务工作座谈会议之后，社区服务在全国逐渐得到普及。1989 年，民政部在杭州市召开全国城市社区服务工作经验交流会，总结和交流了武汉会议以来社区服务工作的经验，要求在全国的街道办事处和居民委员会普遍开展社区服务。1989 年 12 月，全国人大通过的《中华人民共和国城市居民委员会组织法》指出，居民委员会应当提供便民利民服务，并且第一次将"社区服务"的概念以法律条文的形式固定下来。1991 年 11 月，有关部门再次在北京市召开全国社区服务工作研讨会，就社区服务的内涵和外延、地位和作用、组织和管理、发展和提高等方面，从理论上进行了探讨。1992 年 7 月，中共中央、国务院在《关于加快发展第三产业的决定》中要求社区服务向产业化和行业化方向发展，这一政策有力地推动了社区服务的开展。

（三）迅速发展、不断提高的阶段：1993 年至今

1993 年 8 月，民政部、国家计划委员会、国家体制改革委员会、财政部、人事部、劳动部等 14 部委联合颁布《关于加快发展社区服务业的意见》（以下简称《意见》）的文件。作为社区服务发展的第一个政策性文件，《意见》要求将社区服务业纳入第三产业发展统筹规划，为社区服务业的发展提出了明确的目标、要求和基本任务，这一文件推动了全国社区服务的迅猛发展。1994 年年底，有关部门在上海市召开了全国社区服务经验交流会，重申了社区服务的福利服务宗旨和坚持社会效益为主的基点，对社区服务进行了重新定位。1995 年，民政部颁布了《全国社区服务示范城区标准》，在全国布置开展创建示范城区的活动，为社区服务在全国城镇的广泛普及和整体水平的提高提供了规范性指导和示范性样板。到 2011 年，全国共建成综合性的社区服务站 30 021 个、街道社区服务中心 3 515 个、村级组织活动场所 53.9 万个、便民利民服务网点 69.3 万个。还建有社区卫生服务中心（站）、社区文化中心（室）等专项社区服务设施（图 8-1）。社区服务内容不断拓展，劳动就业、社会保障、生活救助、文化娱乐、社会治安等政府公共服务事项逐步向社区覆盖。广泛推行社区志愿者注册登记制度，社区志愿

图 8-1　现在的社区服务中心
（图片拍摄于湖南省益阳市朝阳街道办事处
梓山湖社区党群服务中心，拍摄者：周伟）

互助服务蓬勃开展。超市、菜场、早餐店等生活保障性商业网点得到重点配套,家政服务、物业管理、养老托幼、食品配送、修理服务、废旧物品回收等便民利民服务项目逐步进入社区,极大地方便了社区居民生活,提高了生活质量。

值得注意的是,2006年4月9日,国务院发布了《国务院关于加强和改进社区服务工作的意见》。这是我国社区服务发展历史上第一次以国务院名义下发的文件,明确提出了加强和改进社区服务工作的指导思想、主要任务和基本要求,充分反映了我国政府对新时期社区服务工作的重视。

三、开展社区服务的意义

开展社区服务意义重大,主要意义有以下几方面。

(一) 发展社区服务顺应了我国现代化、城市化进程的需要

当前我国正在由传统社会转型为现代化社会,一个突出表现就是城市化进程加快。所谓城市化,就是人口向城市聚集,城市规模膨胀,城市数量增多的过程。在促进社会现代化的同时,城市化又相应引发人口拥挤、治安不良、老龄化加剧等一系列社会问题,推进社区建设,发展社区服务,完善社区功能,是既顺应城市化进程又克服其负面效应的有效途径。

(二) 发展社区服务是适应社会功能分化的需要

社会功能的分化、专门化,是现代社会设置的特点,是社会进步的标志。政府的功能分化后,经济功能放归企业,社会功能下移基层。企业的功能分化后,社会服务、社会保障等功能回归社会。家庭的功能分化后,一部分服务功能向社会转移。社会功能分化的结果使居民从"单位人"向"社区人"转变,这必然催生社区服务,使分化后的社会功能得到补足。

(三) 发展社区服务是满足广大社区居民需要的必然选择

在改革开放和发展社会主义市场经济的新形势下,我国城市人口流动进一步加剧,居民由于生活水平的提高对社区有了更多、更新的不同层次的要求,直接导致社区服务出现了许多新的变化。例如,家庭小型化问题、人口老龄化问题、下岗失业人员问题等,都直接促进了社区相关服务业的开展。

任务二　城市社区服务与管理

在我国,城市社区的发展相对较为成熟,社区服务的类型和内容极为丰富和广泛。我们通常按照服务对象的不同把城市社区服务的内容分为以下三类,即面向特殊群体的社区服务、面向全体社区居民的社区服务及面向辖区单位的社区服务。

一、面向特殊群体的社区服务

面向特殊群体的社区服务,又被称作社会福利服务,它主要是针对社区内的老年人、残疾人、青少年、贫困者、下岗失业工人等弱势群体开展的福利服务。

(一) 社区老年人服务

随着人口老龄化加剧,老年人的需求日益引起社会的关注,面对着汹涌的"银发浪潮",如何做到"老有所养、老有所为、老有所乐、老有所学"也就成了社区老年人服务的主要内容。所谓社区老年人服务,就是指针对本社区老年人在衣、食、住、行、医、学、乐等方面的特殊需求而开展的福利服务。

在社区服务中,通常把为老年人提供的服务分成以下几个方面。

1. 养老服务

养老服务是指为老年人提供必要的生活服务，满足其物质生活和精神生活的基本需要。目前我国养老服务方式主要有社会养老和家庭养老两种，其中社会养老主要针对无依无靠的老年人，而大多数老年人受观念和经济条件所限更多选择以家庭养老作为主要养老方式。社区服务可以较好地把这两种养老方式结合起来，发挥两者的积极作用。

在养老场所和设施方面，社区养老主要依靠敬老院、康复中心、社区文化活动室等来开展工作，为孤寡老人、高龄老人及子女照顾困难的老人提供便利。

在基本生活来源方面，可以通过敬老院供养、发放最低生活保障等方式为失去供养的孤寡老人提供服务，可以为尚未落实养老金发放的老年人提供相应的法律咨询服务，可以为家庭拒绝赡养的老年人提供家庭调解或法律援助服务，可以为享受养老金的老年人开展养老金存储和领取服务，还可以利用志愿者和社会捐助渠道为老年人开展日常服务工作、捐赠工作和年节慰问工作。

在日常生活照料方面，社区服务可以较好地解决老年人日常饮食起居方面的困难。例如，社区可以提供洗澡理发、清扫卫生、衣物洗涤、商品代购代送、寻医问药等服务。

社区养老不是要取代家庭养老，而是着眼于家庭的整体需要，所提供的服务既针对需要照顾的老年人，同时也针对老年人的其他家庭成员，以减轻由于照顾老人而给家庭成员带来的生活压力。

2. 医疗保健服务

身体健康是老年人最大的心愿，社区可以从生理健康和心理健康两方面对老年人开展医疗保健服务工作。

生理健康服务方面，社区可以借助社区医疗站及辖区医院解决老年人慢性病康复、日常疾病护理服务的费用、人员和场地等问题；还可以通过定期体检、建立老年人健康档案、举办医疗保健讲座、组织体育健身活动等方式来为老年人提供日常保健服务。心理健康服务方面，社区可以邀请周边高校或科研机构的专家举办心理健康讲座、子女培训讲座等活动，使老年人及其家庭成员更好地了解老年人心理的基本知识，也可以通过开设、开通心理咨询门诊或者热线，为老年人排除心理障碍。

3. 文化娱乐服务

随着人民群众生活水平的提高，城市老年人的服务需求不仅表现在物质生活上，而且越来越多地表现在精神生活上。特别是近几年在城市老年人的构成中，退休职工和离退休干部逐年增加，离开了原来的单位和岗位往往会给他们带来失落感、孤独感。

对此，社区可以通过兴办老年人活动中心、老年大学、老年茶社、老人之家、寿星乐园等方式为老年人提供健康安全的活动场所，将老年人吸引到社区活动中来；还可以针对不同层次的老年人，举办书画展览、戏曲协会、老年舞会、诗歌欣赏、音乐欣赏、楹联猜谜等大众化普及性的老年人活动，以保障老年人按照多年形成的习惯和意愿度过自己的晚年。

4. 其他服务

除了上述较为普遍的老年人服务之外，社区还可以为老年人开展多种特殊需求的服务。例如，针对侵害老年人合法权益的问题，居民委员会及所在单位可以予以调解、仲裁，或提供法律咨询与援助；针对离婚和丧偶老年人，可以提供婚姻介绍服务，使得孤身老年人获得幸福的晚年生活；开办老年人用品专卖店，解决购买老年人专用商品不便等问题。

（二）社区残疾人服务

残疾人是指在生理上、心理上、智力上存在组织功能残障的特殊人群。日常生活中，残疾人面对社区康复服务的困难远超常人。为了让残疾人更好地自强自立、融入社会，平等地享受社会生活，社区应该对他们予以专门的照顾，提供专门的服务。

1. 社区康复服务

社区康复服务指的是通过接受过相关培训的社区工作者和残疾人家属来帮助残疾人减轻或消除身心障碍。与康复费用较高、开展地区有限的专业康复服务相比，社区康复服务费用低廉、覆盖面广、简便易行，让更多的残疾人有机会得到康复服务；而且在熟悉的社区环境里参加康复活动，也更有利于残疾人心理上的稳定，有助于他们更好地康复。

2. 济贫与就业服务

由于身心障碍，残疾人往往在基本谋生手段上存在困难，社区对此应提供相应的服务。

社区居民委员会应对辖区内的残疾人进行登记，目前常用的登记表有残疾人登记表、贫困残疾人登记表、扶残解困志愿者登记册、残疾人就业登记册、走访残疾人登记簿、残疾人求助登记簿等。通过准确的登记，以便及时为生活困难的残疾人提供最低生活保障等福利服务。

提供就业岗位。就业通常可分为集中就业和分散就业两类，前者包括街道福利工厂、盲人按摩中心等组织；后者则包括社区为残疾人提供的小商店、小报亭等场所，此外国家也通过减免税收等方式鼓励企业接收残疾人工作。

提供职业培训服务。针对残疾人在技能学习上的困难，社区可以有针对性地开展计算机、烹饪、编织等职业培训班，提高残疾人的文化水平，使其掌握一定的科学技术和劳动技能，最终成为自食其力的劳动者。

3. 特殊教育服务

特殊教育服务是指通过特殊方法技巧对残疾人进行教育，使其具备必要的文化知识和技能。社区可以开展的特殊教育包括对伤残婴儿、智障儿童的启智教育，对轻度精神病人进行的行为教育，对身体残疾者进行的肢体、语言、听力功能训练等。这些工作一般可以依托社区内的相关机构或社区服务中心来开展。

4. 日常生活服务

社区残疾人日常生活服务的内容非常广泛，常见的有家庭医护照顾、帮残"结对子"等志愿者服务，婚姻中介、家政服务等家庭服务，修建盲道、坡道等社区无障碍设施服务，法律咨询、政策辅导服务等。在服务中，既要着重建设由"家人亲戚—朋友邻里—社会志愿者"构成的三级社区非正式支持网络，也要注意发挥残疾人自身的积极性，培养其独立能力。

（三）社区贫困者和再就业服务

贫困问题和再就业问题是困扰失业者的两大难题，两者往往相互关联并同时出现。社区服务在扶困济贫和再就业方面可以发挥自己的积极作用，主要包括：配合政府给贫困者提供最低生活保障服务；利用社区条件开展就业辅导和培训；以社区再就业服务中心为中介，积极和周边的人才劳务市场、公共事业部门及中小型企业联系，拓宽就业渠道。

（四）社区少年儿童服务

与上述几类人群不同，少年儿童的弱势主要不是体现在身体上、智力上或是经济上，而是在于社会经验的缺乏和社会能力的不足。随着双职工的增多，少年儿童的日常生活照顾和教育成为不少家庭面临的重要问题。对此，社区可以充分发掘资源来开展工作。

由于青少年的年龄跨度较大，为了更好地开展服务，社区应该针对不同年龄层面的少年儿童开展不同类型的服务活动。例如，针对0~3岁的婴儿，可以开展婴儿保姆、婴儿托管和家政服务；针对12~18岁的少年，可以开展青春期教育、亲子沟通服务、社区公益服务、边缘青少年辅导、特殊家庭青少年辅导等。除了少年儿童之外，对于18岁以上的青年群体，还可以开展心理辅导、职业选择辅导、两性关系辅导等服务，使青年人在社区里接受走上社会前的必要培训。

二、面向全体社区居民的社区服务

面向全体社区居民的社区服务，又被称为便民利民服务，它是针对社区普通居民生活中的普遍需求而开展的旨在提高其生活质量的社区服务。这一服务与社区居民联系最密切、最能体现社区一般居民的生活需求，同时也最能反映社区经济的广度和深度。便民利民服务项目通常可以分为以下几大类。

（一）日常家居生活服务

日常家居生活服务包括日常生活服务和家政劳动等内容。具体可以开发的服务项目有日常生活用品的购置与配送，家用电器维修，卫生清理，服装制作、拆洗与熨烫，代收公用事业费等。可以建立与之配套的服务设施，如便民商店、早点铺、家电维修部、服装加工部、干洗店、理发室、钟点工介绍所等。

（二）社区环境综合治理服务

社区环境综合治理服务包括绿化面积的维护和扩大、"四害"治理、环境噪声的控制、垃圾的袋装与分类、居民楼道及门前环境卫生的保护、违章搭建的控制、民事纠纷的调解、火灾隐患的消除、辖区内刑事案件的防范、外来人口的管理等。

（三）社区医疗卫生服务

社区医疗卫生服务项目包括疾病预防、医疗诊断、病人护理、健康咨询、卫生宣传和防疫等。可以建立与之相配套的服务设施，如社区医疗诊所、便民医疗服务信箱、家庭病床、家庭医生全程服务、居民健康资料信息库等。

（四）社区文体娱乐服务

社区文体娱乐服务包括文化、教育、科普、咨询、培训、体育、娱乐、健身服务等。相应需要的组织和设施有文化活动中心、市民学校、科普实践基地、各类知识讲座班、业余特长培训班、图书阅览室、法律咨询室、运动场、健身房等。

三、面向辖区单位的社区服务

面向辖区单位的社区服务，又叫做社企双向服务，是指社区和驻社区的机关、企事业单位等相互之间开展的社区服务。在社企双向服务中，社区应遵循共建共享原则和互惠互利原则，一方面配合辖区单位"后勤社会化"的改革要求，积极开展相应的服务；另一方面努力借助驻社区单位的资源，为己所用来开展社区工作，最终实现双赢。

具体操作上，社区要为辖区单位创造良好的社区环境，这既包括卫生、绿化、治安等硬环境，也包括与辖区内工商、税务、卫生、环保、计量等部门开展联合办公审批、联合执法检查、代征代缴等合作项目的软环境。此外，社区应该积极寻求单位与社区居民的共同需求，为辖区单位的员工提供餐饮、娱乐、文体服务等社会后勤服务，一方面解决单位的后顾之忧，另一方面也有助于解决社区就业问题。

四、城市社区服务的管理

为使社区服务运作规范、收效良好，必须对其进行有效的管理。广义上来说，社区服务管理属于社区管理的一部分，但又有自身特有的管理要求。下面将从社区服务组织的管理、人员的管理和资金的管理三个方面进行说明。

（一）社区服务组织的管理

社区服务组织的管理应该是一个在政府有关部门领导下，由居民委员会等组织直接管理并动员社区

居民广泛参与的过程。

1. 政府部门的宏观管理

作为社区服务的决策者，政府应当在宏观指导方面发挥积极作用：一方面通过把社区服务纳入城市发展规划，及时解决社区服务发展中遇到的难题；另一方面及时出台与社区服务发展相关的政策法规，创造一个良好有序的制度环境。具体到各个政府部门的分工上，社区建设在党委和政府的统一领导下，由民政部门牵头。各级民政部门应当认真履行职责，做好社区居民委员会和社区民间服务组织的建设，做好社区服务工作的指导，协调相关部门之间的关系并对社区服务进行监督。

2. 社区组织的直接管理

在直接管理层面上，社区服务是由相关的社区组织具体开展的，其中居民委员会通常是社区服务最主要的管理部门。居民委员会的主要工作如下：①制定本社区服务的发展规划；②根据居民需求不断增加新的服务项目；③提升现有服务项目的水平；④协调社区内各部门、单位和其他服务组织之间的关系；⑤及时在政府和居民之间上传下达信息。

3. 社区居民的参与管理

社区居民既是社区服务的客体，也是社区服务的主体，任何成功的社区服务都是建立在社区居民的广泛认同和积极参与基础上的。可以说居民委员会对社区服务的直接管理，正是居民参与社区服务管理的体现。同时居民还可以监督居民委员会的社区服务工作，组织群众团体参与社区服务管理，向政府有关部门提出意见、建议等。这些都体现了社区居民对社区服务的参与管理。

（二）社区服务人员的管理

拥有一支能力较强的社区服务人员队伍，是社区服务赖以存在和发展的重要条件。经过长期的摸索实践，我国已经初步形成了一个以专职社区服务人员为服务骨干、以兼职社区服务人员为服务主体、以社区服务志愿者为有益补充的社区服务人员管理体系，从各方面积极开展社区服务工作。

1. 专职社区服务人员

专职社区服务人员是指从事社区服务职业的人，通常由社区服务组织里的专业人员组成。常见的专职社区服务人员包括居民委员会、社区服务中心、福利院、社区文化站等组织内的工作人员。

专职社区服务人员是社区服务的领导者、组织者，因此也是社区服务的骨干，社区服务发展程度的高低与其素质的高低关系很大。由于历史的原因，我国目前的专职社区服务人员虽具有一定的实践操作经验，但整体文化层次偏低，年龄偏大，在社区管理的专业素养上存在欠缺。随着时代的发展，社区居民的需求不断增长且日新月异，提高专职社区服务人员的专业素质成为迫切需要解决的问题。

2. 兼职社区服务人员

兼职社区服务人员就是兼任社区服务工作的人，一般由热心社区服务的社会各界人士组成。他们从事社区服务，但并不从业于此。兼职社区服务人员包括居民、职工、干部、专家、教师等，所从事的服务内容主要有知识讲授、病人护理、医疗咨询、残疾人及老年人看护、劳动维修等方面。

目前在我国，兼职社区服务人员主要来自社区建设有关的辖区单位。与专职社区服务人员相比，兼职社区服务人员总体上文化素质较高，组织协调能力较强，具有比较丰富的社区服务经验和技巧；尤其当某项社会服务正好与其自身职业相符时，这种水平和技能会表现得更为突出。从人数上来看，兼职社区服务人员的数量往往多于专职社区服务人员，因此兼职社区服务人员参与社区服务可以有效缓解社区服务人力资源不足的问题。当然这也表明我国的社区服务尚不成熟，专职社区服务人员数量和素质亟待提高。目前我国已在北京、上海等地开展大学生街道挂职锻炼活动，经过选拔，合格的大学生将在各街道办事处担任兼职干部，全面协助开展各项工作。这些做法在一定程度上解决了基层干部短缺的问题，提高了街道办事处的工作效率和服务质量，是较为成功和值得借鉴的经验。

3. 社区服务志愿者

社区服务志愿者是指为增进社会公益或解决社区问题而不计任何报酬参与社区服务，自愿奉献自己的时间、精力和技能的人。随着社会的进步和观念的发展，人们希望选择更有意义的生活方式，更好地参与到社会生活中，志愿者的出现也就成为现代社会的重要标志。

发动志愿者可以有多种形式，如可以与街道办事处团委合作，利用社区内的青年志愿者资源；也可以与社区内或周边的高校学生会、社团合作，开展校区共建活动。目前在很多地方还开设了社区服务的"时间银行"，即任何成员在为他人提供志愿服务后可将服务时间存入社区账户，今后有需要时可以获得同等时长的志愿服务。这也是市场经济社会下，遵循市场交换原则，以服务换服务的一种方式。

志愿者服务具有双赢的功效：一方面社区志愿服务有助于志愿者了解社会、接触社会，为志愿者尤其是青年志愿者提供了社会化的有效途径。另一方面社区志愿服务是社会保障体系的重要补充，有助于实现社会公平，维护社会稳定，是支持社会弱势群体的重要因素。此外，社区志愿服务也有助于增进社区居民的互动，从而具有社会整合功能。近年来，志愿者服务活动在我国蓬勃发展，引人瞩目，在将来它将进一步成为社区服务的重要参与方式。

（三）社区服务资金的管理

在当今市场经济的大环境下，社区服务作为一项具有福利性的服务项目，同样需要资金的筹集、运作和管理。可以说，社区服务资金的管理直接关系到服务组织的正常运转，作用重大。

1. 社区服务资金的筹集

社区服务资金的筹集比较灵活，来源多样。从目前我国的现状来看，多数社区服务资金来自政府拨款，这一款项一般来自彩票收入和财政拨款。例如，各地社区兴建的社区服务中心、老人公寓、图书阅览室、残疾人康复中心、老年大学等大都依靠政府拨款。

随着社会民众公益意识的提升，社会捐赠也开始成为社区服务资金筹集的重要手段，这包括辖区内的企业捐赠、个人捐赠及特定活动的社会募捐。

除上述两点之外，很多社区还因地制宜开展经营活动自筹资金。这类经营方式相对比较多样：有的由社区居民委员会或社区服务中心统一经营；有的社区则开展资产租赁承包，将闲置房屋租赁承包给经营者收取租金；有的社区还开展市场中介服务，通过提供居民所需的服务信息将居民和辖区内服务机构联系起来，适当收取费用。

另外，随着我国改革开放步伐的加快，一些地区还尝试引入非政府组织（non-governmental organizations，NGO）或非营利组织（non-profit organization，NPO）来开展专业的机构服务，这种方法也可以较好地筹集资金。

2. 社区服务资金的管理

在资金的管理上，应有较为严格的财务管理规定，包括服务组织与银行之间的存贷关系，服务组织与有关单位、个人之间的资金往来结算关系，服务组织与服务人员之间的薪酬支付关系等。同时，在社区服务的开展过程中要注意管理和运用好资金，尽量降低管理成本。

需要注意的是，由于社区服务的社会福利性质，对于某些服务项目的盈利，应本着取之于民、用之于民的原则，将其投入到维持和提高服务上，以便更好地为社区居民开展服务工作。

任务三　农村社区服务与管理

一、农村社区生产服务

农村社区居民以农业生产为主要生活来源，社区生产服务事关广大村民的经济收入和生活水平，因

而如何促进农业生产，就成了农村社区服务的重要内容之一。

（一）市场信息服务

农村社区居民的经济生产活动与市场供求、销售渠道等息息相关，迫切需要大量的市场信息作为指导。目前我国大部分农村虽然解决了基本的道路交通和通信设施问题，但长期封闭，居民文化素质偏低，对市场信息的捕捉能力不强，经常导致农产品产销不对路，或是缺乏销售渠道。对于农村乡镇企业、个体工商户的生产经营活动，以及农村剩余劳动力的转移，及时的市场需求信息也是非常必要的。因此，市场信息服务就成为农村社区服务的重要内容。

在农村地区开展市场信息服务，必须因地制宜。有条件的地区可以通过兴建农村社区服务中心来协助解决，即借助服务中心的人才优势和信息优势，充分发挥电视、广播和网络等媒体的作用，提供诸如农药、种子、化肥、农机购买的市场信息，提供农产品销售的正当渠道的信息。而在条件相对有限的地区，乡镇政府、农业科技部门应该发挥更大的作用，广泛收集相关资料并定期公布最新的农业科技与生产信息，定期到农村基层开展科技下乡活动。村民委员会也应主动发挥上传下达的作用，一方面及时将上级政府和有关部门的信息通过村广播、公告栏等方式公布；另一方面应及时将当地的生产信息反馈给有关部门，以供其制定政策时参考。最后村民委员会还应该积极邀请有关专家、组织来当地考察培训，给广大农民群众提供一个与专家面对面了解信息的机会。

（二）知识技术服务

现代农业早已摆脱了"靠天吃饭"的局面，高效的农业生产需要有专业的农业技术指导，而目前我国广大农民由于文化教育水平较低，科技知识尤其是与现代农业生产和市场销售有关的知识较为缺乏，这些成为制约农业高速发展的瓶颈。针对这一问题，社区虽然限于条件不能直接给予知识技术服务，但可以发挥自身在资源联系上的优势开展服务工作。

首先，可以大力开展农业技术推广工作。这一工作主要以各地的农业厅、农业院校、农科院为骨干，以各县、乡、镇的农业技术推广站为中心进行农业技术推广服务，要积极联系和促进先进的信息下乡、先进的技术下乡（图8-2）、先进的人才下乡，促进先进的农业科学技术成果转化为生产力。这应该是现阶段农村社区服务的一个重要内容。

图8-2　机械播种秧苗技术下乡
（图片拍摄于湖南省益阳市赫山区新市渡镇建新村，拍摄者：罗伏安）

其次，举办相关的科技知识讲座、培训和辅导班，邀请有关专家、技术人员来社区考察，可以采取实地指导、集体讲授、操作示范、交流经验、互通信息、议事恳谈等多种教育方式。

再次，为本地乡镇企业、个体企业提供更多技术支持和信息渠道，努力采用先进技术改造传统产业，用现代企业管理理念更新农村家族企业管理模式，开辟通畅的产品销售渠道。

最后，针对当地农村劳动力外出打工的情况，可以有针对性地对其进行电脑技术、电器维修技术等基本技能培训，提升劳动力的技术水平，促使其更好地在城市立足。

二、农村社区生活服务

农村社区生活服务有以下几种：

（一）抚养赡养服务

随着我国经济社会发展水平的提高，农村社区居民的老龄化趋势也已到来，传统的家庭养老如今已经不能满足需求。特别是在我国部分农村，青壮年劳动力大量外出打工，造成老人、小孩和部分妇女留守农村，这给家庭养老带来了较多的困难。对于农村的抚养赡养服务，应该将家庭保障与社会保障尤其是社区服务结合起来，对面临各种困难的农村居民给予帮助或对已出现的农村社会问题采取应急措施。

2006年，国务院颁布了《农村五保供养工作条例》，明确规定对于符合条件的农村老年人、残疾人和未成年人等五保对象，农村集体经济组织应负责提供经费和实物，实施以下保障内容：（1）供给粮油和燃料；（2）供给服装、被褥等用品和零用钱；（3）提供符合基本条件的住房；（4）及时治疗疾病，对生活不能自理者有人照料；（5）妥善办理丧葬事宜。五保对象是未成年人的，还应保障他们依法接受义务教育的权利。由于是村集体经济负责，这一工作已经带有社区服务的成分。

在有条件的地区，可以充分发挥农村敬老院在养老方面的作用，有偿吸收一些非五保对象入院供养，以增加敬老院的收入，改善五保对象的生活（图8-3）。由于农村地区尚未被纳入最低生活保障体系，国家鼓励在条件具备的地区率先推进农村最低生活保障制度，分步推进低保制度，切实保障农村特困人口的基本生活。针对农村五保户的医疗救助制度，也可以通过建立农村新型合作医疗体系或设立专门的医疗救助基金来加以解决。在城市近郊农村，还可以考虑将农村居民纳入城市社区服务体系，在某些方面享受城市居民待遇。

图8-3 农村敬老院的文化活动
（图片拍摄于湖南省益阳市朝阳街道办事处江家坪社区舞蹈队，拍摄者：熊和秀）

（二）便民生活服务

农村社区往往社会结构相对简单，家庭的地位、作用相对突出，具有较大的同质性，是一个典型的熟人社会。但随着经济的发展、社会流动的加快和农村观念的变革，传统的自给自足的生活方式也在发生变化，农村便民生活服务也就应运而生。

和城市相比，农村社区的便民生活服务往往有更强的农业特色。例如，我国苏南地区的一些农村在政府和村集体经济支持下成立了社区服务中心，服务功能多达一二十项，包括连锁便民超市、农资供应

点、农机维修点、庄稼医院、医疗卫生室、老年人活动室、书报阅览室、理发室、饮食小吃店、宣传橱窗、文娱健身场所等，可以说基本服务功能一应俱全，给附近村民的生产生活带来了极大的便利，也很好地增加了社区服务组织的收入。

此外，农村社区也有许多服务内容与城市社区类似。例如，对于年老体衰、生活自理能力较差的农村五保对象，除了给他们提供足够的现金补助外，社区还可以给予必要的日常照顾和上门服务；对于青壮年劳动力外出的家庭，在农业机械修理、家政服务等方面社区也可以给予服务；至于环境管理、社区保安、代缴水电费、代购车船票等措施，都是社区服务可以介入的项目。

鉴于目前农村社区建设滞后，专业化的社区服务较为匮乏的现状，今后一段时间内应加强村集体组织的建设，使村集体组织在协调人力、物力，提供必要服务方面发挥作用。此外，在有条件的地区，也可以鼓励专业服务组织将服务延伸到农村，延伸到服务对象家里，一些必要的支出可以由当地政府支付。另外针对农村社区居民互动频率高、人际关系好、社区认同感和归属感较强的特点，可以尝试村民的自我组织，鼓励互帮互助，自我服务；还可以充分发挥各地志愿者的作用，鼓励各地专业民间组织和专业社会工作者深入农村，为农村居民提供适当的服务。

（三）文化娱乐服务

一般而言，与城市相比，农村物质相对贫乏，文化生活比较单调。据文化部统计，2010 年全国有行政村 59.7 万个，有文化室的才 25 万个。作为公共文化服务的终端，村级文化建设有很大的发展空间，一方面，文化服务建设可以弥补我国农村文化生活的不足，强化村民的集体主义精神，增强凝聚力，营造昂扬向上的集体主义氛围；另一方面，文化服务建设可以使村民有一个交流学习、沟通信息的场所，提高村民的素质，以更好地满足农村社区居民的物质和精神生活需求。这些都有利于社区整合，增强社区的凝聚力，繁荣和发展农村社区文化。

具体在农村社区服务中，一方面要大力扶持文化生活服务设施建设，依托村镇文化宫、农村社区图书阅览室、农业科技站和老年活动室等阵地，积极开展形式多样、喜闻乐见的群众性文化活动，不断丰富群众的精神生活；另一方面应针对农民群众较为缺乏的文化内容建立农民学习培训班，为不同年龄、不同层次的村民进行相关法律、科技和教育文化知识的普及；社区还应与当地政府有关部门积极联系，争取开展诸如"文化下乡""电影下乡"和大学生志愿者"三下乡"等活动，营造良好的文化氛围，充分给予村民归属感。

（四）医疗保健服务

由于农村医疗卫生条件相对较差，加强社区文化和卫生建设就显得极为重要。需要说明的是，上述服务只是针对我国具有普遍意义的普通农村社区而言，在一些经济发达的地区，其农村建设已经城镇化、现代化，社区服务方式与城市社区非常相似甚至优于城市；还有一类城市中的"城中村"社区，村民由于失去耕地而脱离农业生产转变为城市居民，这类社区也有自身特殊的社区服务方式，在本项目中限于篇幅不做介绍。

三、农村社区服务管理

农村社区服务管理与城市社区服务管理有许多相近之处：都是在政府的宏观指导下，依靠社区组织直接管理，发动群众参与的过程；志愿者在社区服务中都发挥着重要作用等。但由于农村经济和环境与城市不同，农村社区服务管理有着自己的特点，也有一些需要完善的地方。

（一）农村社区服务的组织管理

目前，我国农村社区的工作主要以村为单位，由村民委员会负责组织管理。传统意义上村民委员会的工作主要以行使行政管理职能和经济管理职能为主，农村社区化的开展使其还要参与社区的社会服务职能，致使村委会的工作繁重。这就对以村民委员会为主的社区管理班子提出了更高的要求。

首先，新形势要求村民委员会工作逐步从权威型、管理型转变为民主型、服务型。其次，还要加强村民自治功能，推行一事一议、村务公开等制度，做到公开内容、公开时间、公开形式、公开程序、公开档案、公开结果。最后，还应改革干部考核评价方式，变组织考核为组织和社区群体双向考核，真正把干部融入社区服务之中。只有健全村党组织领导下的充满活力的村民自治机制，才能真正让群众满意，才能建设和谐稳定的社会主义新农村社区。

（二）农村社区服务的体系管理

社区服务是一个覆盖面广、内容丰富的体系，因此必须有相配套的基础设施，而农村社区在这一方面往往比较薄弱。从已有经验来看，可尝试建立以社区服务中心为核心，各类社区服务机构为辅助的服务格局。将功能齐全的社区服务中心作为本社区乃至周边乡村的服务核心，这样可以有效改变农村地区经营服务网点小、散、差的状况，强化服务功能，为农民提供"一站式"服务。而其他社区基础设施建设还应包括社区办公室、治安警务室、综合活动室、社区社保救助服务站、医疗卫生站和室外文体活动场等。通过配套建设各类相关生活、娱乐、医疗设施，构建一个便利村民生产、生活的良好环境。

在具体工作中，努力在社区中建立镇、村—社区理事会—社区农户三级社会化服务网络，将农村工作具体落实到社区。可以尝试依托村民委员会建立社区理事会，理事会在镇、村党组织及村民委员会的领导下按照社区理事会章程，以议事恳谈会为主要工作方式，组织基层社区农户进行自我教育、自我管理、自我服务、自我约束，开展具体的建设服务活动。同时有条件的地区可以大力兴建文化、科技、法律、文体等方面的专业协会，鼓励村民积极参与，以协会活动配合社区管理。

现有的农村社区服务体系主要应履行以下几个方面的职责：组织社区农户开展互助活动和生产经营活动，组织农户规模生产，调整产业结构；组织本社区农户开展科技培训、现场示范、交流经验、互通信息、议事恳谈等活动；组织文体娱乐活动，丰富村民业余精神文化生活；组织社区农户履行村规民约，加强法治、德治宣传教育；准确反映社情民意，协调解决农户生产生活中的实际困难和问题；组织开展便民生活服务，积极解决困难户和全体村民的不同需求等。

（三）农村社区服务的资金和人才管理

资金的筹集一直是社区服务的难点，目前农村社区的资金筹集有多种方式，有的地区以政府拨款为主，余额由村镇自筹资金补足；有的地区以村集体经济出资为主，鼓励个人或社会力量参与；还有的地区采用农村供销社牵头，社会力量共同参与、政府扶持、镇村共建的方式，在辐射功能较强的村庄兴办农村社区服务中心，如江苏省苏州市、山东省德州市都采用了这种方法兴建农村社区服务中心，开展"一站式"综合服务，取得了很好的效果。随着我国经济的发展，新的资金筹集方式还会不断涌现。

专业人才的缺乏同样制约着农村社区的发展，相对城市而言，农村社区在人才的吸引上更为困难。可从以下几方面破局：首先，在专业农村社区服务人员有限的情况下，应该积极鼓励兼职社区服务人员的参与。兼职社区服务人员既可以包括乡镇政府工作人员、村民委员会成员、农业科技工作者，也可以是热心社区事业的普通村民。他们在开展工作的同时，可以发挥自身的职业优势，广泛进行社会联系，为社区服务争取更多的资源。其次，志愿者队伍同样是农村社区的重要人才来源。目前我国正在大力开展大学生支援西部、支援农村地区的活动，越来越多的大学生愿意到农村施展才干，他们的知识和热情将给社区建设带来新鲜血液。最后，应该发挥农村社区人际关系较好、互帮互助的优良传统，培养村民的社区观念和自主意识，调动村民参与社区服务的积极性，这对工作的开展会起到事半功倍的效果。

总之，社区作为农村的基本单元，是农村发展环境的重要组成部分。只有推动传统农业村庄向现代农村社区转变，建立农村新社区，让村民享受温馨的乡村家园生活，才能为全面建设新农村，实现乡村振兴创造一个好的环境。

课后练习：

1. 名词解释：(1) 社区服务；(2) 社会福利服务；(3) 社企双向服务。

2. 问答题：

(1) 社区服务有哪些基本特征？

(2) 按照服务对象不同，城市社区服务可以分为哪几类？简述其基本内容。

(3) 农村社区如何开展知识技术服务？

3. 案例分析题：

(1) 小王是某社区居民委员会的一名社区工作者，工作踏实、积极上进，同时又是该社区所在的街道办事处某副主任的表弟。社区居民委员会目前有一个职位空缺，正好适合小王，所以居民委员会主任决定由小王来替补这个职位。但这时问题出现了，很多居民委员会的同事认为居民委员会主任是为了拍马屁才推荐小王的，认为居民委员会任人唯亲，所以很不服气。小王听到这些议论后很气愤，决定去企业做出点成绩给他们看。

结合案例分析造成这种结局的原因是什么？怎样才能成为一个合格的社区管理者？

(2) 武汉市百步亭花园社区地处汉口江岸区，位于湖北省武汉市城市总体规划中最大的后湖居住新区南端。规划用地 3 700 亩，建成后可入住 13 万人；现已建住宅 100 万平方米，入住近 3 万人。该社区在不断的实践中探索出了具有自身特色的社区管理模式。

结合案例分析，假设作为该社区管理者，谈谈如何在社区服务中进行人才使用和管理？

(3) BC 村是 QD 市一个典型的城中村，由于低廉的房租和便利的交通条件，该村聚集了大量来自本省其他地区的建筑业流动打工人员，这些人多来自偏远、贫困的农村地区，素质普遍较低，没有受过专业教育。因此出现了两方面的问题：一方面，不良的生活习惯、流动性和身份认同的差异，使他们不遵守 BC 村的村规村纪和生活规范，对本村其他居民的生活环境和社会治安造成一定程度的影响，使该村一些未出租房屋的村民极为不满；另一方面，由于缺乏专业技术知识，这些流动打工人群就业状况普遍令人担忧，有的长时间找不到工作，有的就业条件和工作环境很差，有的即使找到临时性工作，但收入很低、被拖欠工资等现象普遍存在。针对这两个问题，该市 LC 区政府有关部门决定对 BC 村外来建筑业流动打工人员进行一次为期半年的社区教育，提高他们的素质，改善他们的就业状况，并派驻若干名社区社会工作者进入该村……

假如你是派驻的社工人员之一，针对这两个问题，请写出你的社区服务工作方案。

项 目 小 结

本项目学习了社区服务概述、城市社区服务与管理、农村社区服务与管理三个任务。社区服务概述介绍了社区服务的含义、我国社区服务的发展历程、开展社区服务的意义；城市社区服务与管理介绍了面向特殊群体的社区服务、面向全体社区居民的社区服务、面向辖区单位的社区服务和城市社区服务的管理；农村社区服务与管理介绍了农村社区生产服务、农村社区生活服务和农村社区服务管理。

项目九　社区卫生、体育与管理

项目导入

社区卫生和体育是社区管理工作的重要组成部分。社区卫生、体育事业的发展，使全体人民共享改革发展成果，体现了以人为本的要求，有利于从基层促进居民身心健康，缓解社会矛盾和问题，推动经济社会发展，提高人民生活水平。

本项目包含了社区卫生、体育概述，城市社区卫生管理，城市社区体育管理，农村社区卫生、体育管理四个学习任务。

任务一　社区卫生、体育概述

一、社区卫生概述

（一）社区卫生服务的含义

社区卫生服务是指社区卫生服务机构通过预防、保健、医疗、康复等全方位的医疗服务手段，为社区居民提供从身体到精神心理上的医疗服务。这种卫生服务是全程式的服务，是对社区内的人，从未出生的胎儿到其出生、成长、衰老，直到去世的整个生命过程的全程卫生服务。社区卫生服务从专业的角度体现了医疗模式由单纯医学生物模式向生物心理、社会医学模式的转变，反映了人们对健康观念的转变，它符合人们在物质生活得到逐步满足后对健康服务的新要求。同时，由于社区卫生服务是全程式服务，既方便了居民生活，又符合以预防为主的治疗方针。

（二）社区卫生服务的对象与特点

社区卫生服务的对象是社区内的全体人群，它包括健康人群、亚健康人群和病人三大类型，以妇女、儿童、老年人、慢性病人、残疾人、贫困居民等为服务重点，以主动服务、上门服务为主，开展健康教育、预防、保健、康复等服务和一般常见病、多发病的诊疗服务。社区卫生服务机构提供公共卫生服务和基本医疗服务，具有公益性质，不以盈利为目的。

社区卫生服务有以下几个方面的特点。

（1）社区卫生服务是社区人群为其健康问题寻求卫生服务时最先接触、最经常利用的医疗、预防、保健服务。它能以相对方便、经济、有效的技术和方法解决社区居民80%左右的基本健康问题，并根据需要安排病人（包括部分健康人群）及时进入其他级别或类别的医疗、预防、保健服务机构，具有基

层性。

（2）社区卫生服务是一种就地、就近及时的服务。社区居民不用离开各自的居民区或者不必跑较远的路程就能享受到专业的卫生服务，特别是在出现突发性疾病时，社区卫生工作人员可以在最短的时间内到位并进行救护，具有方便性和及时性。

（3）社区卫生服务并非单纯地治疗疾病，而是通过服务提高群众的健康水平。它在服务对象上不分年龄、性别和疾患类型，只要是社区居民，就属于社区卫生服务对象；在内容上涵盖医疗、预防、保健、康复和健康教育与维护等领域，并且涉及生理、心理和社会文化各个方面；在资源利用上需要组织社区内外的各级、各类医疗卫生机构及其他资源。这些机构与资源涉及卫生、民政、教育、劳动、财政、残联、妇联、计生委、宣传等部门及非政府组织、个人服务等，服务于社区居民，具有综合性。

（4）社区卫生服务就服务对象个体而言是一种从出生到死亡的连续性服务，是一种从疾病的预防到疾病的治疗，再到病人的康复、预后等各个阶段在内的服务，具有持续性。

（三）社区卫生服务的内容

社区卫生服务是集预防、医疗、保健、康复、健康教育等于一体的综合性服务体系，主要包括以下五方面的内容。

1. 社区预防

社区预防是社区卫生服务中心在政府领导、社区参与和上级卫生行政部门指导下，广泛动员社区居民，采取综合措施，预防、控制疾病，保障和提高社区居民的健康水平的过程。其主要涉及七项内容：一是广泛深入开展社区预防宣传员工作；二是开展计划免疫工作，按规定程序实施免疫预防接种；三是认真落实疫情报告制度，做好疾病监测工作；四是积极开展防疫保健工作和爱国卫生运动；五是结合自身业务，协助卫生执法部门实施卫生监督、检测；六是开展社区居民健康检查和社区居民健康状况评价工作；七是积极控制不良行为因素和不良生活方式。

2. 社区医疗

社区医疗是指全科医生在全科医学理论指导下，运用相应的中西医技术，为社区居民提供的基本医疗服务。这是社区卫生服务的重点内容。

其主要包括以下内容：一是开展常见病、多发病以及诊断明确的慢性病的治疗，并根据患者的病情需要，及时做好会诊和转诊等协调性服务；二是为社区居民建立档案资料，及时掌握居民及其家庭成员的健康背景资料，并以签订家庭卫生服务合同的形式，开展家庭健康咨询、家庭保健、指导慢性病患者康复等服务；三是提供急诊服务和院前现场抢救；四是提供家庭出诊、交通护理、家庭病床等家庭卫生服务；五是开展缓和医疗服务，为临终患者及其家属提供周到的、人性化的服务。

3. 社区保健

社区保健是指社区卫生服务中心协同有关机构，根据社区居民的文化和社会特点以及存在的卫生问题和健康需求，制订和实施社区保健计划，并进行检查和评估的过程。其主要包括八项内容：一是针对主要卫生问题，传授预防和控制的方法；二是增进必要的营养，供应充足的安全饮用水；三是提供清洁的卫生环境；四是开展妇幼保健工作；五是实施免疫接种，预防传染病；六是预防和控制地方病；七是医治常见病；八是供应基本药物。

4. 社区康复

社区康复是指社区卫生服务中心充分利用社区资源，运用各种有效措施，为康复对象提供有效、可行、经济、全面的康复服务，使他们能够重返社会的过程。

社区康复的服务对象是残疾人、慢性病人和老年人。其主要涉及以下七项内容：一是残疾预防，指通过社区力量，落实有关残疾预防的措施，例如给儿童服用预防小儿麻痹症的糖丸，进行其他预防接种，搞好优生优育和妇幼卫生工作等。二是残疾普查，指依靠社区力量，对本社区居民进行挨家挨户调查，做好本社区残疾人员及其分布情况的登记，并进行残疾人员总数、分类、残疾原因的统计工作，为制定残疾预防和康复计划提供资料。三是康复训练，指通过社区力量，在家庭和社区康复站，对需要进行功能训练的残疾人进行必要的、可行的功能训练，如生活自理训练、步行训练、家务活动训练、儿童游戏活动训练、简单语言沟通训练、心理辅导等。四是教育康复，指依托社区力量，帮助残疾儿童解决上学问题，或组织社区内残疾儿童的特殊教育学习班。五是职业康复，指通过社区力量，对社区内还有一定劳动能力的、有就业潜力的青壮年残疾人，提供就业咨询和辅导，或介绍他们到区县市职业辅导和培训中心，进行就业前的评估和训练，并对个别残疾人自谋生计的本领提供指导。六是社会康复，指依靠社区力量，组织残疾人与非残疾人共同开展文体活动和社会活动，以及组织残疾人群体开展文体活动；帮助残疾人解决医疗、住房、交通、参加社会活动等方面的困难和问题；对社区居民、残疾人及其家属进行宣传教育，使他们正确对待残疾和残疾人，为残疾人重返社会创造条件。七是独立生活指导，指依托社区力量，协助社区内残疾人组织成立独立生活互助中心，提供有关残疾人独立生活的咨询和服务，如有关残疾人经济、法律、权益的咨询和维护，有关残疾人用品用具的购置和维修，以及有关残疾人独立生活技能的咨询和指导等活动。

5. 社区健康教育

社区健康教育是指以社区为范围，以居民为对象，运用健康教育理念和方法，普及医药科学知识，增强居民健康意识和保健能力的过程。其主要包括七项内容：一是向居民宣传、普及医药卫生知识。二是向居民宣传、讲解国家有关卫生法规和政策。三是对育龄夫妇进行计划生育、优生优育和妇女卫生教育。四是为居民介绍食品卫生和合理膳食搭配。五是向居民宣传良好的行为方式和生活习惯。六是开展健康咨询活动。七是实施家庭护理指导。

二、社区体育概述

社区体育开展水平是衡量一个国家体育水平的重要标准之一。社区体育在社区发展中具有重要的地位。随着改革开放的深入和人民生活水平的提高，人们在社区内生活的时间将大大延长，人们的体育活动主要在社区生活时间内展开，社区体育将成为城乡居民体育的最基本形式。

（一）社区体育的概念

在我国，社区是全民健身计划落实到基层的主要载体。社区体育和社区体育服务是体育社会化的产物。社区体育主要是指在基层社区范围内，以自然环境和体育设施为物质基础，以全体社区成员为主要对象，以满足社区成员的体育要求、增进社区成员的身心健康为主要目的，就地、就近开展的区域性群众体育。这也是一种针对自身情况，以身体运动为基本手段，以获得健康、美丽、快乐为目标的一种社会文化现象。社区体育以开展经常性健身活动为主，常以业余的、自愿的、因地制宜、因人而异的形式开展小型多样的体育健身活动，注重传统健身养生法与现代健身方式相结合，个人锻炼与集体活动相结合，健身娱乐与医疗保健相结合，健身活动与节假日活动相结合。

社区体育是我国体育事业的重要组成部分，直接关系人民群众的身心健康、体格健美与快乐幸福的生活。它既是社区建设的重要内容，也是社区文化的重要组成部分。发展社区体育不但能增强居民的体质，丰富业余文化生活，改善生活方式，提高生活质量，而且对密切人际关系、培养社区感情、增强社区凝聚力、强化社区意识、促进社区的安全和稳定、加强社区的精神文明建设等都有重要意义。由此可见，发展社区体育既是体育事业的需要，也是社区建设、社区管理和社区服务的需要。

（二）社区体育的特征

社区体育是城市化的产物，它不同于家庭体育和学校体育，代表的是社会体育发展的主流。具体而

言，学校体育是社会（社区）体育和竞技体育发展的重要基石，学校体育的成功与否，直接影响到竞技体育和社会体育的发展；社会（社区）体育是竞技体育的重要基础之一，又是学校体育的延伸；竞技体育的基础是学校体育和社会（社区）体育，没有学校体育和社会（社区）体育，竞技体育的发展将会失去重要依托，而竞技体育的发展，也将推动学校体育和社会（社区）体育的发展。社区体育的特征有以下四点。

（1）以一定层次的社区为范围。社区体育通常是在具有某种互动关系和共同文化维系力的人类生活群体及其生活区域内进行的社会活动。

（2）以社区体育组织为依托。社会主义市场经济体制的确立，冲击了单位体育，人们的体育取向就开始转向社区，社区体育组织逐步建立。

（3）以满足社区成员的体育需求为目的。社区体育的基本目的是提高社区成员的健康水平和生活质量，建立文明、健康、科学的生活方式，增强居民的社区认同感、归属感，促进社区发展。

（4）具有社会公益性质。社区体育是社区文化服务的内容之一，社区体育并非以盈利为主要目的，而是以满足社区居民的体育需要为目标，始终把社会效益放在首位。

（三）社区体育的内容和作用

1. 社区体育的内容

社区体育内容是社区体育手段的重要体现，泛指社区居民借以实现"健、美、乐"目标的各种徒手的或借助于物质条件进行的身体活动的总称。我国社区体育的内容非常丰富，概言之，既有传统的民族、民间的体育及健身、养生方法，也有现代的健身、健美运动；既有正规的，也有非正规的；既有比较复杂的，也有相对简单的。并且随着时代的发展、科技的进步、人民生活水平的逐步提高，社区居民已把体育纳入日常生活的重要内容。电视、通信网络的顺畅也使社区体育的内容越来越丰富。尤其在《全民健身计划纲要》指导下，游泳、登山、拳、操、功、舞成为居民健身娱乐的重要手段，社区体育内容包罗万象、异彩纷呈。

具体而言，婴幼儿社区体育内容包括育儿知识、幼儿保育等；儿童社区体育内容包括小学体育知识、儿童保健操、户外活动、活动性游戏等；少年社区体育内容包括中学体育知识技能、在校时所学的主要体育运动方法；青年社区体育内容包括健身体育知识、羽毛球、篮球、排球、健美操、舞蹈、乒乓球、足球、游泳、滑冰等；壮年社区体育内容包括健身体育知识、健身跑、散步、羽毛球、乒乓球、广播操、自行车、棋类、太极拳等；中年社区体育内容包括健身体育知识、散步、气功、健身跑、按摩、门球、网球、太极拳、健身操等；老年社区体育内容包括健身体育知识、散步、太极拳、气功、按摩、门球、小负荷及慢速度的各种活动等。社区体育内容是影响居民体育参与度的重要因素，社区体育内容的选择受到居民自身的年龄、体力、兴趣、习惯、经济状况等因素的制约，因此选择社区体育内容时，必须因人而异，激励更多居民选择适合自己的体育内容。

2. 社区体育的作用

社区体育是我国体育事业的重要组成部分，直接关系到占全国人口绝大多数的成年人的身心健康、体格健美与快乐幸福的生活，也必将成为一个国家社会制度是否优越和民族文明程度高低的一个评判标志。因此深入持久地开展社区体育，一定会对我国社会主义物质文明和精神文明建设产生积极的现实作用和深远影响。社区体育的作用愈加引起学术界和实务界的关注和研究。

其一，社区体育对社区建设的作用：①有利于建立健康的生活方式。许多研究表明现代生活在追求舒适的同时，也在逐步失去健康。因此将体育作为生活方式一部分的社区体育显得格外重要。②有利于社区文化发展。丰富文化生活是社区精神文明建设的重要方面，而社区体育是居民喜闻乐见、容易推广的社区文化活动之一，是社区文化活动的主流。③有利于建立共同意识，促进社区繁荣。对社区的关心和共同意识是社区繁荣的基本条件。通过社区体育活动，可以加强社区联系，融洽社区感情，增进社区居民归属感，从而建立共同意识。④有利于建立良好的人际关系。现代独门独户的居住方式，使邻里关系变得淡薄，社区体育为居民提供社交场合和机会，对建立良好人际关系，维护社区安定团结有积极意义。⑤有利于完善社区服务。社区服务是社区建设的重要环节，社区体育是社区服务的重要方面，对方便居民生活，提供健康保障有积极作用。

其二，社区体育对实施全民健身计划的作用：①使全民健身计划实施符合社会转型需要，促进社会体育事业发展。即社区自主性体育形式，使"要我练"的被动局面转为"我要练"的主动局面，使全民健身活动逐步进入正常运行轨道。此外，社区体育适应社会组织管理机制的变化，改变对行政的依附，向自治型转变，促进体育的社会化。②使全民健身计划实施符合社会生活水平提高的需要，促进体育的生活化。即作为日常型体育的社区体育对形成健身习惯有积极作用，并且它最符合便利性原则，以老少皆宜的活动方式最大范围地动员居民参加体育运动，最能体现全民健身的宗旨。

任务二　城市社区卫生管理

一、我国城市社区卫生服务发展现状

随着我国医药卫生体制改革的不断深入，基层公共卫生和初级卫生保健的发展日益成为国家重点关注的问题，构建以社区卫生服务为基础，社区卫生服务机构与医疗、预防保健机构密切协作、合理分工的医疗卫生服务体系，已成为社区卫生服务发展的必然趋势。2015—2020 年，我国社区卫生服务取得了长足发展，社区医疗卫生服务能力、服务质量、服务效果均有明显提升，为保障人民群众健康和提高居民生活质量做出了重要贡献。

（一）全国社区卫生服务情况

全国社区卫生服务有以下三种情况。

1. 社区卫生服务中心（站）数量

社区卫生服务中心是由相关政府部门、社区以及医疗卫生机构多方参与构建的非营利性基层医疗卫生服务机构，其发展程度直接影响着基层公共卫生服务的质量，是目前我国城市卫生建设工作中不可或缺的重要内容。随着健康中国战略的全面实施，我国社区医疗卫生事业有了新的发展需求。截至 2020 年年底，全国共设立社区卫生服务机构（中心、站）35 365 个，其中社区卫生服务中心 9 826 个、社区卫生服务站 25 539 个。相较于 2015 年，共增加社区卫生服务中心 1 020 个，增加社区卫生服务站 24 个，实现社区医疗服务机构平稳增长，总体发展形势向好。

2. 社区卫生服务中心诊疗情况

当前，我国已初步形成"小病在社区、大病进医院、康复回社区"的新型阶梯式就医格局和服务模式，有效促进了优质医疗资源的下沉和共享。2020 年，全国社区卫生服务中心诊疗人次为 6.2 亿人次，入院人数达 292.7 万人，平均每个中心年诊疗量为 6.3 万人次，年入院量为 298 人，医师日均担负诊疗 13.9 人次；社区卫生服务站诊疗人次为 1.3 亿人次，平均每个服务站年诊疗量为 5 248 人次，医师日均担负诊疗 10.8 人次（见表 9-1）。

表 9-1　2015—2020 年全国社区卫生服务情况

指标	2015 年	2016 年	2017 年	2018 年	2019 年	2020 年
社区卫生服务中心（站）数/个	34 321	34 327	35 327	34 652	35 013	35 365
社区卫生服务中心数/个	8 806	8 918	9 147	9 352	9 561	9 826
床位数/万张	17.8	18.2	19.9	20.9	21.5	22.6
卫生人员数/万人	39.7	41.1	43.7	46.2	48.8	52.1
执业（助理）医师数/万人	13.9	14.3	15.1	16.1	17.0	18.2
诊疗人次/亿人次	5.6	5.6	6.1	6.4	6.9	6.2
入院人次/万人次	305.5	313.7	344.2	339.5	339.5	292.7
医师日均担负诊疗人次/人次	16.3	15.9	16.2	16.1	16.5	13.9
医师日均担负住院床日/日	0.7	0.6	0.7	0.6	0.6	0.5
病床使用率/%	54.7	54.6	54.8	52.0	49.7	34.0
出院者平均住院日/日	9.8	9.7	9.5	9.9	9.7	6.1
社区卫生服务站数/个	25 515	25 409	25 505	25 645	25 452	25 539
卫生人员数/万人	10.8	11.1	11.7	12.0	12.3	12.7
执业（助理）医师/万人	4.3	4.5	4.7	4.8	5.0	5.2
诊疗人次/亿人次	1.5	1.6	1.6	1.6	1.7	1.3
医师日均担负诊疗人次/人次	14.1	14.5	14.1	13.7	13.9	10.8

数据来源：2015—2020 年我国卫生健康事业发展统计公报（卫生健康委）。

3. 社区卫生服务机构人员情况

人力资源是发展社区卫生、推动分级诊疗的关键。根据我国卫生健康事业发展统计公报数据，我国社区卫生人才队伍建设也取得一定进展。截至 2020 年底，全国社区卫生服务中心拥有卫生人员 52.1 万人，平均每个中心配备 53 人，较 2015 年共增加 12.4 万人，平均每个中心增加 8 人；全国社区卫生服务站拥有卫生人员 12.7 万人，平均每站 4 人，较 2015 年增加 1.9 万人，平均每个中心增加 0.8 人。

（二）中医药服务

中医药是我国独具特色的健康服务资源，是中华民族在长期生产、生活和医疗实践中不断总结、积累、完善的医学科学。随着健康观念的转变和人口老龄化趋势的加快，中医药以临床疗效确切、治疗方法灵活多样、预防保健作用突出等特点，在疾病预防、治疗、康复以及医疗服务模式传承创新方面发挥了一定优势，是新时代促进健康服务业发展的重要支撑。2020 年，全国 99.0% 的社区卫生服务中心和 90.6% 的社区卫生服务站可向群众提供中医药服务，所占比重分别较 2015 年增长 2.1 个百分点和 9.6 个百分点。

二、我国城市社区卫生服务事业的不足

经过长期发展，我国城市社区卫生服务事业迈进了一个新的阶段，以基本医疗服务和公共卫生服务为基础的社区医疗卫生服务体系已基本形成。但也暴露出一些问题和不足，例如未得到政府部门足够的重视和支持、缺乏相关机构管理制度和标准、双向转诊机制不健全、机构协作渠道不通畅，以及缺乏优秀人才等，这些问题在一定程度上影响了城市社区卫生服务事业的健康和稳定发展。

1. 缺乏对社区卫生服务的正确认知

目前，我国正在积极建设社区服务，通过社会服务优化城市结构，促进城市的发展。但是从各个城市社会卫生服务的发展现状来看，尚未形成一个比较完善的管理模式，通常都是由各个城市的社区卫生服务中心不断摸索。因此，由于城市存在的差异性，社会卫生服务的发展也有快有慢。有些地区并未意识到社会卫生服务中心对于一个城市发展的重要性，使得工作的开展并不顺畅。除此之外，在社区工作的人员缺乏对非医疗性质服务工作的热情，影响了整个社区卫生服务功能的发挥。

2. 缺乏对社区卫生服务的有效支持

社区卫生服务是国家为保证人民群众能够享有最基本的医疗权利所设置的，由国家财政予以支持保障，但是目前存在一些问题：①没有从法律上明确社区卫生服务中心人员的内部管理模式、人员的准入标准等，导致社区卫生服务中心工作出现不协调。②缺乏完善的医保政策，有部分地区的卫生服务还未和医保连接，导致一些群众在患病后只能到定点医疗机构治疗。③缺乏健全的补偿机制，地区政府并没有对社区卫生投入专项资金，一般只会给予启动的资金，但是社区卫生服务包含的无偿内容较多，如若得不到补偿，社区卫生服务中心也很难发挥其最基本的功能。

3. 缺乏较好的医院转诊机制

社区卫生服务中心通常距离社区居民非常近，居民的一些小病或者是康复问题都可以到社区就诊，如果是大病则需要去一些大医院，待治愈结束恢复时期则可以转到社区。这样不仅可以节省费用，还可以避免占据二三级医院的资源。但是目前社区医院和大医院之间并没有建立良好的转诊机制，本质上也不存在共同的利益，导致患者很难进行转诊，影响了医疗资源的合理配置。

4. 社会卫生服务工作人员素质不高

社区卫生服务中心工作人员的总体素质并不高，具体体现在：①工作人员医学专业能力不强，大多数是一些所学知识结构较为简单的临床医生和护士，缺乏全科的医学人员。②在社区工作的医护人员缺乏主动服务意识，尤其是社区内部的一些免费的康健活动反映出工作人员缺乏主动服务意识。③社区卫生服务中心的待遇不高，培训考核不完善，也影响了工作人员的积极性，使得人员的流失明显。

三、优化城市社区卫生服务的策略

大力发展社区卫生服务事业是深化我国医药卫生体制改革的重要内容，也是促进和规范社区卫生服务发展，提高社区卫生服务质量的关键所在。可从以下途径优化城市社区卫生服务。

1. 加强宣传，提升社会广大群众对卫生服务的认知

为了提升广大人民群众对社区卫生服务的正确认知，政府则需要做好宣传工作。通过下发文件的方式，提升各级干部对该项工作的重视，重视社区卫生服务在社区中的建立，提升社区卫生服务的地位，将其作为改革医疗体制的关键突破口，同时也为解决人民群众看病难的问题提供基础的保障。可以在以下方面加强：（1）在城市经济发展总规划以及建设精神文明中将社区卫生服务纳入其中，明确工作以及考核的内容。（2）联合媒体的力量宣传社区卫生服的宗旨，让人民群众了解社区卫生服务的内容以及方向，引导人民群众能够主动并积极地参与到活动中，逐步提升群众的保健意识。（3）做好社区卫生服务中心工作人员的培训工作，提升医疗人员自身对卫生服务的重视度，了解社区卫生服务的工作内容、管理内容等，以促进社区卫生服务正规化、科学化。

2. 设立专项补助经费，做好卫生无偿服务

城市社区卫生服务的宗旨是缓解人民群众看病难、看病贵的问题，是实现医疗资源合理化配置的一种方式，是促进社会稳定发展的保障。为了促使这一目标得以完善，政府则需要加大对社区财政服务的投入，完善政策，落实好服务工作。关于医疗保障的问题，需要实现全面覆盖，并将社区卫生服务纳入其中。另外政府还需要为城市社区卫生服务设立专门的经费补助，用于卫生服务所专项设备的购买与日常工作开支，以减轻卫生服务机构工作的压力，做好社区的无偿服务工作，如为老年人免费体检等。

3. 构建转诊机制，合理配置医疗资源

将社区卫生服务机构和医保进行关联挂钩之后，越来越多的人会在社区就诊。无论是就诊的便捷度，还是所消耗的金额上面都更有优势。但是一些大病通常只能在大医院就诊，这也造成了大医院人满为患的现象。针对此，政府可以建立切实可行的转诊机制，构建大医院和社区医院之间的共同利益，以

提升社区医院的服务标准，同时，也能够缓解大医院医疗的压力。例如，可以建立平台，实现大医院和社区医院的有效沟通，定期派遣大医院的专家或者是优秀的医生到社区医院进行培训，以降低社区医院和大医院之间存在的技术和服务上的差别，保证患者在社区医院进行就诊之后，可以得到专业的治疗。同时像一些大病、疑难症可以从社区医院发现之后转诊到大医院，在大医院就诊恢复期间，则可以通过转诊到社区医院进行康复治疗。

4. 提升社区卫生服务人才质量

社区卫生服务人才的素质，会直接影响到社区卫生服务中心目标的实现。因此必须要对卫生机构内部进行完善，加强全科医生培养。目前社区医院的全科医生较少，通常只能够解决日常的小病，这也是未来需要不断改进的。如引入具备医师资格人员落户社区医院，或者对社区医生集体进行培训，提升医疗水平。另外，还可建立考核机制，提升工作人员的服务意识和水平。为了避免社区卫生服务中结构的懒散情况，则需要基于日常工作，建立完善的考核机制以提升工作人员工作的积极性，能够更好地服务社区群众。对月考核表现较为优异的，则可以给予一定的奖励，以营造良好的社区卫生服务氛围，提升社区人民群众的幸福感。

任务三　城市社区体育管理

我国自二十世纪八九十年代兴起发展的城市社区体育，作为一种特殊的社区文化活动和新的社会体育形态，为我国城市社区服务和社区建设注入了新的活力，弥补和完善了我国社会体育组织管理结构体系的不足，推动了体育社会化的进程，促进了城市社区建设。城市社区体育在我国社会体育和城市管理中发挥了独特的作用。

一、城市社区体育的概念

城市社区体育是指以居住在城市社区（或街道办事处、居民委员会辖区范围）内的居民为主体，以满足自身体育需求、增进身心健康、巩固和发展社区居民情感为主要目标，就近、就便开展的区域性群众体育事业，包括社区体育组织、社区成员、场地设施和经费、管理者和指导者、社区体育活动五个要素。

二、城市社区体育发展现状

全民健身理念逐渐普及，城市发展加速，城市社区体育服务的需求日益增长。为了满足人们对于身心健康的追求和社区发展的要求，城市社区体育服务体系建设成为当下的重要任务之一。遵循国家政策导向和时代要求，构建高效、便捷、全面的城市社区体育服务体系，既是促进国民体质健康的需要，也是促进社区和谐发展的需要。我国正在从体育大国向体育强国迈进，越来越重视全民健身。

随着我国经济水平的提高和生活质量的改善，越来越多的人开始追求健康的生活方式。人们意识到，通过参与体育锻炼可以增强体质，调节情绪，改善生活品质。公共体育设施、体育培训、体育赛事等都成为社区居民重要的需求。因此，城市社区体育服务不仅是满足个人健康需求的手段，还是提升社区吸引力和居民幸福感的重要途径。我国城市社区体育发展现状如下。

1. 社区体育组织管理体制

我国城市社区体育主要有两大组织形式：一是以政府行政部门或企事业单位为依托，组织程度较高；二是群众自发组织，组织程度松散。目前我国城市社区体育的管理体制正在构建之中，尚未完善。我国城市社区体育组织以街道办事处为依托，以辖区单位和居（家）委员会为参加单位，共同组成了街道社区体协。街道社区体协属于上位管理型组织，体育协会、体育俱乐部、晨晚练活动站、体育辅导站、体育服务中心辖区单位体协、居委会体育小组等组织是下位活动组织。辖区单位体协在接受本单位直接领导的同时，接受街道社区体协的间接领导，这是现阶段社区体育与单位职工体育密不可分的具体表现。

2. 社区体育活动状况

目前，社区体育的活动形式主要有日常性活动和经常性体育竞赛两种。日常性体育活动主要在晨晚活动站进行，以小规模为主。体育竞赛有的安排在节假日进行，有的按季节举行。目前，日常性体育活动主要有体操类、太极类、气功类、舞蹈类、球类、剑类、武术类等。而体育竞赛的活动内容多种多样，与本地区的体育传统、场地设施条件有关，其中娱乐性、趣味性活动内容更受人们的欢迎。

社区体育活动的参加人群也依活动形式的不同而各有差异，日常性晨晚练活动主要以附近的居民为主，老年人占较大比例，天津、北京、山东等地相关调查显示，老年人约占75%，其中女性居多；北京等地的调查显示，女性人数约占70%。体育竞赛活动的计划性较强，制定计划时大多能兼顾各类人群。在诸如家庭运动会、楼群运动会、老少三代运动会中，参加者中有80岁的老人，也有6、7岁的儿童。一些社区还专门为残疾人、少儿、妇女组织了比赛。

3. 社区体育的管理者和指导者

社区体育活动的管理者以兼职为主，专职为辅；体育指导者以义务服务为主，有偿服务为辅。由于大部分管理者身兼多职，工作内容杂，很难在社区体育活动中投入更多精力，晨晚练活动站（群）的体育指导者主要由离退休人员担任，仅少部分受过专业培训。

4. 社区体育物资条件

目前社区体育活动主要在五种场所进行：辖区单位体育场馆、公园、空地、江河湖畔和社区公共体育场地。随着人们体育需求的增长，现有的正规场地设施难以满足实际需要，人们已经将体育活动场所扩展到了公园、空地和江河湖畔，各地的晨晚练活动基本上都在这些场所进行。

目前，基层社区体育协会的活动经费主要来自三个渠道：一是街道拨款。拨款数量的多少与街道的经济实力有关，多则几十万元，少则几千元。二是辖区单位集资、赞助。集资多以交会员费、团体报名费等形式进行。赞助以产品或企业名称命名比赛的方式进行。三是个人缴纳会员费或比赛报名费。

三、城市社区体育存在的问题

城市社区体育存在以下几方面的问题。

1. 对社区体育的内涵和重要性认识不足

由于社区体育在我国兴起较晚，长期以来人们的社区意识又淡漠，因此，人们对社区体育内涵的认识还较模糊，一时还难以把握其本质特征，一些人误认为街道系统内的体育活动和老年体育就是社区体育。

2. 社区体育组织管理体制不完善

目前虽然在许多城市已经建立了以街道办事处为依托的街道社区体协，但现有的街道办事处工作职责中并没有明确提出有关体育方面的职责，街道办事处抓体育工作没有充足的法规依据，社区体育处于可抓可不抓的地位，因而社区体育人力、物力、财力等方面的问题也难以解决。目前社区体育组织形式还比较单一，各个项目、各人群的社区体育协会和俱乐部，居（家）委会体育小组和各种晨晚练活动站尚未健全，还未形成网络化的社区体育组织管理体系。

3. 社区体育场地设施匮乏、经费短缺

实地调查结果显示，社区体育场地设施匮乏、经费短缺是制约社区体育发展的首要因素。天津市、杭州市、宁波市、苏州市、无锡市、南京市的调查结果都反映出社区体育场地设施也严重匮乏。造成这

种状况既有社区发展滞后、历史欠账太多，又有城建规划不配套、规划落实不到位的原因。居民对文体设施的满意程度较低，设施严重不足，面积狭窄，设施陈旧。目前，社区体育经费没有固定的来源渠道，人们的体育消费意识较差，社区体协的团体会员费和比赛的报名费也有限，因此，社区体育经费十分紧缺。

4. 社区体育管理者、指导者队伍薄弱

15 个省、市、自治区的抽样调查结果表明，由于大部分社区体育管理者身兼多职，工作内容杂，业务水平有限，很难在社区体育工作上投入很多精力。天津市的相关调查结果显示，全市晨晚练活动站的体育指导者受过专业培训的不足 30%。

5. 社区体育理论研究滞后

社区体育是群众体育的组成部分，只有 30 年的发展历史，群众体育领域的科学研究原本就不被重视，社区体育方面的研究就更落后，专门研究社区体育方面的文章和资料不多，这与社区体育应有的地位很不相称，对于提高人们对社区体育的认识水平、社区体育的管理水平和科学化水平都很不利。

四、城市社区体育建设优化策略

城市社区体育建设有以下四种优化策略。

（一）增加设施建设总量，打造社区体育健身圈

建设城市社区体育设施，是推动健康中国建设的重要环节，也是解决居民健身需求和社区体育设施供给不足矛盾的突破口。为解决城市社区体育设施供不应求的问题，实现社区"15 分钟健身圈"全覆盖的规划目标，要增加社区体育设施供给总量，供给对象包括新建社区、老旧社区和城市开放空间。新建社区应严格遵守建设标准进行体育设施建设；老旧社区应充分挖掘存量空间，取得增量价值；城市开放空间应增添体育设施。

（二）提高设施建设质量，注重后续维护管理

城市社区在建设体育设施的同时，要注重提高体育设施的质量，可从以下四个方面着手：一是完善社区体育配套服务设施；二是建设健康型体育设施，打造健康的体育活动环境；三是加强体育设施后续管理和保养；四是利用大数据，构建社区体育设施智慧服务平台。

（三）优化设施布局，促进空间联合使用

1. 集中与分散相结合

集中与分散是相对而言的，两者对立统一，要保证城市社区体育设施集中和分散的完美结合，关键在于对度的把握。集中式社区体育设施通常建设在社区中心地带，空间布局多呈方形或圆形，内部集中布置各类体育设施，可满足居民多样的体育活动需求，对周边居民有较强的吸引力，容易营造社区体育运动氛围，促进居民情感交流，对健康社区的建设起到促进作用，但由于其占地规模较大，需要专门规划场地，一次性投入的资金较多。分散式社区体育设施在选址和空间布局方面更自由灵活，可以更好地利用社区存量空间，但面积较小，仅能布置一种或两种体育设施，难以形成体育凝聚力。

2. 与周边主体联合使用，提高空间组合度

城市社区要注重与周边主体联合使用体育设施，提高空间组合度。一是体育资源的横向联合使用。体育资源的横向联合使用包括社区体育资源与学校体育资源的联合使用、社区体育资源与城市竞技体育资源的联合使用。二是不同空间类型的联合使用。不同空间类型是指城市社区内部和外部空间。这种联合使用着眼于社区体育空间、城市开放空间（如公园绿地等）和城市交通空间（如高架桥底部空间等）的联合规划设计。三是不同功能空间的联合使用。不同功能空间的联合使用是指将体育设施与周边商业、文化、办公等设施组合的发展模式，这种联合使用能够优化社区体育设施布局。

（四）构建体育场馆和体育设施监管机制

政府和城市社区应设立监管部门，及时上报损坏的体育器械，安排专业人员对社区体育设施进行定期维护和保养。同时，政府应设立体育设备保养维修专项基金，加大投资力度。除日常的保养和维修外，政府还应根据城市社区实际情况更新社区内的体育设施。

任务四　农村社区卫生、体育管理

我国的改革是从农村开始的。经过30多年的改革开放，农村经济社会发展有了非常大的进步，同时改革的进行也对农村社会各个方面造成了很大的影响。农村社区卫生和体育事业的发展呈现出不同于城市的特点和发展趋势。

一、农村社区卫生

农村社区卫生是社区卫生的基本分支。农村社区卫生服务部门是整个农村卫生服务体系的最基层，是直接为社区居民提供卫生服务的第一线组织。

（一）发展农村社区卫生服务的重要性

农村卫生工作面临诸多严峻挑战，如新老传染性疾病严重威胁、慢性非传染性疾病危害日趋严重、职业病和环境污染所致疾病明显增多、农村卫生服务基础设施条件差、城乡居民医疗保健服务利用程度和健康水平存在明显差距等，农民"看病难""看病贵"的问题尤为突出。为适应农村居民对医疗卫生服务的需求，适应医学模式和疾病变化的需求，适应城镇化和人口老龄化的需求，适应建设现代化农村的需要，适应我国城乡协调发展的战略需要，应当大力开展农村社区卫生服务工作。

开展农村社区卫生服务，促进卫生管理体制、卫生机构内部运行机制等方面的改革，是卫生服务功能调整和卫生结构调整的重要举措，有效利用基层卫生资源，充分发挥适宜卫生技术的作用，为社区居民提供综合、连续、及时、便利、经济、有效的卫生服务，较好地完成和实现防病治病、保护和增进人们身心健康的各项任务和职能，将是农村卫生改革的方向和必然趋势。

（二）开展农村社区卫生服务基本要求及现状

在农村开展社区卫生服务工作，应坚持以乡（镇）村卫生服务中心一体化管理为前提，以合作医疗为基础，以人民健康为中心，以预防保健工作为主导，突出服务方式连续性、服务关系相对固定性、服务内容综合性、服务价格优惠性，使群众真正受益。

开展农村社区卫生服务应坚持四个结合：一是与乡镇卫生院的改革相结合，乡镇卫生院要转变观念，走出院门，变"等病人"为送医、送药、送健康保健知识上门，开展全方位的医疗卫生服务；二是与乡、村一体化建设相结合，合理布局村卫生服务站；三是与合作医疗制度相结合，扩大合作医疗的覆盖面；四是与全科医学教育和全科医生培养相结合，当地医卫院校加快人才的培训，使农村社区卫生服务实现可持续发展。

开展农村社区卫生服务还应实现四项转变，即社区卫生服务站（中心）服务功能从单一型医疗服务向疾病预防、健康促进、基本医疗和社区康复转变；服务对象从为患者服务向为群体（家庭、社区）服务转变；人才培养和岗位培训从临床医学向全科医学转变；工作方式从在站（中心）内坐堂向走出站（中心），为社区、家庭服务转变。

（三）农村卫生发展面临的主要问题

农村卫生发展面临以下几点主要问题。

1. 卫生资源总量不足，结构不合理

首先，基本卫生服务体系功能定位与需求难以有效对接，不能满足群众健康服务需要。一方面，由于对基层卫生服务体系的功能定位不合理，片面理解公共卫生服务的重点，对医疗服务的重视程度不够，基本医疗功能弱化；另一方面，长期重城市轻农村、重上层轻基层的卫生发展模式，使得基层卫生资源总量不足、质量低下，形成了卫生资源配置的倒三角，医疗资源配置与健康需求分布不相适应。其次，由于多种因素的综合作用，导致基层卫生人才严重短缺，制约了基本医疗卫生服务的提供能力。由于基层卫生机构人员待遇低，生活条件、工作条件、职业发展机会等都较城市大医院有很大差距，甚至连城市社区卫生服务机构都不如，无人愿意到农村基层工作。再次，基层卫生机构没有真正的用人自主权，需要的人进不来，无用的人出不去，导致基层卫生队伍素质难以提高。

2. 基层卫生机构布局不合理，影响服务可及性

我国的农村卫生机构一直沿用随行政区划设置的原则。过去 10 多年大规模的乡镇合并，简单地强调每个建制镇举办一所乡镇卫生院，多余的机构进行合并、降格为门诊部或社区卫生服务站等，使得乡镇卫生院的服务半径越来越大。近年来，随着乡镇卫生院合并和规模扩大，越来越多的乡镇卫生院升级为二级医院，向医院服务模式转变，提供基本医疗和公共卫生服务的乡镇卫生院进一步减少，严重影响了农村居民的基本卫生服务可及性。

3. 基层医疗服务能力弱化，难以满足居民医疗服务需求

城镇化进程在改变人们生活方式和生存环境的同时，对医疗服务体系的功能定位和发展模式也产生了明显的影响。某省在农村城镇化过程中，很多地区对原农村卫生服务体系进行了相应的调整，过早引入了社区卫生服务模式。乡镇卫生院过早地转化为社区卫生服务中心和开展全科医学服务模式，医疗服务和住院服务功能被弱化，难以满足这些地区居民的需求。

4. 基层卫生队伍积极性下降，服务效率不高

目前在基层卫生机构实行的绩效工资制度，人员总体收入水平虽有明显提高，但由于与服务绩效挂钩的比例小，员工间实际收入差距缩小，导致绩效工资并没有真正体现基于绩效的收入分配原则。由于收入差距小，工作付出与收入关系不大，过去是卫生院顶梁柱的业务骨干的收入大幅度下降，公共卫生人员的工作积极性、主动性也受到很大影响。因此，绩效工资并没有真正发挥调动人员积极性的作用，未能很好地体现新医改"调动积极性、提高公益性、保障可持续性"的发展要求。

5. 基本公共卫生服务能力不足

公共卫生人力不足与越来越繁重的任务形成了突出的矛盾。如某省一个服务 3 万左右人口的乡镇卫生院，专职公共卫生人员通常为 5 人左右，难以高质量地完成基本公共卫生服务。这种情况下要保证服务质量，必须挤占医疗服务人员的时间，这就更进一步弱化了卫生院的基本医疗服务功能。

（四）加强农村卫生服务体系建设的对策建议

加强农村卫生服务体系建设可从以下几点着手。

1. 加大对贫困地区医疗的财政扶持力度

强基层，就是要增强基层医疗卫生服务机构服务能力，要继续加大对农村公共卫生服务的资金、医疗资源和人力投入力度，在确保执行国家基本标准的同时，应适当鼓励各省、各地区因地制宜，探索村卫生室建设的特色方案。针对西部、中部广大贫困农村、山区和牧区要有额外的政策保障和财政倾斜，设置医疗扶贫专项资金。在确保村卫生室的硬件建设符合基本标准的同时，应对资源使用情况进行更精细的规划，紧密结合地方需求和农村的公共意见规划村卫生室的硬件设施，提高资源利用效率。

2. 加强居民健康信息软件系统建设

加快农村健康管理的信息化进程，联通村卫生室和上级医疗机构的区域信息系统，使健康档案纳入一

体化管理而非成为死数据。应该大力拓展针对农村慢性病的健康咨询服务，调动上级医疗机构和社会资源进入农村，结合村卫生室和乡村个体诊所的力量开展健康宣传和健康管理。例如，欧盟支持的远程医疗应用计划，让现有的系统和网络能够容纳无限量增长的医疗健康保健工作，极大地方便了患者就医。

3. 强化乡村卫生服务一体化管理

建议明确乡镇卫生院对村卫生室的管理关系，实现乡村卫生服务一体化后，乡镇卫生院要建立专门部门负责一体化管理工作，保证一体化运行持续、正确、有效和顺畅。乡镇卫生院要对村卫生室人员反映的问题予以协调，必要时向县卫生计生行政部门报告。将乡村医生纳入更为广阔的医疗卫生服务网络和组织架构之中，使最基层乡村的个体诊所和村卫生室与上级卫生行政部门、医疗机构和社会资源实现联动。

4. 加强乡村医生业务培训和后备人才队伍建设

加强对乡村医生业务技能的培训和监管，建立有效的考核机制，逐步提高乡村医生的诊疗水平。针对乡村医生的业务特点和知识需求，组织乡村医生培训，可探索编写乡村医生专用教材，推动上级医疗单位和医学院校开展对口帮扶与人才支援，开展一定区域内乡村医生培训的经验交流等。加大政府的培训投入力度，提高培训水准，保证培训资源的均衡分配。注重调动各地区的医疗教育资源和社会资源，探索更多样的培训机制。在补充乡村医生队伍和后备力量时，采取"从乡里来、回乡里去"的培养模式培养一批乡村医生。尽量从本乡镇或本村中选择合适的人选，用好本地人才，采取定向培养的方式对他们进行系统培训，待培训合格后吸引其回村服务。例如，美国以实施项目为依托，对学生采取了从录取到培养全面针对农村地区卫生医疗需求的医学教育方式，为农村地区培养了大量的全科医生。

5. 尽快建立多劳多得的激励机制

政府相关机构应明确村卫生室和乡镇卫生院在基本公共卫生服务等方面的任务分工和资金分配比例，引入监督机制，确保基本公共卫生服务等各项经费拨付到位。同时，健全卫生法制体系，如南非以立法的形式保障农村地区医务工作者的工作补助和特殊技术津贴，对农村医疗服务和农村人口发展产生了巨大影响。此外，政府还应当通过多渠道提高乡村医生的合理收入，尤其需明确乡村医生的补偿渠道，总体补助水平应与当地村干部、乡村教师等人群的补助标准相衔接，保证乡村医生收入达到适度水平，并为其提供适宜的养老保障，提高养老待遇。

二、农村社区体育

（一）农村社区体育的概念与特点

农村社区体育是社区体育的一个分支。农村社区体育就是在社区委员会的指导下，以自然村庄为基本单位，以村庄自然资源和社会资源为基础，为增强居民体质，丰富社区文化生活，提高居民生活质量，就近开展的社区居民主动参与的区域性体育活动。

（二）农村社区体育发展现状

"乡村振兴"是党的十九大报告中提出的战略。2018 年，中共中央、国务院印发了《乡村振兴战略规划（2018—2022 年）》，如今"乡村振兴"战略已经到了一个阶段的尾声。乡村振兴离不开农村社区体育的繁荣。近年来农村社区体育得到了高速的发展，但在体育设施、资金投入、服务管理、人员配备等方面仍有很多问题。

随着脱贫攻坚任务的完成，乡村振兴战略、农业农村现代化处在了新的起点，面临着新的挑战。在脱贫攻坚的过程中，部分乡村改变了居民住房结构，农村居民集中居住也给农村社区体育的发展带来了便利。因此，各地要抓住新时代的契机，推动农村社区体育的快速发展，促进城乡一体化进程，解决农村居民日益增长的对社区体育公共服务发展带来的美好生活的需求与农村社区体育发展不平衡、不充分之间的矛盾。

（三）农村社区体育发展中的问题

1. 场地设施不健全，运动项目单一

场地体育设施是农村社区体育的基础，随着农村经济的快速发展，农村居民的健身需求也在迅速增加，居民务农之余也需要娱乐活动来打发时间，而面对农村少、中、老、妇四类群体，很多农村社区内只有老旧的篮球场，连羽毛球、足球场地都没有，单一的运动场地和体育设施难以满足各群体的健身需求。由于体育场地设施的不齐全，导致部分人无法进行自己喜欢的体育运动。久而久之，人们会失去运动的欲望和兴趣，影响社区体育的顺利开展。此外，室外健身设施长期暴露在外，缺乏定期维护，因居民不爱护且不科学的使用方式导致设施的破损，同时带来诸多安全隐患。另外，对于一些村改居的新型农村来说，乡村人口是之前的几倍，体育设施明显不足。

2. 资金投入主体单一

资金是农村社区体育发展的根本，资金投入的多少将直接决定农村社区体育的发展水平，而仅由国家政府投入的资金远远不够满足全国农村体育场地设施的建设。有限的资金优先运用到农民的水电、通讯、农业生产、医疗卫生等方面的公共服务基础设施建设上，留给购建农村体育场地设施项目的钱少之又少，而农村社区体育场地设施又需要大量的投入才能保证场地和设施的多样化，且由于我国基层政府依旧是经济建设型财政，没有完成向公共财政的转型，基层政府处于公共财政缺位状态，在财政不足的情况下，难以承担农村文化体育事业、教育教学、医疗卫生等公共基础服务的基础设施建设。

3. 农村社会体育指导员短缺

目前农村社会体育指导人员远达不到国家要求的每1000人配备2.6名社会体育指导员的要求，甚至大部分农村根本没有社会体育指导员。由于缺乏专业人员的指导，大部分体育活动都是村民自发组织进行的，体育设备的使用方式也是五花八门，锻炼方法不科学、不规范，易对健身设备造成破坏。居民也希望有专业人员进行指导，但农村内具备基本体育知识的人都是教师和驻村干部，没有专业的指导和管理人员，农村社区体育很难取得实质性的发展。

4. 农村社区体育组织管理机制不完善

想要有好的发展必须要有好的管理者，而农村社区体育的管理处于松散的管理状态，在有计划地组织一些团体性体育活动向政府请求拨款、寻求人员技术支持时，没有明确的部门和职责划分，导致活动不能成功举行，从而影响农村居民参与体育活动的积极性。此外，缺乏人员专门负责社区体育场地设施的后期维护和维修，一些长年失修的、被破坏的场地和器械都存在安全隐患。由于农村社区体育职能部门权责划分不明确，不能组织更多、更有效的体育活动，农村居民只能自发性地参与体育锻炼，限制了农村社区体育的快速发展。

（四）农村社区体育发展的对策与建议

1. 政府合理规划，建设多元化体育场地设施

这是参与体育运动的物质保障，体育场地设施的缺少会打击居民参与体育运动的积极性。政府应加大投入，开展实地考察，根据农村地理特征、气候特征合理规划体育场地设施的建设。对已有的场地设施进行维修、维护，消除安全隐患；除建设少儿、老年人、妇女常用的室外基础体育设施外，还应购建青年、中年常用的室内健身器械。合理利用农村空间，建设有篮球、足球、羽毛球、排球、网球等多种运动的多功能运动场地，满足大部分居民的运动需求。与农村学校达成协议，在学校场地器材闲置时间实现对外开放，充分利用校内新建的篮球、足球场地，以免造成资源浪费。

2. 完善资金投入保障机制，积极引入社会资金

健全农村社区体育建设资金投入保障机制，将农村社区体育设施建设资金纳入体育事业基本建设资金投入计划，确保经费及时足额拨付；将农村体育设施的经费纳入中央、省、市的预算支出范围中，优

化各政府层级承担农村社区体育场地建设资金的比例，改变农村社区体育场地设施经费都由县级政府支出的现状。自1993年我国发行体育彩票以来，体育彩票公益金在全民健身事业发展和解决资金不足的问题上发挥着重要的作用，为此应继续加大体育彩票公益金的扶持力度，增加体育设施和项目的扶持种类。此外，政府应发挥主导作用，通过承办、协办、赞助、冠名等形式引入社会团体、社会企业资金共同推动农村社区体育的建设和发展。

3. 加强社区体育专业人才的培养

一名专业的体育管理指导人员对农村社区体育的发展至关重要，在农村资源条件有限的情况下外聘一名专业的体育专业人才并不现实。因此，建议社区工作人员去学习考取社会体育指导员资格证，并前往县里、市里社区体育发展得好的社区考察，学习成功经验。同时，各高校应加强对农村社区体育人才的培养，为农村社区体育的发展提供人才支持。

4. 优化社区体育组织管理机制

针对当前我国农村社区体育管理松散的情况，应根据实际情况优化社区体育的管理机制。明确农村社区体育部门的职责和权力，使农村社区体育组织管理形成完善的运行机制和运行制度，使社区体育人员明确自己的职责和权力。

当前，乡村振兴迎来了新的发展阶段，乡村各项事业的发展越来越受到国家的重视。农村社区体育在培养农村居民的身体锻炼意识和提高身体素质方面发挥着重要的作用，农村社区应继续优化管理，积极举办各类体育活动，创造良好的社区体育环境，其可在提高农村居民经济收入的同时丰富农村居民的文化娱乐生活，满足农村居民对农村社区体育公共服务美好生活的需求。虽然农村社区体育在场地设施、管理制度、经费来源、人才培养等方面仍存在一些问题，但随着国家的重视和农村居民健身意识的提高，农村社会体育会有更好的未来。

课后练习：

1. 名词解释：（1）社区卫生服务；（2）城市社区体育；（3）农村社区体育。

2. 问答题：

（1）试述我国开展社区卫生服务的必要性。

（2）我国社区卫生服务的对象和特点分别是什么？

（3）试述社区体育的特征及发展方向。

（4）结合你家所在的社区，评价我国社区（城市或农村）卫生的发展。

（5）结合你家所在的社区，评价我国社区（城市或农村）体育的发展。

3. 案例分析题：

（1）阿明是某社区的一名家庭医生，他负责为该社区的居民提供社区医疗服务。最近，他发现社区中有一位65岁的老年居民王爷爷，患有高血压和糖尿病，但他很少按时就诊，并且用药不规律。王爷爷的家人告诉阿明，王爷爷常忽视自己的健康问题，不愿接受定期治疗，也不愿意改变不健康的生活方式。

请你以阿明的角色，基于社区卫生服务的内容，提出一份针对王爷爷的个性化社区保健计划，并解释你的计划中包含的具体措施和目标。

（2）某城市社区近年来面临着一系列与健康、体育和社区管理相关的问题。该社区拥有较为完善的公共设施，包括一个大型公共运动场、几个小型公园和社区医疗中心。然而，由于人口增长和居民生活方式的变化，这些设施的使用情况和管理效率面临挑战。

请分析导致上述问题出现的主要原因，并指出可能存在的管理漏洞。

项·目·小·结

本项目的内容包含了社区卫生、体育概述，城市社区卫生管理，城市社区体育管理，农村社区卫生、体育管理四个任务。社区卫生、体育概述介绍了社区卫生概述和社区体育概述；城市社区卫生管理介绍了我国城市社区卫生服务发展现状、我国城市社区卫生服务事业的不足和优化城市社区卫生服务的策略；城市社区体育管理介绍了城市社区体育的概念、城市社区体育发展现状、城市社区体育存在的问题、城市社区体育建设优化策略；农村社区卫生、体育管理介绍了农村社区卫生和农村社区体育。

项目十　社区文化与管理

社区文化与管理

学习目标

1. 知识目标：理解社区文化与管理的相关知识。
2. 技能目标：具备城市社区文化建设与管理和农村社区文化建设与管理的能力。
3. 素质目标：在社区文化建设与管理过程中树立"以人为本"的理念，培养服务意识。

项目导入

　　社区文化是指一定区域、一定条件下社区成员共同创造的精神财富及其物质形态，它包括文化观念、价值观念、社区精神、道德规范、行为准则、公众制度、文化环境等。其中，价值观念是社区文化的核心。社区文化包括环境文化、行为文化、制度文化和精神文化等方面的内容。

　　本项目的内容包含社区文化概述、城市社区文化建设与管理、农村社区文化建设与管理三个学习任务。

任务一　社区文化概述

一、社区文化的概念

　　最早明确地给文化下定义的是英国人类学家泰勒。他在 1871 年写的《原始文化》中指出，文化是一个整体，包括人在社会中所获得的知识、信仰、美术、道德、法律、风俗及任何其他的能力与习惯。此后，不同的学者从不同的角度研究文化，对文化含义的认识也不尽相同。"文化"就成为一个概念和定义相当多的词汇。美国人类学家克鲁伯和克罗孔合著了《文化：关于概念和定义的检讨》一书，书中罗列了 1871—1951 年的 80 年间关于文化的定义，至少有 164 种。我国广泛采用的"文化"概念是 1973 年《苏联大百科全书》中对文化的定义，即文化可以从广义和狭义两个方面把握。从广义上说，文化是社会和人在历史上达到的一定的发展水平，它表现为人们进行生产和生活活动的种种类型和形式，以及人们创造的物质财富和精神财富。从狭义上说，文化仅指人们的精神生活领域。社区文化仅是文化的一个领域，它更强调地域性。

　　20 世纪 80 年代，我国开始了对社区文化的研究，但是，由于研究角度不同，对社区文化的含义认识也不同。有人认为，社区文化是在特定的地域范围内，人们所创造、孕育、形成的人文环境、行为模式和生活方式的总和。也有人认为，社区文化指的是特定社会区域当中人们各方面的行为所构成的文化生态系统。它既包括这一区域内人们的生产方式和生活方式，也包括该区域内社会成员的理想追求、价值观念、道德情操、生活习俗、审美方式、娱乐时尚等。《中国大百科全书社会学》对社区文化的定义为：社区文化（community culture），通行于一个社区范围之内的特定的文化现象，包括社区内的人们的信仰、价值观、行为规范、历史传统、风俗习惯、生活方式、地方语言和特定象征等。

　　广义的社区文化是指社区居民在特定的区域内，经过长期实践而创造出来的物质文化和精神文化的

总和。它对人们的思想观念、道德情操、行为方式及人格理想的形成和发展具有重大影响。狭义的社区文化是指社区文化现象的集成，即社区居民在特定区域内长期实践过程中逐步形成和发展起来的有一定特点的价值观念、生活方式、行为模式和群体意识等文化现象。

社区文化包含物质生活条件、精神风貌、生活规范和社区团体、组织等基本要素。其中社区文化的物质生活条件指的是经过社区居民改造的自然环境和创造出的一切物质财富，主要包括社区内的文化设施及文化场所，如文化活动室、图书馆、人文景观、公园、市政设施等，还有居民所用的服装、用具、生活用品等都属于社区文化的有机组成部分。它们的存在与使用无一不凝聚着社区居民的智慧与价值观念，包含着深刻的文化特色。社区精神风貌则是通过社区群众的文化活动长期培养形成的人们的价值观念、人生观、审美观、艺术修养、生活情趣、伦理道德、宗教信仰等。社区生活规范既包括保证社区各种群众文化活动正常进行所建立的一整套行之有效的规章制度，也包括约定俗成的风俗习惯等行为规范，它是社区居民总体价值观的外在表现。而社区团体、组织则主要是指实现各种关系的结构实体，它是社区其他文化要素的存在基础和保证，如家庭、学校、社区企业、居民委员会、妇女团体及其他非政府组织等。社区文化的基本构成要素各有特点而又相辅相成，共同推动着社区文化的发展。

二、社区文化的特征

由于社区文化构成要素的异质性，因此，社区文化除了具有一般社会文化所具有的普遍特征外，它还有着一些区别于其他亚文化形态的特点。

（一）社区文化的区域性

从空间概念上看，无论是城市社区还是农村社区，都是属于城市或乡村的一部分。因此，作为一座城市或一个乡村文化的组成部分，社区文化是在特定的区域内生长和发展起来的文化。众多的城市社区文化和乡村社区文化构成了一座城市或一个乡村的整体社区文化。

社区文化是由一定的地理环境、生产方式、社会形态等因素相互作用的结果，它的形成和发展无不带着本社区特有的印记。城市社区文化作为反映其所在城市的社会文化的一个重要组成部分，一方面，其发展水平受到所在城市整体发展的限制，是对一定的城市经济和政治发展水平的反映，因此，其发展的速度、规模不可避免地会打上该城市整体发展的烙印，从而具有了与所处城市一致的地域性特征；另一方面，尽管受到所在城市整体环境的影响，即使处在同一座城市，不同的社区仍旧有着区别于其他社区文化的个性化特征。这反映了该社区文化不同于其他社区文化的独特之处。因此，所谓的社区文化的区域性特征只具有相对性的意义，处在同一地区的各个社区文化具有该地区的一般文化特征，同时，不同的社区文化又有着自己相对独特的文化氛围。乡村文化也是如此，不同的乡村由于历史的长期积淀形成了其特有的风情，比如江南水乡的乡村社区文化与北国冰城的乡村社区文化就会形成鲜明的对比，从而表现出一方水土的特色。

社区的文化传统越悠久，文化积累越深厚，社区文化的区域性特征就越鲜明、越独特。这种区域性特征通常通过社区居民的日常文化艺术活动表现出来，同时在每个社区居民的生活习惯及言行特点中也可以窥见一斑。如生活在文化区的社区居民往往举止文明，带有书卷气；而生活在商业区的社区居民则与此不同，因为耳濡目染的商品竞争环境将潜移默化地影响到附近的社区居民。比如，山东潍坊的风筝文化浓郁的地方特性是我国其他地区无法具备的；江苏苏南地区自古属吴文化区域，其民俗和民间艺术与苏北及我国其他地区相比有着较大差别，区域性特征亦是十分明显的。

同时，社区文化的区域性也会随着外在环境的改变而逐步得到调整，比如，拆除危房而兴建商业区，截断河流而兴建蓄水库等都会使原有社区文化的区域性特征发生改变而呈现出另外的一种区域性特征。

（二）社区文化的继承性

一般说来，社区文化是作为一种动态的文化发展过程而存在的。它既是一定时代、一定地域范围内的特殊产物，同时，又是以此为基础不断发展、不断积累的。一方面，任何社区都不是简单被动地接受来自传统文化的影响，它们会根据自身的需要，不断对传统文化进行修正与改造，以便能取其精华，去其糟粕，为传统文化的更新注入最新的内容，并以自身的发展模式来影响文化的发展方向；另一方面，它也必然要受到来自整体文化氛围的影响，特别是处于初建时期的社区，必然要继承该社区的整体文化传统。由此，不同的社区所表现出的社区风貌，在很大程度上源于对传统文化的吸收与同化，并在此基础上推陈出新，而被改造后的传统文化还会以一定的形式加以保存，并将其传给下一代。

（三）社区文化的融合性

现代社区并不是一个封闭的系统，而是一个相对开放的系统。人口流动加快、经济活动频繁，伴随着人员的交往，社区文化也在进行着双向的交流，最后一起融汇到现代社区文化这个系统中来。因此，现代社区文化随着社区的开放而开放，成为一种兼收并蓄的文化系统。

随着现代社会生活节奏的加快，社会变迁速度的加快，社区人口流动频率不断提高。作为相对稳定的社区文化，面对来自不同文化背景下的不同居民都能以博大的胸襟接纳之，将其作为组成自己文化多元性的成分之一，表现了文化的一种内在的亲和力。因此，社区文化就是一个浓缩的小社会。特别是城市社区，居民来自五湖四海，不同的职业特点、不同的社会和经济地位、不同的受教育水平，这些都足以使得城市社区成为异质文化的汇合处。所以，无论是本土文化还是外来文化，乡土文化还是都市文化，抑或是传统文化还是现代文化，高雅文化还是通俗文化，都可以在社区文化中找到自己的位置。

当然，社区文化特有的融合性并不是绝对的，因为社区文化本身的形成并非一朝一夕，而是有着长久的价值沉淀过程，所以，当一种来自社区文化以外的异域文化进入到该社区的时候，原有社区的文化就有可能受到影响而表现出一定的排斥性特征，特别是当新来的居民的行为规范明显地背离了原有的社区文化范式时，这种排斥性就更强烈，有些时候则可能对簿公堂，大动干戈。

由此，社区文化的融合性的背后是对不同于原有文化的文化进行改造的基础上的融合，而非不做鉴别的全盘吸纳。

（四）社区文化的共享性

社区文化是全体社区成员在实践活动中共同创造的，社区居民不仅是社区文化活动的参与者、创造者，也是社区文化活动成果的维护者、受益者。因此，社区的各种文化资源业已成为大家公共的财产和财富，社区文化为社区成员所共享是理所当然的事情。社区居民享受公共的社区文化资源的同时，也在相互交流中增强了彼此的友谊，在互帮互助中创造良好的社区氛围。正是因为社区文化资源能为它的所有成员所共享，居住于其中的居民才会形成强大的凝聚力和强烈的归属感。

社区文化是在社区成员的相互作用下形成的，是由社区人共同创造的社会产物。因此，它必然会为全体成员所共有，并为居民普遍接受。对于共同创造的文化成果，社区成员大多会产生认同感和遵从心理，自觉接受文化对自身行为的约束。而任何反文化的叛逆行为均有可能遭到其他人的反对，并被视作异己，受到社区群体的抵制和排斥。社区文化的共有性和排他性，既有助于社区凝聚力的形成，又会使居民产生强烈的归属感和认同感，从而增强社区的向心作用。

（五）社区文化的普遍性

实质上，社区文化是社区生活历史进程中的衍生物，它是在社区发展过程中，由社区居民所创造的有形物与无形物构成的。它以极其普遍的方式存在于社区的每个角落，凡是有社区居民的地方，均会发现社区文化的踪迹。任何一个社区，没有文化便不可能存在。而任何社区中的个体，绝不可能与其居住社区中的文化绝缘。在特定的社区中，无论其规模大小和人口多少，均具有与相邻社区不同的文化标

志。社区文化的普遍性存在犹如一股无形的力量，对社区居民的生活产生影响。

（六）社区文化的渗透性

社区文化的渗透性主要体现在以下两个方面。

社区内部主流社区文化与非主流社区文化间的相互渗透。由于社区内的人际关系相对稳定，人们的文化基因相同，风俗习惯相同，因而情感相近，交往频繁，使得社区文化也得以随之自由迅速地传播，社区文化也因此对社区的每一个角落和社区生活的每一个方面发生影响，并从中吸取养料，能够自由地在社区中传播。自由、活泼是文化的天性，以社区为活动空间的社区文化，其自由、活泼的程度是十分明显的。

社区文化渗透一般都具有相互的属性，而且主流文化和非主流文化也是相对的，两者随着时间的变化会呈现出此消彼长的态势，并相互转换。但是，这些文化的转换不是经常发生的，否则，该社区文化就有可能因为社区文化的极大变动而分崩离析，没有持久文化的社区也就不是真正意义上的现代社区。

不同社区间通过各种传播和接触所产生的文化交流。一般说来，开放的社会氛围容易产生社区间的交流和沟通，反之则社区间的交流就会减少。过去我国封建社会的老死不相往来就是封闭社会条件下所产生的消极后果。而在现代社区中，社区间总会发生这样或者那样的频繁文化接触和信息交流，接触和交流的结果就必然增强相互了解、相互学习、相互帮助的意愿和实际行动，由此，通过彼此的交流和接触，既可以使文化相互融合，同时又可以使文化相互碰撞。文化的融合会有利于异质文化间的彼此渗透，从而改变文化的各自的旧有形态，创造出适合各自发展的新的社区文化体系；而文化碰撞也并非坏事，因为碰撞既展示了彼此文化的排他性，同时，也在不同文化间的彼此碰撞中，进行着优胜劣汰的社会选择，互相吸收，由此填补自己社区文化的缺点和不足。

社区文化是一种群体文化，它同企业文化、校园文化一样，都是由其群体内在的价值观念、群体精神、信仰、道德、习惯、规范等要素构成，它一经形成并被群体成员所认同，便会对群体成员产生深刻影响。然而，与企业文化、校园文化不同的是，社区文化又是一种松散型的群体文化，它对社区居民心理、行为的影响和约束，更多的不是靠规范化管理，而是靠舆论引导、榜样示范，靠形成某种风气和氛围对他们进行熏陶和感染，使他们在潜移默化中受到教育。所以，社区内、社区间的文化渗透赋予了社区自身极大的活力，从而使它呈现出多姿多彩的多元化格局。在未来的时代里，随着信息社会的进一步发展，社区文化的渗透范围会更加广阔，其渗透速度也会日益加快，最终将形成多种社区文化并存的局面。

（七）社区文化的多样性

社区文化在居民构成、文化内容、管理体制、模式等方面均呈现出多样性的特点。在居民构成上既有当地的居民，又有外来的居民；既有经商的居民，又有从教的居民，等等。在文化内容上既带有长期以来形成的传统的民俗内容，也有从外界带来的异域文化以及现代都市文化的内容。在管理体制上既有属于国有的、集体的文化事业，同时也有企业的、机关的、群众团体的文化事业，也有个体的、合资的等所有制并存的文化事业。在模式上也表现出多样化的特点，呈现出百花齐放的态势。如上海徐家汇的社区文化五点一线，由戏曲、艺术、健康、体育、科技五个特色广场和一条行街组成，为古老的商业中心带来了浓郁的文化气息。又如武汉市有的社区开展家家乐文艺联欢；有的推出家庭时装表演赛；有的针对社区内楼高、人多的特点，开展门栋文艺擂台赛、楼台对歌等；有的推出老年迪斯科、书画比赛，让居民在自娱自乐中满足精神需求。

三、社区文化的构成要素

对于社区文化的构成要素，不同的学者提出了不同的观点，主要有"四要素说"和"六要素说"。

（一）四要素说

主张"四要素说"的胡克培认为，社区文化应该由文化载体、文化方式、文化制度和文化精神等要素构成。

1. 文化载体

社区文化的文化载体要素是由存在于社区范围内的一定数量的活动场所和绿化面积、花卉植被等物化形态所构成的社区的物质文化。这些文化载体要素一方面从物质层面展现出了社区文化作为一种物化形态的客观存在；另一方面也折射出了社区文化所具有的精神风貌。

2. 文化方式

社区文化的文化方式要素是社区文化形态的外在表现，它集中体现在社区居民的生活方式、行为方式和思维方式上，这些文化方式不仅体现了社区之间不同的特征，同时也在更深层次上规定着社区居民的日常行为规范。因此，正确引导社区居民形成正确的行为方式是社区文化建设的一个重要方面。

3. 文化制度

社区文化的文化制度要素集中表现在社区的各种规范、制度上，这些制度与规范或者以明文规定的形式在刚性的层面上规范着社区居民的行为，或者以潜规则的形式在柔性的层面上规范着社区居民的行为。在某种意义上，一种社区所特有的文化只是社会规范在社区生活当中的影响的具体化，这些行为规则和观念准则是特定社会中居民生活价值观念的外化。

4. 文化精神

社区文化的文化精神要素反映了特定社区文化主体的理想、信念、价值目标，这些价值目标通过相应的观念体系以精神财富的形式表现出来。通过确立积极的社区文化主导理念，不仅可以使社区形成一种积极向上的文化氛围，提升社区的文化品位和形象，同时，对于有效管理和约束社区居民都将起到促进作用。

由此，构成社区文化的四个要素的有机组合就形成了特定条件下的社区文化结构。文化载体以物化的方式表现出了社区文化的外部特征，它在根本上规定和制约着其他三个要素的存在形式和发展规模。文化方式以各个社区独特的文化氛围构成了社区间相互区别的特质，而文化制度则从制度或规范的层面显现了社区的规范性管理程度。最后，社区的文化精神则体现了社区文化的整体发展方向和发展潜力。

（二）六要素说

主张"六要素说"的张胜康以城市社区文化为例，认为城市社区文化是一个由各种有机要素所构成的复合性整体，他认为现代城市社区文化主要由以下要素构成。

1. 精神要素

精神要素是城市社区中占主导地位的文化要素。它包括一段时期内风行于社区中的思想观念、价值观念、伦理道德、文化艺术和宗教等，其中尤以价值观念最为重要，是社区精神要素的核心部分。从实质上看，精神要素是城市社区文化中最活跃的因素，是社区居民创造性活动得以开展的最直接的动力源泉。而价值观念则是社区居民评价事物和进行目标选择的重要依据，是社区居民精神风貌的具体体现。它深深根植于每一个个体的内心世界中，并通过他们的态度、行为得以外显，最终左右着居民的生活目标和生活方式的形成。

2. 物质要素

物质要素是经过社区居民改造的自然环境和由其所创造的一切物质。城市社区内的所有有形物质，无论是道路、建筑、排水管道等市政设施，还是居民所使用的服装、用具、器皿、物件等一切生活用品，均属城市社区文化中的有形部分。它们的存在、形成与选择，既凝结着社区居民的价值观念，又充分体现了社区居民的智慧与能力。物质文化要素的存在不仅是社区居民正常生活得以开展的必要前提，也是城市社区有序发展的有力保障。

3. 语言、文字要素

语言、文字要素是城市社区文化积累和文化保存的首要条件，是使社区文化得以延续和更新的重要手段。语言、文字的使用，既可以使不同生活经历的社区居民在人际交往的过程中能互相沟通，加深了解，以便能彼此适应、协调相处；又可以保证居民之间的互动行为能够顺利进行，并最终为创造出更新形式的社区文化奠定基础。不仅如此，语言、文字的使用还可以使社区的新文化得以传播和保留，促使其不断服务于社区居民的生产实践与社会活动。

4. 规范体系

规范体系是城市社区的行为准则，是约束个体行为的有效手段。它对个体的行为起着积极的导向作用，是社区整合不可或缺的文化要素。规范体系的建立既可以通过约定俗成的方式，又可以对其加以明文规定，使之获得社区居民的认同。一般来说，社区的风俗习惯是约定俗成的行为规范，生活在社区中的居民大多会以风俗约束自身行为。而社区法规和其他规章制度则是明文建立的社区规范，它同样必须为每一个个体所遵从。规范体系建立的目的是为了满足居民的生活需要和社会需要，但它又不可避免地成了社区居民总体价值观的外显和具体表现。

社区规范种类很多，各种规范必须互相联系，互为补充，才能起到调节居民行为、协调居民社会关系的作用。由于规范体系的建立既限定了居民的行为方式和交往方式，又确定了他们的语言使用对象和使用范围，因此，规范体系的存在使社区生活从无序走向了有序，从而减少了居民之间的矛盾，增强了社区的整合与团结。

5. 社会关系

社会关系是城市社区文化构成的又一要素，是社区其他文化要素形成的必要基础。社区社会关系的存在既依赖于社区的生产关系，同时又与个体间的社会交往紧密相连，是社区一切关系的总和。总的来说，现代城市社区中的社会关系大致有三种，即血缘关系、地缘关系和业缘关系。血缘关系以居民间的生理联系为基础，是人类最早形成的、最为深刻的社会关系。血缘关系将种族、宗族、家庭等社会群体联结为一体，从而在很大程度上增强了社区的凝聚力。地缘关系是居民因生活空间和地理位置接近而形成的社会关系。这种社会关系的形成始于人类定居行为的产生。人类的定居行为使其在居住上的稳定性不断增强，从而为地缘关系的形成创造了条件。地缘关系的存在将同一居住区域内的居民联结成一个整体，既保障了社区生活的相对稳定，又使社区的生产和生活得以持续进行。业缘关系是在社会广泛分工的基础上构成的。这种关系的建立在现代社区中尤为重要，是城市社区全面发展的必要前提。业缘关系的出现使同行业中的个体产生了广泛的社会互动，其结果是加大了无亲缘、地缘关系者之间的横向联结，从而有助于社区的有机联系和整体团结。

6. 社区组织

社区组织是实现各种社会关系的结构实体，是社区其他文化要素存在的基础和可靠保障。社区组织的建立既使得各种社会关系得以正常发展，又使其他文化要素能发挥正常职能。家庭、学校、企业、居委会等组织均为保证社区社会关系实现的有形组织，这类组织在其构成上表现为拥有一定的目标、规章、成员及相应设备，是一种精神与物质的双重结合体。在日常生活中，社区组织通过目标的建立和规章的实施以及必要物资设备的使用，使社区成员的社会关系规范化。

无论是"四要素说"还是"六要素说"，它们的共同点都在于突出了社区文化的物质层面建设、精神层面建设、组织或者制度层面建设，而这些要素都在不同程度上影响着一个社区的文化能否朝着持续、健康的方向发展。

四、社区文化在社区建设中的作用

社区文化在社区建设中的作用主要体现为以下四个方面。

（一）营造社区精神，凝聚社区居民

一定的社区文化，在一定时期内，总会强调特定的文化理念，从而规范和影响社区群众的行为模式，一方面它不断引导人们追求高尚的理想和目标，另一方面它排斥其所否定的价值观念和行为方式。这样，社区成员在长期的交往中逐步形成了共同的理想目标、价值观念、风俗习惯、信仰和归属感，即形成了一种共同的社区精神。

社区精神的形成有利于提高社区居民的精神境界，使人们拥有高尚的道德情操和美好的心灵，自觉追求真、善、美的东西，抵制不健康的东西，不断提升自身的文化品位。社区精神的形成可以增进社区居民之间的感情，把社区居民紧密地联系起来，加深相互之间的了解，沟通彼此关系，创造出友善、和谐、互助的人际关系。同时，社区居民通过参与不同形式的文化活动，逐渐形成对本社区的认同感，并进而形成对社区的归属感。居民的认同感和归属感越强，就越能够意识到自己作为社区成员所具有的权利和义务，进而更加维护社区，积极参与社区活动。

（二）满足人们的精神需求

社区文化以其最活跃、最生动、最具吸引力、最易于为人们接受的方式满足广大社区群众的精神需求。尤其在现代社会人们精神压力比较大的情况下，社区通过文化活动，缓解人们的压力，为人们提供宣泄、放松、娱乐，以获得精神满足。凡是社区文化搞得好的地方，社区居民在紧张的工作之余，都能够得到健康的精神享受。社区已不仅仅是人们居住、工作和学习的地方，同时也是人们休闲娱乐的主要场所。社区文化通过发挥文化娱乐功能，在共同居住的空间内，创造人与人之间情感交融、心灵沟通的机会，极大地丰富了个体成员的精神和情感体验。社区成员对本社区的认同感和归属感，满足了人们的精神需求。

（三）促进社区发展

社区是文化建设的基层单位，社区文化建设通过凝聚人心为社区建设提供精神动力。同时，通过提高社区人口整体的受教育水平，来提高社区群众综合素质，从而为社区发展提供智力支持。

社区文化产业的建立和发展还可以直接促进社区经济的发展。社区文化产业主要包括文化娱乐业、影视及影像制品业、新闻出版业、文化旅游业及一些与文化相关的美食、美容、时装、休闲等产业。它不仅为社区创造巨大的经济价值，而且能够极大地提高社区的文化品位。

社区文化搞得好，这本身就是社区发展的一个象征。对于一个社区而言，社区文化就是该社区的内在精神气质，一流的社区必然会建设一流的社区文化。

（四）提高社区居民的综合素质

社区文化在提高社区居民综合素质方面的作用主要体现在它的教育功能上。社区针对不同服务对象的特点，开展形式多样的教育活动。例如，开展国家大政方针、法律法规、科技文化知识、医疗、卫生保健等知识的宣传活动，开设服装设计、烹调、缝纫、文艺、健身、机修等培训班，开展群众性的自娱自乐活动等，这不仅可以提高社区居民的社会科学和自然科学知识水平，而且可以使居民在精神上得到慰藉，在思想和道德上受到历练与提升，提高社区居民的综合素质。

五、社区文化建设的途径

社区文化建设可通过以下途径来实现。

（一）开展社区文化活动

社区文化活动多种多样，有琴棋书画、文艺创作、曲艺演奏、武术训练、球类交流、时装表演、保健咨询、烹饪艺术、育儿问答等上百项。社区居民委员会应以社区基层文化站为龙头，以社区各街道办

事处、居民委员会、住宅小区及企事业单位的文化活动场所为活动阵地，利用各种载体引导群众广泛参与，开展生动活泼、丰富多彩的社区文化活动，使拥有不同文化修养及情趣爱好的群众都能各展其长，各得其乐。这样，既能满足社区居民求知上进的心理需求，又能增进社区居民对社区的认同感、自豪感和归属感，促进社区的发展。

（二）发展社区文化产业

社区文化产业的发展是社区文化建设长期发展的强大支撑力量，没有发达的文化产业，社区文化就没有源源不断的资金支持，也没有发展的后劲。发展文化产业首先要建设一批公共文化设施，改善城乡文化环境；其次要根据各地的不同情况，发展传媒业、电影产品业、广告业、旅游业等文化产业，形成地方优势；最后要把文化产业作为一个新的经济增长点，带动相关产业发展，推动社区整体实力的增长。其原则是，满足人民群众日益增长的文化需求，以市场机制来优化配置文化资源。

（三）发挥各种文化组织的作用

在社区文化建设中，除了社区居民委员会、文化企事业单位和文艺团体等政府办的组织外，还有一支生力军就是社区居民自发建立的各种兴趣小组，这些小组对社区文化活动的开展起着组织、协调、促进的作用。应以政府在社区文化建设中的主导作用为前提，逐步推动各种居民兴趣小组的建立，提高社区文化建设的社会化程度，扭转我国社区文化建设过度依赖政府的不良局面。社区居民委员会在开展社区文化活动时，应当与各种兴趣小组保持直接、密切的联系，最大限度地发挥每一个居民的积极性和主动性，创造社区文化建设的新局面。

（四）重视社区文化人才队伍的建设

社区文化人才队伍是开展社区文化建设的主力军，他们活跃在社区文化的各个场合，起着带头作用。在社区文化人才队伍的建设中，需要有专业和业余两支队伍。专业队伍由社区管理人员组成，应及时解决他们的编制问题和待遇问题，面向社会招聘高素质人才充实队伍；在业余队伍建设方面，要以社区文化活动积极分子为核心，建立一支社区文化志愿者队伍，加强培训，不断壮大，以发挥其对社区居民的影响力。

（五）加强对社区文化的制度化管理

在社区文化建设中，要结合社区特色，制定切实可行的社区文化发展规划，进一步加大对学校、幼儿园、图书馆、报刊、俱乐部等文化、学习和娱乐场所的管理，加强对开发中的住房、物业、生活小区的文化事业的管理。特别是加强对社区文化的法治化管理，杜绝一切不良现象的出现，使社区文化的发展有章可循、有法可依。

任务二　城市社区文化建设与管理

一、城市社区文化建设的主要内容

城市社区文化建设是城市化进程中提升居民生活质量、增强社区凝聚力和文化认同的重要举措，其主要内容包括以下几方面。

（一）培育具有现代素质的市民

市民是社区的主体，是社区文明的创造者和体现者，也是社区文化的载体。社区市民的素质如何，直接决定着一个城市的形象。社区文化建设通过有意识地培养居民的道德意识、开放意识、法制意识、崇文意识、现代生活意识，以及健康的心态和良好的行为习惯，进而塑造具有现代素质的市民。

（二）构筑具有特色的城市社区形象文化

社区形象文化主要指社区的外观形象，它包括现代化的基础设施和时尚的外观建筑与装饰。例如，社区的空间布局和建筑的造型、风格、色彩，以及道路、广场、公园、雕塑、路灯、栏杆甚至路牌、广告等，是否整体和谐，是否有审美情趣，是否有文化个性和艺术感。整体和谐、有审美情趣、有文化个性和艺术感的社区给人一种赏心悦目的感觉，吸引着人们在这里居住和生活，也塑造了整个城市的形象。

（三）充分挖掘城市社区历史文化资源

历史文化资源是一个城市社区文化品位和社区文化个性的体现，它奠定了一个社区成为文明社区的基础。城市的历史文化资源是构建城市形象的独有资源，是孕育城市精神的母体和根基，是塑造城市文化个性和独特文化身份的稀有珍品，也是城市给人以丰富的文化想象和文化期待的重要载体，因此是一种难以复制的稀缺资源。

（四）发展繁荣发达的文化产业

社区文化产业作为社区经济的一部分，既可以有力地促进经济发展，也可以提高社区的文化品位。例如，北京的胡同、上海的里弄、苏州的小巷都发展了旅游业，这些伴随着城市的产生而出现，代表着城市过去生活真实写照的文化产业被开发出来，可直接促进城市经济的发展。

（五）开展丰富多彩的群众文化活动

群众文化活动，既指城市市民之间自娱自乐的文化活动，也指一些节庆文化活动、假日旅游活动、休闲文体活动、居民联谊活动等。群众文化是社区文化的重要组成部分，是建设文明社区的重要内容。健康向上、生动活泼、丰富多彩的群众文化活动，不仅可以陶冶人的情操，使居民得到美的享受，还可以提高社区整体文化建设水平。这些文化活动对弘扬我们的传统文化，提高社区居民的文化修养，培育居民的文化意识，增强居民的归属感、认同感、亲情感，都有着不可低估的作用。

二、城市社区文化建设中存在的问题与对策

（一）存在的问题

经过多年发展，我国城市社区文化建设已经取得了丰硕的成果，培育了一批社区文化的先进集体，培养了一批社区文化的优秀人才。但随着社会的发展，知识经济时代的来临，我国城市社区文化建设也出现了一些问题。

1. 城市社区文化活动资源未能得到有效整合

文化资源的所有权、管理权、使用权集中于某些单位，缺乏有效的方法予以调整和利用，造成文化资源时而闲置，时而紧张的现象。即使利用现有的社区文化资源，也要求熟人、托关系，极其麻烦，还存在着"三多三少"现象，即对有形资源重视多，对无形资产利用少；对现有资源使用多，对潜在资源挖掘少；对自家资源利用多，对盘活资源协商少。所以，有效整合利用社区文化资源是现在城市社区文化建设面临的一个严峻问题。

2. 社区文化设施不足

社区体育文化设施，如健身器材、健身场所、文化馆、图书室等相对不足，很难满足社区居民的需求。截至2011年，全国6 524个街道办事处中，共有街道文化站4 545个，没有文化站的占30.33%；全国83 370个社区居民委员会中，共建有社区文化活动室37 732个，没有文化活动室的占54.74%。另外，现有的一些文化设施有的也因经济利益的缘故，转租、转包给了个人，或者移作他用，还有的人借社区文化之名，投资文化建设项目后移花接木，干起了盈利性经营活动，使社区居民无法使用社区公有文化设施。这些都在很大程度上限制了社区文化的发展。

3. 社区文化干部队伍人员不稳定，经费短缺

文化干部队伍，是发展社区文化必不可少的人才保证。然而有的街道办事处没有专职的文化干部，有的虽有，却身兼数职形同虚设。现有的社区文化干部队伍，从年龄结构、文化底蕴方面来说，都满足不了社区文化发展的需求。而社区文化辅导员队伍不足，社区文化骨干队伍缺少专业培训，社区文化志愿者队伍建设刚刚起步，如何提高社区工作人员工资水平，改善他们的待遇是建立社区文化队伍的关键。在社区文化活动经费上也存在着较大问题，2011 年的数据显示，全国城市社区文化活动室获财政拨款 4.08 亿元，平均每个活动室仅 1.08 万元，按城镇人口计算，人均仅为 0.7 元。

4. 社区文化活动的参与程度低

目前，参加社区文化活动的群众积极性不高，意识不强。许多人认为参不参加对他们来说没有什么影响，他们认识不到自己既是社区文化的创造者，又是社区文化的受益者。这导致社区文化的参与度始终处于低水平，如 2012 年，上海市统计局社情民意调查中心利用 12340 社情民意调查专线，对市民对公共文化场所的利用状况开展了一次专题电话调查，结果显示，在过去一年中，青年群体中曾经参与过社区文化活动中心举办的活动的比率为 28.6%，中年群体的参与率为 38.5%，老年群体的参与率为 49.2%，从参与频率看，19.4% 的老年人表示过去一年中每月都去社区文化活动中心活动，而这个比例在中年群体中只有9.2%，青年群体中只有 6.1%，可见社区文化建设要充分发挥其功能，还有很大改进空间。

（二）对策

解决城市社区文化建设中存在的问题有以下几条可行路径。

1. 充分利用城市社区资源

针对各个社区资源条块分割的情况，建立资源共享与利用机制。由市、区级的文化局等部门对社区文化工作进行专项指导和协调，充分利用各个社区的广场、公园、艺术场馆与基础设施。运用市场经济的办法进行运作，在无偿与有偿、低偿与高偿的使用中寻找一个平衡点和契合点，使每一个社区都成为一个开放的社区，既能享用其他社区的优势资源，也能为社区增加自身的优势资源，形成良性的社区资源利用模式。

2. 投资社区文化设施

建立多种投资体制，特别是依靠社会力量办城市社区文化，改变单纯由政府办文化的方式。政府应该重视利用社区的各种力量，以减免税等优惠政策，鼓励物业公司、企业、学校、居民个人投资或利用现有资源兴办社区图书馆、娱乐室、健身房等社区文化设施，走"共识、共办、共荣、共享"之路，合社会之力办文化。还可以发展社区电脑网络体系，建立网上社区中心。

3. 建立一支高素质、高水平的城市社区文化工作队伍

城市社区文化队伍建设应包括三个方面：一是组织管理队伍的建设；二是文化艺术队伍的建设；三是群众文艺骨干队伍的建设。组织管理队伍要引进高层次人才，逐渐提高其待遇，解决其编制问题，增强人员稳定性。文化艺术队伍是专业文艺人才队伍，他们既是领导力量也是参与力量，对他们的培养也决定着社区文化事业的兴衰。群众文艺骨干队伍是社区居民参与社区文化建设的主要力量，他们会内化为强大的凝聚力，带动社区居民参与文化活动。这三支力量都得到加强，社区文化建设事业才有保障。

4. 充分调动和发挥群众的积极性，引导群众广泛参与城市社区文化建设

城市社区居民是社区文化建设的主体。社区通过深入持久地开展文明家庭、文明单位、军民共建、警民共建等群众性文化活动，调动居民的参与热情。运用多种载体，采取群众喜闻乐见的形式，才能保持社区文化的活力，引导群众广泛参与。

三、城市社区文化的管理

城市社区文化的管理包括社区党组织对社区文化活动的组织领导，社区居民委员会对社区文化活动

的组织实施、对社区文化事业和文化经营单位的工作管理，社区文教部门和学校对社区教育的管理四个方面。

（一）社区党组织对社区文化活动的组织领导

首先，要大力弘扬主旋律文化，充分利用一切文化活动形式，宣传社会主义精神文明。其次，要把握社区文化发展的方向，对行为取向不对的文化活动坚决给予取缔，而对有益身心健康的文化活动则要大力扶持。最后，依靠社区群众，发挥社区各文化机关团体和工会、妇联、共青团的作用，及时掌握社区文化活动情况，对社区内各类有组织的文化教育活动进行指导，对分散的文化活动进行引导，保证社区文化活动有序开展。

（二）社区居民委员会对社区文化活动的组织实施

社区居民委员会是负责文化工作的主要组织机构，接受街道办事处领导。除此以外，还有设在社区的文化站、文化室等也是具体负责文化活动组织实施的机构，其职责是在社区党组织的领导和部署下，具体安排和协调社区文化活动，向社区单位和居民提供各类文化服务，并对社区文化活动进行检查评比。社区居民委员会应当积极组织实施社区文化活动，形成活跃的文化氛围。

（三）社区居民委员会对社区文化事业和文化经营单位的管理

社区文化事业单位，如图书馆、博物馆、科技馆、文化教育宫、少年宫、俱乐部、展览馆、剧团等，是国家兴建和扶持的文化公益单位。文化经营单位，如迪厅、卡拉OK厅、录像厅、书店、书报刊摊点等属于盈利性文化企业，是社区文化建设的重要补充。对于文化事业单位要引入竞争机制，搞好挖潜、革新、改造，为社区群众提供更多更好的服务；对于文化经营单位要健全设施，优化营业环境，提高经济效益。

（四）社区文教部门和学校对社区教育的管理

社区教育也是社区文化建设中的一项重要内容，各类岗位培训、职业技术培训、干部职工继续教育培训，以及各种形式的思想政治教育、道德品质教育、理想前途教育，对提高社区居民素质，美化社区环境有着重要意义。社区文教部门应对社区内分散的社区教育活动进行引导和支持，如提供活动场所、咨询、对外宣传，协助招收学员、调剂场地、聘请师资，推广成功经验等。社区学校本身是教育单位，应当积极主动配合有关方面，为社区提供教室、教具、师资等培训条件，共同提高社区居民素质。

任务三 农村社区文化建设与管理

一、农村社区文化建设的意义

农村社区文化建设是"乡村振兴"的主要抓手之一，其意义体现为：

首先，有助于利用先进文化培养新型农民。在不断深入发展新型农村社区过程中，广大农村居民对精神文化的需求日益高涨，党的十六届五中全会提出，新型农民在日常生活中应当拥有相对专业的文化和技术知识，同时能够善于经营，从而促使其整体素质得以提升。加强新型农村社区文化建设，逐渐提升和增加农民的文化素养和专业知识，促使其思想境界能够同新文化保持高度的一致，促使新型农民能够从整体上拥有良好的素质，由此才能够通过提升农民的智力和专业能力促使农村经济得以更快、更好地发展，同时广大农民群众能从中领悟到积极向上、文明健康的文化所带来的价值，并不断地完善自我，在思想和理念上得以更新，并构建优秀的社区景象。

其次，有利于促进社区活力的提升。新时期，我国在进行小康社会建设的过程中，加强了对文化产

业建设的重视，这已经成为我国发展社会经济的重要内容之一。现阶段，较大的发展潜力存在于农村文化市场当中，农民在接触先进文化的基础上增加了对文化消费热情，在积极构建新型农村社区文化的过程中，促使当地文化产业得以建设，在解放剩余劳动力，提升农民物质生活水平上具有重要意义。同时，这一举措还能够促使文化产业快速发展，能有效优化我国经济结构。最后，有利于新型农村社区凝聚力的提升。广大农民朋友能够在统一的活动下聚集于新型农村社区，大家在共同生活的过程中能够通过合作提升生活质量及工作效率，这一过程中大家能够进行更深入的交流，精神生活得以满足，同时提升了农民的归属感，大家在新型社区中感到快乐，就能够更加团结起来维护社区利益。

二、农村社区文化建设取得的初步成就

农村社区文化是由居住在农村的一定地域范围内（非严格的行政区划）的人们，通过一定的纽带和联系而形成的共同的价值观念、生活方式、情感归属和道德规范等。农村社区文化可分为三个层次，即物质文化是制度文化和观念文化。物质文化是指农村社区文化建设所必需的文化设施、文化活动场所等，它是社区文化目标得以实现的依托和保证。制度文化是指社区文化管理制度，它既是社区文化的组成部分，又是社区文化建设的保障。观念文化是指社区居民具有的共同的价值观、社区意识、社区精神等。三者相互联系，相互促进，构成了社区文化统一体。

党的十一届三中全会以后，我国农村率先走上了改革的道路，原有的乡村政治组织结构开始发生变化，人民公社逐渐解体，农民生活的自主性空间增大，乡村社会的公共领域逐渐形成，农民开始有组织地开展各种文化活动。经过30多年的建设和发展，农村经济发生了翻天覆地的变化，社区文化建设也取得了长足的进展。

在看到农村社区文化建设取得的成就的同时，不能忽视一个事实，即农村社区文化建设极大地落后于城市。有的农村社区甚至根本没有文化设施，有的虽然有，却没有合理地利用。许多地方有意无意地忽视文化建设，导致文化建设的滞后甚至倒退。

三、农村社区文化建设存在的问题

农村社区文化建设存在的问题主要表现在以下几个方面。

（一）农村文化机构和人才保障不足

全国约有3 000个乡镇没有文化站，大部分省的乡镇文化站处于瘫痪和半瘫痪的状态。有些农村社区在规划建设中，任由商业、工业企业侵占文化设施用地，导致农村的大量文化设施被拆除，文化活动日益贫乏，已有的文化设施有的也不能运转和发挥功能。截至2011年年底，全国34 139个乡镇综合文化站仅有1 067个乡镇综合文化站为独立核算单位，仅占3.1%。这种情况就造成乡镇综合文化站经费全部依托于乡级政府，资金难以有效监管，部分地区还存在挤占和挪用情况。另外，乡镇综合文化站从业人员中拥有正式编制的人员较少，专业人员缺乏。

（二）部分文化产品与基层群众需求不匹配

改革开放以来，我国农村的社会结构发生了重大变革，大量的青壮年劳动力进城务工，留守农村的只剩下妇女、儿童和老人，他们的整体科学文化素质相对偏低。部分乡镇综合文化站花大力气排演的歌曲、舞蹈类节目，难以调动农村留守人员的热情与参与度，效果远不及秧歌、社火等传统文化活动；部分乡镇综合文化站的藏书多是些哲学、艺术等城市图书馆下架的图书，且书籍更新频率低，农民看不懂、用不上，实际效果非常有限。

（三）公共文化资源存在重复建设现象

由于体制原因，乡镇级公共文化服务设施建设存在多头管理、条块分割的问题，造成资源分散，难

以整合，设施和产品重复建设，效益低下。例如，乡镇综合文化站和农家书屋由于隶属不同部门，在农村经常被分别建设，分开管理，无法形成合力。在数字文化资源建设中，也存在多部门建设、管理的问题，导致资源浪费，这加大了基层公共文化的投入和运营成本，使基层公共文化投入难以有效发挥应有效用。

四、促进农村社区文化建设的对策

（一）多方筹措，加大投资力度，加快社区文化基础设施建设

党的十四届六中全会通过的《中共中央关于加强社会主义精神文明建设若干重要问题的决议》提出，物质保障是我国精神文明建设的重要基础。多方筹措和加大投资力度是保障新型农村社区文化基础设施建设和社区文化整体发展的必要前提，必须在体制和工作方法方面探索新途径，构建有效保障机制，增加物质投入，以充足的物质投入促进农村文化建设。增加物质投入的过程可以按以下步骤进行：首先，建设新型农村社区文化应当得到各级政府的重视，增加资金及物质投入，对农民公平享有公共文化产品的权利进行充分的保证；其次，挖掘地域优势和特色文化产业优势，比如借用龙头企业带动文化产业发展，使之成为新的经济增长点；再次，积极鼓励社会力量捐助创办公益性文化事业，建立投入体系，以政府为主导、社会各界为辅；最后，提高资金使用率，构建资金使用效益评估机制和资金节约机制。

社区只有具备一定的基础设施，才能承担相应的经济文化功能，但从目前大多数农村社区的状况来看，社区文化设施非常简陋，无法真正履行文化供给的功能。因此，必须加强对农村社区文化设施的投入，如办文化大院、图书馆、文化活动中心等；发挥乡镇政府的主导作用，拓宽文化投资渠道，采取多种形式，吸引民间投资，兴办文化产业。

（二）形成良好的社区文化环境

农村社区文化是以农村地域范围为依托的文化，具有浓郁的地方特色，应该因地制宜，利用乡土资源、乡土教材，开展具有地域特色的社区文化活动。具体做法如下：一是采用传统文化活动，如民间的舞狮子、玩龙灯、逛庙会、扭秧歌等，调动群众参与社区文化活动的积极性；二是赋予传统文化活动以新内容，使群众在文化活动中接受现代文明；三是通过多种形式的活动，如戏曲、故事、民谣等推动农村社区文化从多方面展开，形成良好的社区文化环境。

（三）培育社区文化服务人才，发挥农民群众主体作用，加强社区文化服务队伍建设

首先，通过招聘，择优录用思想素质好、专业水平高的工作人员，其在日常工作中应当拥有极大的社区文化事业工作热情，并拥有一定的管理能力；其次，加强社区文化工作人员的培育，使之成为社区文化活动的主力军，培养业余文化人才，壮大业余文化人才队伍，免费培训文艺骨干，适当给予奖励，使社区文化全面活跃起来。最后，要建立培养人才、引进人才、留住人才行之有效的激励机制。将文化建设主体地位归还给社区居民，促使其积极主动地参与到文化建设当中。现阶段我国农村社区居民对文化建设的意识程度不够，因此可以积极采取以下措施：首先，通过社区活动提升居民的社区意识。加强对广播及电视等媒体的应用，开辟专栏进行社区文化报道，宣传过程中应用多种形式及途径，同时充分发挥娱乐活动的优势，活动中能够促使居民不自觉地进行交流，从而提升居民凝聚力。其次，增强信息宣传力度。及时报道我国农村社区文化建设取得的成就，增加居民对社区的了解程度和社区意识，激发其社区参与的行动。三是开展社区文化活动，以广大农村群众喜闻乐见的形式广泛开展文化活动，促使其积极主动地参与到活动中来，并将自身的创造力进行充分地发挥。综上所述，在时代的发展背景下，我国应积极进行社区文化建设，在满足居民需求的基础上，应用创新精神，促使社区文化不断提升高度，促进和谐社区的建设。

课后练习：

1. 名词解释：社区文化。

2. 问答题：

(1) 社区文化的特征是什么？

(2) 社区文化在社区建设中的作用有哪些？

(3) 城市社区文化建设的内容是什么？

(4) 如何加强对城市社区文化建设的管理？

(5) 农村社区文化建设存在的问题是什么，怎样解决？

3. 案例分析题：

(1) 试分析你所在的高校社区在文化建设和管理方面存在的问题并提出相应的解决对策。

(2) 请问你所居住的社区是否有其独特的文化特征？请对社区文化建设提出你的意见。

项目小结

　　本项目学习任务包含社区文化概述、城市社区文化建设与管理、农村社区文化建设与管理三部分。社区文化概述介绍了社区文化的概念、特征、构成要素、社区文化在社区建设中的作用和社区文化建设的途径；城市社区文化建设与管理介绍了城市社区文化建设的主要内容、存在的问题与对策以及管理；农村社区文化建设与管理介绍了农村社区文化建设的意义、取得的初步成就、存在的问题和促进农村社区文化建设的对策。

项目十一 社区教育与管理

学习目标

1. 知识目标：理解社区教育与社区管理的相关知识。
2. 技能目标：具备组织、开展和管理社区教育活动的能力。
3. 素质目标：具备社区教育服务的基本素质。

项目导入

　　社区教育是在一定的地域范围内，充分利用各类教育资源，旨在提高社区全体成员整体素质和生活质量，促进区域经济建设、社会发展和教育自身发展的教育活动。社区教育的内容广泛，从法制教育到道德教育，从生态环境保护到人口教育，再到家政、卫生、艺术、休闲、健康等，几乎涵盖了人们生活的各个方面。这样的教育内容不仅有助于提升居民的个人素质，也促进了社区的和谐与进步。同时，社区教育对于推动终身教育体系的构建和教育改革的进程也具有重要作用。它打破了传统教育的局限性，使得教育不再局限于学校，而是深入到社区的每个角落，每个人都可以在社区教育中找到适合自己的学习方式和内容。

　　本项目包含社区教育概述、城市社区教育与管理、农村社区教育与管理三个学习任务。

任务一　社区教育概述

一、社区教育的含义

　　社区教育最早可以溯源至丹麦人柯隆威 1844 年创办的第一所民众高等学校。而现代意义上的社区教育从 20 世纪初在欧美一些国家出现，距今已有近百年的历史。它指的是运用本社区教育、文化等资源，面向本社区全体公民，以促进本社区人的发展与社区发展为目标的各类教育活动。社区教育是社会发展和时代变革的产物，其内容和形式灵活多样，包括生活、工作等人类所有活动的教育，如社区政治、经济、文化、艺术、家庭、人际交往等。在社区教育发展的过程中，不同的国家走过了不同的道路，体现了不同的特色，形成了对社区教育不同的理解。

　　第一种理解是把社区教育界定为民众教育，如北欧国家，丹麦的柯隆威等于 19 世纪中叶创办民众高等学校，体现"为民众启蒙、为民众教育"的宗旨，以青年与成人为教育对象，实施以提高人文素质为主要目标的、灵活多样的教育活动。发展到今天，尽管北欧国家的社区教育已形成各自特色，内涵也已超越了初始的民众教育，形式更是丰富多样，但在北欧诸国却少见社区教育的提法，而民众教育则耳熟能详。第二种理解是把社区教育界定为社会教育，如在日本，社会教育几乎是社区教育的同义词。1949年，日本颁布的《社会教育法》明确地把社会教育定义为除《学校教育法》所规定的学校教育活动之外，面向全体社会成员所实施的有组织的教育活动。第三种理解是把社区教育界定为向社区提供教育服务的非正规教育，如美国的社区教育就被认为是为社区不同种族、性别、年龄、职业、状况的所有成员

提供非正规的社会教育服务。在社区学院内，教育内容非常宽泛，完全根据社区居民的实际需要来组织课程，教学形式与方法更是灵活多样，但一般不计学分，不发文凭，不授予学位。

在我国，社区教育起步于20世纪80年代初期，是在国家实行改革开放后，在总结原有学校教育、家庭教育、社会教育相结合经验的基础上，借鉴国外社区教育的经验，从国内不同地域的实际出发，通过试点逐步发展起来的。社区教育的目标主要是提供广泛的教育机会和资源，促进社区居民的个人发展和社会参与能力的提高，包括提供基础教育和终身学习机会，培养创新精神和实践能力，以及提升文化品位和审美能力等。

对社区教育的含义之所以出现种种不同的理解，究其原因，一是因为现代社区教育的发展历史不长。二是因为现代意义上的社区教育体现的是一种全新的教育思想，是对传统教育观念的革命性发展，内涵具有前所未有的复杂性、包容性、边缘性和前瞻性，不是传统教育概念能够轻易概括得了的。三是因为社区教育的发展形势、快慢等直接决定于具体地区的社会状况，而不会遵循统一的历程与模式。

经过长期的实践开拓和切磋探讨，人们对社区教育的理解正在不断深化，并正在取得越来越多的共识。关于社区教育，人们已经取得了如下的共识：①社区教育是由社区举办的教育，是社区内所有教育机构、教育力量的协同教育活动，是学校教育与社会教育的结合。②社区教育是适应社会发展需要而产生的，它是为社区所有成员提供的教育服务。③社区教育的内容不仅仅是专业学科的教育，其已经发展成为扫盲教育、法制教育、道德教育、生态环境保护教育、人口教育、家政教育、家长教育、妇女教育、卫生教育、艺术欣赏、闲暇教育、健康活动等多形式、宽领域、全方位的教育活动。

从这三个基本点出发来认识社区教育，能够发现社区教育既包括学校教育，也包括校外教育和家庭教育；既包括普通教育，也包括职业技术教育和成人教育；既包括青少年教育，也包括学前教育和继续教育，乃至终身教育等。就社区教育的机构来说，既包括社会组织开办的文化或技术学校，又包括各种私立的学校；既包括社区办的学前班，又包括成人或老年人所需要的生活方式、健康锻炼方式的教育。就社区教育的内容来说，既包括科学技术知识的教授，又包括思想观念、伦理道德的培育。

根据这种情况，综合国内外对社区教育的定义，可将社区教育界定为：在一定地域范围内，充分利用各类教育资源，旨在提高社区全体成员整体素质和生活质量，促进区域经济建设、社会发展和教育自身发展的教育活动。

二、社区教育对社区的作用

社区教育对社区的作用体现在以下几个方面。

（一）作为强化社区功能手段的社区教育

1. 知识补充教育

其包括对社区居民进行文化、社会、经济及公共事务等方面的专业和非专业的知识教育，弥补正规教育的不足和满足居民对新知识的需求。

2. 社会控制教育

其主要指社区行为规范教育，包括道德、纪律、政策法令及文明风尚教育，不断提高居民的文明水平，维护社区的正常生活。

3. 社区发展教育

其包括知识、行为、态度和价值观等与社区发展相关的基本素质教育，特别是人的全面发展教育。

（二）作为社区服务内容的社区教育

1. 家庭生活教育

从衣食住行、生老病死、家庭关系、子女教育到邻里沟通等都是家庭生活教育的内容，其目的在于传播现代生活价值观念和技巧，提高社区居民家庭生活的质量。

2. 公民素质教育

为了充分调动公民参与社会、经济、政治、文化等方面的积极性而进行的基本教育，如培养公民意识、法制意识、社会公德意识等。

（三）作为社区文化建设内容的社区教育

其主要是带有本社区特色的教育。由于每个社区的地理位置、自然条件、历史背景、经济发展水平，以及人员构成不尽相同，因而所要解决的社会问题也不尽相同。各社区的教育重点、内容、模式等均具有社区特色。例如，我国深圳市宝安区沙井镇，常住人口只有 2.5 万人，而外来人口则高达 49 万人。显然，该镇社区教育的重点应放在外来人口教育上。为此，该镇开办了外来人口学校，对全镇外来人口分期、分批进行培训，学习内容有法律、环保、安全、婚育、行为习惯等；与此同时，该镇还为外来人口提供学历教育服务，从整体上提高他们的文化素质。

三、社区教育的形式

社区成员构成的复杂性决定了社区教育形式的多样性，使得社区教育的形式多种多样。

具体来说，有灵活机动的教育形式，如一年一度的"终身学习节""朝夕教育公园""双休日教育公园""亲子学堂"等；有常年设立的讲课性质的教育形式，如"青年技能辅导站""课外学校"等；有社区举办的专题讲座、竞赛、表演、展示、座谈、研讨、参观等各种形式的活动，也有志愿者提供的环境保护教育、人口意识教育等，还有社区成员互动式教育，如敬老家庭评比、文明标兵选举等；有社区学校提供的学科教育，如"周日学校"等；有社区企业提供的公益宣传；还有为青年人和老年人提供心理疏导的"谈心室"，以及专为特殊人群服务的教育，如为聋哑人学习交流提供服务的"周日无声沙龙"等（见表 11-1）。

表 11-1　社区活动形式

分类	活动类型	活动形式
活动时间	临时活动、长期活动	讲座、表演、竞赛、展示、座谈、研讨、培训、参观、郊游、谈心等各种形式
活动地点	室内活动、室外活动	
活动主办者	社区主办、志愿者提供、社区成员互动、社区学校主办、社区企业主办	
活动参与者	幼儿、青年、老人、特殊人群	

四、社区教育的职责划分

发展社区教育必须坚持以"三个服务"为目标，即为社区物质文明建设服务，为社区精神文明建设服务，为社区全体成员的自身发展服务。街道办事处和社区居民委员会承担着社区教育组织、管理的职责，其各自的职责划分如下所示。

（一）街道办事处的主要职责

街道办事处作为城市基层管理的重要部门，要建立和完善社区教育组织体系，成立以社区党组织负责的社区教育委员会，成员由社区内的中小学校、机关、企事业单位，派出所等有关部门人员组成。形成一个集学校教育、机关教育、职工教育、社会教育于一体的区域性的社会化教育网络，为社区教育提供良好的活动氛围。

1. 组织建设与队伍管理

街道办事处负责建立和完善社区教育组织架构，选拔和培养一支专业化的社区教育队伍。通过制定

教育培训计划，加强队伍的业务能力和服务意识，确保社区教育工作的顺利开展。

2. 资源整合与开发

充分利用和整合社区内的各类教育资源，包括学校、文化机构、企事业单位等，开发符合社区居民需求的教育课程和活动。同时，鼓励居民参与社区教育资源的共建共享，提升资源的利用效率。

3. 辅导与培训服务

街道办事处面向不同年龄、不同需求的居民提供教育辅导和培训服务。包括学历提升、职业技能培训、生活技能培训等，旨在提高居民的整体素质和生活质量。

4. 教育实践活动

组织开展各类教育实践活动，如主题讲座、展览、文艺演出等，丰富居民的文化生活，提升居民的文化素养和审美水平。

5. 理论研究与提升

关注社区教育的发展趋势和前沿理论，结合社区实际情况进行理论研究，不断提升社区教育的水平和质量。

6. 法律法规与就业培训

加强对社区居民的法律法规教育，提升居民的法律意识和法治观念。同时，针对有就业需求的居民，提供就业指导和职业技能培训，帮助居民实现就业和再就业。

7. 青少年儿童教育

关注青少年儿童的教育成长，提供多样化的教育服务和活动，促进青少年儿童的全面发展，包括提供课外辅导、兴趣培养、心理健康教育等。

8. 老年人文化娱乐

针对老年人的特点和需求，组织文化娱乐活动，丰富老年人的精神生活，提升老年人的生活质量和幸福感。

9. 家庭教育指导

提供家庭教育指导和咨询服务，帮助家长掌握科学的教育方法，建立良好的家庭教育环境，促进孩子的健康成长。

10. 心理健康教育

加强心理健康教育，提升居民的心理素质和抗压能力。通过举办讲座、开展心理辅导等形式，帮助居民建立健康的心态和生活方式。

11. 与人力资源部门合作

与人力资源部门建立紧密的合作关系，共同推动社区教育的发展。通过共享资源、互通信息等方式，提高社区教育的针对性和实效性。

12. 社区教育计划制定

根据社区实际情况和居民需求，制定详细的社区教育计划。明确教育目标、内容、形式和时间安排等，确保社区教育工作的有序进行。

13. 社区教育计划实施

按照制定的社区教育计划，组织开展各类教育活动和课程。确保计划的顺利实施，达到预期的教育效果。

14. 社区教育计划评估

对社区教育计划的实施效果进行评估和反馈。通过收集居民意见、分析教育成果等方式，评估计划的实效性和满意度，为改进计划提供依据。

15. 社区教育计划改进

根据评估结果和居民反馈，及时调整和改进社区教育计划。不断优化教育内容和形式，提高社区教育的质量和水平。

（二）社区居民委员会的主要职责

1. 开辟社区教育基地

因地制宜，利用社区文化室，图书室，学校教室，机关、企事业单位的会议室定期或不定期地开展社区教育活动，或者"厂区"联办，或者"校区"联办成立市民教育培训基地。利用广播、宣传栏、公共宣传板、固定宣传标牌等进行经常性的社区舆论宣传教育。

2. 建立一支社区教育志愿者队伍

由社区工作者、社区综合治理特派员、社区民警、社区居民中的教师、专业技术管理干部、机关干部等组成的志愿者队伍，主动积极地开展有社区特色的教育活动。

3. 注重社区教育与群众性创建活动相结合、家庭教育与社区教育相结合

以群众自我教育为主，以居民中的典型事例为题材，开展群众自评、互评的"五好家庭""五好门栋"等活动，开展法律咨询服务和刑释解教人员的帮教安置工作。

4. 开办市民文明学校

围绕"市民文明规范准则""市民礼仪"及家庭教育等内容开展群众性的教育活动，提高社区居民素质。

五、社区教育的功能

社区教育的功能在于促进社区发展，具体来说，主要体现在以下几个方面。

（一）促进社区内的经济与科学技术的发展

通过提高人的综合素质，使人们更多地了解各方面的文化知识，更好地从事各项工作。对于下岗和再就业的社区居民而言，社区教育可以帮助他们开拓新的就业方向，改变自身命运，从而促进生产力的发展。

（二）促进社区内文化教育事业的发展

社区教育的实质就是通过教育与社会相互沟通、双向服务，逐步使社区各方面力量都能对教育事业做出贡献，把教育的发展当成与社区的利益密切相关的事业来做，使社区教育成为社会主义文化教育事业发展的新形式。

（三）促进教育体制的改革

社会主义市场经济体制的建立和发展，要求教育体制与之相适应。在城市，一些地区在街道办事处建立了由经济、科技、教育、计划、劳动、人事等方面负责人参加的教育领导小组（或称教育委员会），统筹教育与经济、科技、社会的发展。于是，街道办事处增加了教育职能，社区教育领导小组成为教育与社会一体化的桥梁和纽带。在农村，县、乡两级统筹各类教育，使经济、科技、教育相结合，更好地为当地经济建设和社会全面进步服务。社区教育的发展推动了教育体制的改革。

（四）促进学习型社会的创建

学习型社会是教育与学习贯穿于任何时候、任何领域、任何过程的社会，是人人学习、全时空学习、自主学习的社会。社区教育为社区成员提供创建学习型社会的教育体系，克服了传统教育对入学者资格的限制，克服了空间、时间、教学形式、学习内容、学习方式、考核评价等方面的限制和障碍。立足社区，重视社区教育，有助于创建学习型社会。

六、建立和完善社区教育管理体制

社区教育管理就其本质而言是开发社区教育资源的一种沟通协调的组织行为。社区教育管理有经验

管理、行政管理和科学管理三种行为模式。经验管理是传统管理方式，而行政管理是政府行为，只有科学管理才是最适应社区发展的管理模式。

科学管理是政府统筹领导、教育部门牵头、有关部门配合、社会积极支持、社区自主活动、群众广泛参与的社区教育管理模式。地方政府要把社区教育工作纳入区域经济建设和社会发展规划，纳入教育事业发展规划，调动、统筹、协调各方力量支持和参与社区教育工作，创造有利于社区教育工作的舆论氛围和政策环境；社区内的各类学校，应结合自身实际情况，通过多种途径和形式，最大限度地将学校教育资源向社会开放，有条件的学校要通过现代信息技术和远程教育网络，为社区居民提供多种多样的教育服务；社区内各有关部门和单位可以为学生提供社会实践机会和场所，社区内的图书馆、文化馆等教育、文化、科研、体育公共设施，应面向社区成员有序开放，为社区群众提供教育活动场所，形成资源共享，社会与教育双向互动的社区教育运行机制。

科学管理要求建立社区教育评价体系，社区教育评价应当遵循导向性、科学性、合理性和综合性原则。聘请专业人员组成社区教育评价组织，在评价中采用定量和定性分析相结合的方法，评价地方政府在社区教育方面的成绩，引导社区教育的发展。

任务二　城市社区教育管理

一、我国城市社区教育的兴起

现代意义上的城市社区教育，兴起于20世纪二三十年代，而这一概念在国际上被广泛承认，则是第二次世界大战以后的事情；到20世纪80年代中期，城市社区教育才在我国受到应有的重视。20世纪80年代初期，随着经济体制改革的深入，教育领域内的一些深层次矛盾日渐暴露，人们要求教育改革的呼声日益高涨。1985年5月，中共中央发布了《关于教育体制改革的决定》，以此为契机，全国掀起了教育改革的新高潮，基础教育、职业技术教育、高等教育、成人教育都在深化改革，社区教育也在改革中应运而生。80年代中期，上海市首先出现了社区教育委员会。

2019年2月，中共中央、国务院出台《中国教育现代化2035》，对教育现代化建设进程做出全面系统的规划，将"构建服务全民的终身学习体系"列为十大战略任务之一。2022年10月，中国共产党第二十次全国代表大会召开，大会报告要求深入实施科教兴国战略、人才强国战略、创新驱动发展战略，将办好人民满意的教育视为首要任务，并提出建设全民终身学习的学习型社会、学习型大国。2023年5月29日，习近平总书记在中共中央政治局第五次集体学习时再次强调这一任务，并系统阐释了建设教育强国的重要意义与深刻内涵，为中华民族伟大复兴提供有力支撑。由此可见，建设全民终身学习的学习型社会、学习型大国，是我国在新时代加快推进中国式教育现代化、加快建设教育强国的关键举措。

二、当前我国城市社区教育的主要内容

（一）大力开展丰富多彩的社区教育活动

城市社区教育要针对社区居民的需求，广泛开展针对不同类型人群的各类教育培训。尤其是针对城市社区企业职工比较多的情况，大力开展企业职工思想教育培训、职业技术培训、再就业培训、转岗培训、外来人口培训等。

（二）广泛开展学习型社区和学习型组织的创建工作

创建学习型社区和学习型组织是社区教育的重要内容。学习型社区是指以社区终身教育网络和学习

型组织为基础，能保障和满足社区成员基本学习权利和终身学习需求，从而促进社区成员素质和生活质量提高，以及社区可持续发展的一种新型社区。它是以终身教育体系和学习型组织为基础的社区，学习型社区的特征有：①社区内基本形成全民学习、终身学习的共识和氛围；②各类教育资源实现整合、开放、共享，基本满足社区成员多样化学习需求；③各种学习型组织普遍建立，如学习型家庭、学习型楼组、学习型企业、学习型事业单位、学习型社会团体和学习型政府机构等；④居民对社区终身学习有较高的认同与满意度。

（三）整合优化社区教育资源，建立社区教育网络

城市社区可在统筹整合当地教育资源的基础上，建立融广播电视教育、现代远程教育、自学考试、各类成人教育和职业培训为一体的社区教育中心。以社区教育中心为社区教育办学网络的龙头，发挥对本地区社区教育工作的组织、协调、指导、服务、辐射、带动作用。

三、城市社区教育管理模式

城市社区教育管理模式有以下五种。

（一）以街道办事处为中心进行的联动型社区教育模式

此类模式是目前我国社区教育的主要形式。其内涵是街道办事处作为所辖行政区域的社区教育组织者、实施者、监督者、协调者，以社区服务及社区文化为着眼点进行各种休闲、文化、活动性的社区教育。其运作方式为：①街道办事处相关职能科室按行政方式布置、检查社区教育工作。②成立社区教育委员会，联合有关职能部门及驻区单位参加社区教育工作，即"街道牵头、社会参与、双向服务"模式。此模式带有较强的行政管理色彩，易于街道办事处发挥主导作用，并可在一定限度内调动社区各界资源，但也易于产生流于形式的弊端。

（二）以中小学校为主体进行的活动型社区教育模式

此模式是由教育系统内部发展起来的，并日渐完善的教育形式。其内涵为中小学作为区域性社区教育的组织者、协调者，利用自身办学资源优势开展校外活动。其运作方式为：①以学校为主体组织本校或社区内中小学生参加各种形式的课外教育活动。②由学校牵头组建社区教育协调委员会，定期研究校外教育工作，参与学校课外活动协调与管理，并向社区居民开放校内文体活动设施，即"协调课外活动，开放文体设施"模式。

此模式能够较充分地利用中小学校办学资源，教育行为较为规范。但是，学校在调动社区资源方面存在组织层面的先天不足，社区资源整合作用微乎其微。社区居民将以学校名义开展的社区教育活动往往定位在保育或青少年课外活动层面上，难以真正起到社区教育的作用。此种模式近年出现一种新的变化趋势，即成人教育，尤其是地区所属成人高等学校参与到区域性社区教育中来，并且日益突显出其不同于中小学的特有功能与价值。

（三）以社区学院为载体进行的综合型社区教育模式

其内涵为社区学院作为区域性社区教育的龙头单位，通过理事会和文明市民学校，以学历教育、非学历教育为手段进行文化性、职业性、专业性社区教育。其具体运作方式为接受街道办事处、民政局或者区域内单位委托，通过专业开发、课程开发、项目开发等多种手段组织教育教学活动。

此模式易于同区域内政府职能部门和辖区单位进行业务沟通，易于系统内资源重组，发挥成人高校办学优势。但是，此模式也同样存在整合社区教育资源不足的问题。此外，在与现有高教管理体制的相容性、传统学校教育综合改造、社区教育的投入与产出、社会各界对社区学院认可度、理事会作用发挥等方面均存在众多难题，阻碍着它的正常发展。

（四）以地域为边界进行的自治型社区教育模式

此类模式近期亦有较大发展。其内涵为由社会各界共同组成的社区教育协调委员会对本社区教育进行总体协调和具体策划。其运作方式为由辖区各行各业较有影响并且热心社区教育的单位，或由某一功能齐全的单位牵头组成专门机构，利用各成员单位在各自行业的影响和资源，开展"社区是我家，建设靠大家"式的社区教育活动。

此模式中的辖区各界参与社区建设，社区教育意识较强，居民自治意识初见端倪，然而由于组织松散，难以形成持久而有效的核心和合力。此模式较适用于行业主体单一，且占据辖区主导地位的单质社区。

（五）以社区大众传媒为平台的媒介型社区教育模式

此模式构建的平台是媒介，因而传播速度快，传输量大，教育效率高。此外由于借助了网络等现代化媒介，教育者和学习者的互动性增强，教育的针对性和实效性得以提高。但此模式对硬件要求较高，财力和人力投入大，不是每个社区都具备此条件。另外，还要求社区成员有经常接触媒介的习惯，否则教育效果将大打折扣。

任务三 农村社区教育管理

一、我国农村社区教育的兴起

20世纪80年代以前，农村已有培训性质学校的雏形，如科技下乡活动等，到20世纪80年代及以后，真正意义上的农村社区教育才兴起。随着改革开放的进行，农村经济快速发展，农民收入不断增加，转向追求与城市生活一样的高质量、高品位的生活。而第三产业的蓬勃兴起，也为城乡居民提供了更多的就业机会和门路，同时也要求人有更高的素质。农村的发展呼唤着社区教育。

党的二十大报告提出，全面推进乡村振兴。从实施到全面推进，乡村振兴已成为我国构建新发展格局、推动高质量发展的重要组成部分。社区教育在实现全面乡村振兴方面发挥着不可替代的重要作用，积极提升服务乡村振兴的能力水平，以社区教育助力乡村振兴是新时代赋予的重要责任和神圣使命。

二、农村社区教育的对象和内容

农村社区教育的对象具有全员性，不分男女老幼、不分学历，社区居民都可以参加。

农村社区教育的内容具有全面性和全程性。不同规模、条件的农村社区，不同时期有不同的侧重点。当前，农村社区教育要把服务于农民增收致富，抓好农村劳动力转移培训，提高农民素质作为工作重点。

（一）服务于农民持续增收

促进农民持续增收，是乡村振兴战略的中心任务，是实现农民精神生活共同富裕的重要基础，是社区教育当前和今后一个时期的主要任务。共同富裕是包括物质生活和精神生活在内的共同富裕。农民持续增收，一方面能够不断提升获得感、幸福感、安全感，增强勤劳致富的精神动力；另一方面，也会相应增加在教育、文化、娱乐等方面的支出，不断满足新时代农民多样化、多层次、多方面的精神文化需求。

（二）抓好农村劳动力转移培训

发展农民教育培训，培育高素质农民，提升农业经营者素质能力，才能为主体发展提供持久动力。连续六届"全国十佳农民"评选名单中，专科以上学历层次的农民占 61.7%。据统计，美国家庭农场主 90% 具有高中及以上文化程度，荷兰 90% 的农民受过中等教育，法国农民一般具有高中或大专文化，日韩农民普遍高中毕业。这说明农业从业者的能力素质决定了农业效益的成色，因而要抓好农村劳动力转移培训。

（三）重视从根本上提高农民素质，培养新型农民队伍

培养造就新型农民队伍，准确把握农民教育的丰富内涵是前提。相较于普通国民教育、职业教育等专业领域，农民教育处于经济发展和乡村治理的交叉地带，涉及社会治理、乡村振兴、产业发展甚至垃圾分类等方方面面，复杂程度高、覆盖面广、需求多元的特点突出。因此，做好新时代农民教育，必须围绕农民自身发展的多元诉求施行分类教育，围绕不同地区的多样特质回应特定发展阶段的特定需求，努力实现农民教育与国家战略的适应性发展。从全面了解产业扶持、财政补贴、金融保险、社会保障等政策支持，到掌握市场规律、法律法规和农业知识，再到操作农机器具、掌握种植养殖技术等，只有精准设计教育内容和方法，才能让农民教育取得实实在在的成效。

三、农村社区教育的管理模式

目前，我国农村社区教育已经形成的主要类型有政府统筹型、学校辐射型、厂矿单位中心型、"学校—家庭—社会"三结合型、"学校—学校"联合体的教育园区（小区）型、政府机构与社区合作办学型、以社会为主体的社区学校实体型等。其中，适合农村社区教育的管理模式主要是政府统筹型和学校辐射型。

（一）政府统筹型社区教育模式

政府统筹型社区教育模式的主要特点是：政府牵头，统筹协调农村小城镇社区内的教育、科技、文化、卫生、经济、公安等部门和工、青、妇等社团组织，发挥各自优势，共同开展城镇社区教育。该模式具有权威性高、统筹性强、覆盖面广三大优势，是目前小城镇农村社区教育的主要模式之一。

（二）学校辐射型社区教育模式

学校辐射型社区教育模式的主要特点是：全力搞好农村小城镇社区内的学校建设，并以学校教育为中心，利用学校的教育、文化和人才方面的优势，向社区内的社会教育、家庭教育及其他社会事业延伸、扩展，推动教育社会化，动员学校力量为社区的建设和发展做贡献。

（三）双向参与型社区教育模式

双向参与型社区教育模式的主要特点是：学校与社区内特别是学校周围的有关单位，本着互惠互利、自觉自愿、双向服务、共同育人的原则，发挥各自优势，参与对方的一些活动，共同推动社区发展。

（四）家教扩大型社区教育模式

家教扩大型社区教育模式的主要特点是：社区教育从家庭教育起步，进入发展期后，由家庭教育向社区教育的其他方面扩展。各级中小学扮演了社区教育的主体角色，而家长学校是社区教育的主要办学形式。

（五）全程教育模式

全程教育模式的特点是：在党政统筹协调下，一般由教育行政机关具体牵头组织，把隶属的教育、科技、农业、中学、职业学校、中专、技校、大专（主要指高校在农村小城镇地区设立的分校、分部，高等教育自学工作站，高等教育的远程教育工作站）、成人学校、老年学校等教育实体，都尽量统筹起来，在社区内开展针对所有年龄段的社区成员的各种各样的教育，形成终身教育、全程教育的纵向网络。

（六）厂矿企业合作型社区教育模式

厂矿企业合作型模式的主要特点是：一些大中型工厂、矿山、农场地处城市化的农村地区，由这些工矿企业对当地社区的经济和社会发展有很大的影响。由这些工矿企业的教育机构牵头，组织附近的乡、村、学校等，相互支持，形成合力，共同开展社区教育，推动社区经济建设和发展。

（七）军民共建型社区教育模式

一些农村小城镇为部队驻地，形成了军民共建型的农村社区教育模式，它的主要特点是：军民双方共同出人、出钱、出物，共同开展小城镇农村社区教育，推进小城镇社区教育的发展。

（八）农科教结合型社区教育模式

农科教结合型社区教育模式的特点是：把各个部门和系统的职业技术教育、中小学的劳动技术教育、成人文化基础知识及实用技术教育、社会文化生活教育及农业科学技术的推广普及工作等结合起来，把文化知识和科学技术之"水"，通过教育之"渠"，引入当地社区建设、社会发展之"田"，推动以经济建设为中心的社区的全面进步。

（九）农业高科技园区社区教育模式

农业高科技园区社区教育模式的特点是：以农业科学技术的研究开发、推广为农村小城镇化社区教育的主要内容，以农业科技园区为该社区的核心地区，然后向附近乡、村适度辐射。经营机制有的是当地乡村、农业公司、高校或农业科研教育部门的结合，有的是由县政府、县某个职能部门控股，乡村则以土地使用权入股。

课后练习：

1. 名词解释：（1）社区教育；（2）学习型社区；（3）农村社区教育。

2. 问答题：

（1）社区教育对于社区的作用有哪些？

（2）当前我国城市社区教育的主要内容？

（3）农村社区教育的管理模式有哪些？

3. 案例分析题：

（1）在某市的一个居民社区中，该社区居民以中老年人为主，由于工作变动、子女外出求学或工作等原因，他们面临着生活方式的转变和知识技能更新的挑战。为了提高社区居民的生活质量，推动社区文化建设，社区管理组织决定开展一系列的教育活动。

请问：该社区教育活动应该偏向哪一方面？策划一场适宜该社区的教育活动。

（2）2022宝山区立足区域发展需求，形成"一体三翼"的教育融入社区治理新模式，挂牌成立了宝山区社区学院、第二老年大学、社区治理学院，希望在促进社区教育深度发展的同时为城市建设和科学管理提供支持，形成宝贵的"宝山经验"。

请说明该城市社区教育管理模式。

（3）黑木耳变身为农民快速增收的"金耳朵"，有来自高科技园区精准帮扶的一份力。高科技园区推进科技援疆项目阿克苏地区黑木耳"万亩亿元"工程，利用当地苹果、梨等果木的果枝作为菌棒的原料，就地取材创造黑木耳生产线，成功推广黑木耳1 000余万棒，果园亩均增收1万元，户均增收超3 900元。

请结合案例说明农业高科技园区社区教育模式的特点。

项目小结

　　本项目内容包含社区教育概述、城市社区教育与管理、农村社区教育与管理三部分学习任务。社区教育概述介绍了社区教育的含义、对社区的作用、形式、职责划分、功能，以及建立和完善社区教育管理体制；城市社区教育与管理介绍了我国城市社区教育的兴起、当前我国城市社区教育的主要内容和城市社区教育管理模式；农村社区教育与管理介绍了我国农村社区教育的兴起、农村社区教育的对象和内容、农村社区教育的管理模式。

项目十二　社区治安管理

社区治安管理

学习目标

1. 知识目标：理解社区治安管理的相关知识。
2. 技能目标：具备区分城市社区治安管理与农村社区治安管理的能力。
3. 素质目标：具备社区治安管理服务的基本素质。

项目导入

一个安全、稳定、和谐的社区环境，是吸引居民、促进社区发展的基础条件。通过加强社区治安管理，可以有效预防和打击各类违法犯罪活动，维护社区秩序，为社区的经济发展、文化繁荣和社会进步提供有力保障。

本项目任务一详细阐述了社区治安管理的定义、主体和对象，深入探讨了社区治安管理的特征，明确了社区治安管理的方法。任务二和任务三对城市社区与农村社区各自的不同特性进行了阐述，并对两者在社区治安管理上所遇到的挑战和创新方法进行了细致的分析。

任务一　社区治安管理概述

一、社区治安管理的概念

（一）治安管理

治安管理，也叫治安行政管理，是公安机关为维护社会治安秩序，保障社会生活正常进行而依法从事的行政管理行为，是国家行政管理工作的重要组成部分。它涉及社会的每一个行业、每一个角落和每一个人，具体包括户籍管理、公共秩序管理、危险物品管理、消防管理、边防管理、出入境管理等各个方面。

治安管理的核心目标是预防、发现和控制违法犯罪活动，保障国家经济建设的顺利进行和公共利益的安全。其范围广泛，包括打击犯罪、防范犯罪、教育和改造罪犯等环节，旨在堵塞犯罪漏洞、减少治安问题、建立良好秩序。

（二）社区治安管理

社区治安管理是指在一定地域内对社会治安问题进行治理，是社区治安管理主体依靠社区群众，协同公安、司法机关，对涉及社区的社会秩序和人民群众生命财产安全的问题依法进行治理，促进社区秩序安定有序的过程。社区治安管理是国家公安保卫职能的延伸。

（三）我国社会治安出现的新情况和特点

第一，犯罪形式多样化。随着科技的进步和社会的发展，犯罪形式也在不断变化，呈现出多样化的趋势。例如，网络犯罪成了一个新的重点，包括网络诈骗、网络攻击、侵犯个人隐私等。这些新型犯罪手段隐蔽性强、传播速度快，给社会治安带来了新的挑战。

第二，跨地区、跨国犯罪增多。随着全球化的加速，跨地区、跨国犯罪逐渐增多。犯罪分子利用国际间的执法差异和信息不对称，进行跨境犯罪活动，如跨国电信网络诈骗、跨境贩毒等。

第三，社会矛盾和纠纷复杂。社会经济的快速发展带来了利益格局的深刻调整，社会矛盾和纠纷日益复杂。一些涉及民生问题的纠纷，如拆迁、环保、劳资纠纷等，如果处理不当，可能引发群体性事件，对社会治安造成影响。

第四，犯罪组织化、团伙化趋势明显。一些犯罪活动逐渐呈现出组织化、团伙化的特点。这些犯罪组织往往有明确的分工和层级结构，采用更加隐蔽和复杂的手段进行犯罪活动，给打击犯罪工作带来了更大的难度。

二、社区治安管理的主体和对象

（一）社区治安管理的主体

社区治安管理的主体，是负责维护社区治安秩序，保障居民生命财产安全的组织和个人。

从狭义上讲，社区治安管理的主体主要是公安机关及其派出机构。这些机构作为专业的执法部门，承担着维护社区治安秩序、保障居民生命财产安全的重要职责。公安机关在社区治安管理中发挥着核心作用，负责制定和执行相关的治安政策和法规，确保社区治安工作的有序开展。它们负责打击各类违法犯罪行为，包括盗窃、抢劫、诈骗等，维护社区的公共安全。同时，公安机关还负责处理各类治安案件，包括邻里纠纷、家庭暴力等，维护社区的和谐稳定。公安机关的派出机构，如派出所、警务室等，是公安机关在社区中的延伸和补充。它们与居民日常生活紧密相连，负责具体的治安巡逻、安全防范、宣传教育等工作。派出机构的工作人员深入社区，与居民建立联系，了解社区治安状况，及时发现和解决问题，确保社区的安宁和稳定。

从广义上讲，社区治安管理的主体涵盖了多个层面和组织，如基层政府组织、群众自治组织以及社区内企事业单位等，它们共同协作，致力于维护社区治安秩序和保障居民生命财产安全。基层政府组织在社区治安管理中扮演着重要角色。例如，城市的街道办事处和农村的村委会，它们作为地方政府的基层组织，负责协调和指导社区治安工作。这些组织通过制定社区治安管理制度、组织社区巡逻、调解邻里纠纷等方式，积极参与社区治安的维护。群众自治组织也是社区治安管理的重要力量。居民委员会、业主委员会等群众自治组织，它们代表居民的利益和需求，在维护社区治安方面发挥着重要作用。这些组织通过加强居民的安全教育、组织社区活动、协助公安机关处理治安问题等方式，增强居民的安全意识和自我保护能力。社区内企事业单位也承担着一定的社区治安管理职责。这些单位的保卫部门负责维护单位内部及其周边地区的安全稳定，与公安机关和社区组织保持密切联系，共同应对治安问题。

（二）社区治安管理的对象

社区治安管理的对象一般是指社区治安职能部门依法调整的同社区治安有关的社会关系，主要包括社区居民、公共区域、企业商户、外来人员、安全隐患以及公共设施等多个方面。

其一，社区居民。作为社区治安管理的主要对象，居民的行为和活动直接影响着社区的治安状况。社区治安管理需要关注居民的生活安全、防范和打击各种违法犯罪行为，保护居民的合法权益。

其二，社区公共区域。社区内的公共区域，如公园、广场、道路、楼道等，是居民日常活动的重要场所。社区治安管理需要确保这些区域的秩序良好，防止各种危害社区治安事件的发生，为居民提供一个安全、舒适的生活环境。

其三，社区内企业、商户。社区内的企业、商户也是社区治安管理的重要对象。这些单位在经营活动中需要遵守相关法律法规，不得从事违法经营活动，否则将对社区治安造成不良影响。

其四，社区外来人员。随着社区人口的流动，外来人员也成为社区治安管理的重要对象。社区治安管理需要加强对外来人员的管理，了解其基本情况，防范和打击各种违法犯罪行为，确保社区的安全稳定。

其五，社区内的安全隐患。社区内可能存在的安全隐患，如消防隐患、交通安全隐患等，也是社区治安管理的对象。社区治安管理需要加强对这些隐患的排查和整治，防止安全事故的发生，保障居民的生命财产安全。

其六，社区内的公共设施。社区内的公共设施（如路灯、监控设备、消防设施等）对于维护社区治安起着重要作用。社区治安管理需要确保这些设施的正常运行，及时维修和更新损坏的设施，提高社区治安防控能力。

三、社区治安管理的特征

社区治安管理有以下特征。

1. 区域性

社区治安的区域性是指社区治安是在一定范围或地域内的治安活动。不同的社区在人口密度、人口素质、职业结构、生活方式、居住条件、地理位置、地理环境、生产布局、商业分布、交通运输、民风民俗等方面存在差异。由于社区治安管理职责是按行政区域划分的，这就使社区治安工作具有很强的区域性特征。

2. 法律性

社区治安的法律性是指社区治安活动是一定区域内的一种行政执法活动。社区治安的这一重要属性主要表现在以下四个方面。

（1）社区治安的职权是国家赋予，并以法律的形式规定和确认的。社区治安是国家管理中对社会治安秩序的专门管理。管理的根本目标是维护和巩固体现统治阶级意志并符合统治阶级需要的社会治安秩序。为了保证这一目标的实现，国家赋予社区治安部门一定的职权，并以法律、法规的形式加以规定和确认。

（2）社区治安活动的实质是对法律、法规的贯彻、执行和运用。社区治安中的各种管理活动，包括社区治安主体内部的管理，都是以社区治安法律、法规为依据的。社区治安法律、法规明确规定了社区治安的职能、任务、手段和作用；规定了人民群众在社会治安方面的权利、义务及行为规范；规定了社区治安中专项业务管理的职责范围、管理对象、管理的方式和要求；规定了治安处罚的程序、种类、界限及某些限定条件。在社区治安的实际工作中，法律、法规又是实施管理的一种手段。

（3）社区治安的主体也要用法律、法规约束自己的行为。社区治安部门和公安干警是社区治安的主体，但是在实施管理的全部活动中，他们也要用法律、法规约束自己的行为。

（4）社区治安的执法活动必须接受党、国家和人民的监督。

3. 整合性

社区的整合性是指各要素之间的彼此适应与调节，以达到相互协调和良性运作。它主要包括建立社区组织，制定社区工作计划；按照政府的社区政策，实施社区的自治管理，维护社区成员的利益；提出解决问题的方法，实施综合治理。社区治安的整合性是与此相适应的，它是指社区管理机构在辖区内发挥治安管理功能的整体合力和效应，实施综合治理。

社区治安是社会管理整体中的一个要素。社区治安是一个系统工程，但对于社会管理的整体而言，其工作范围和对象又具有相对的独立性。作为一个开放的系统，社区治安需要不断地与周围环境进行能量交换，以保持自己的生命力和活力，社区治安的工作内容要随着环境的变化而变化。作为社会管理整体中的一个要素，社区治安工作必须注意发挥自身的社会管理整合功能，这样才能取得更好的成效。

社区治安工作自身是一个统一的组织体系。社区治安任务的完成不仅依靠各级社区治安机构自身，而且在完成任务的过程中还需要协调有关部门，依靠群众自治组织，建立某种组织形式，彼此之间进行通力合作。因此，在社区治安工作中要重视整体组织效益，把个体功能变成整体功能，提高工作效率。社区治安中任何一项具体工作都可视为一个独立的系统。一般来讲，任何一项社区治安工作都由与目标有关的"人、物、地、事"四个要素组成，而每个要素又由众多的环节统一构成。因此，要做好每项社区治安工作，必须使"人、物、地、事"各个方面及各个环节都发挥其应有的功能。只有这样，管理目标才能实现；否则，任何一个方面、任何一个环节出现问题，都会导致整个社区治安工做出现失误。

4. 群众性

社区治安的群众性是指治安工作对群众强烈的依赖性。从整体上说，群众既是社区治安的客体，又是社区治安的主体。要搞好社区治安工作，永远离不开社区内各个成员的积极参与。"发案少、秩序好、群众满意"是社区治安的目标，同时也是检验和评价一个社区治安状况的标准。因此，社区治安工作必须以群众满意为标准，尊重群众的意愿，听取群众的建议和意见，解决群众关心的热点难点问题。

5. 相关性

社区治安问题的产生是社会各类矛盾在社区的综合反映。它与社会其他领域的某些方面存在着相互关联的关系。社区治安成效、治安问题、违法犯罪活动、社区治安手段、社区治安工作的发展趋势等，都要受到社会诸多因素的制约和影响。

四、社区治安管理的方法

社区治安管理有许多方法，主要体现为：

1. 巡逻与防范

巡逻与防范是社区治安管理的首要任务，旨在通过主动出击，及时发现并预防违法犯罪活动的发生。首先，巡逻工作需要制定详细的计划，明确巡逻的时间、路线和频率，确保每个区域都能得到充分地覆盖。巡逻人员应具备高度的警觉性和责任心，能够敏锐地发现异常情况，并采取相应的措施。其次，防范工作同样重要。通过加强门禁管理，安装门禁系统，限制非社区人员进入，可以有效减少外来风险。同时，加强社区内的消防安全、交通安全等方面的管理，确保居民的生活安全。此外，针对社区内可能存在的重点区域和时段，如学校、商业区、夜间等，需要加大巡逻和防范力度，确保这些区域的安全稳定。

2. 技防与信息化建设

技防与信息化建设是提升社区治安管理水平的重要手段，通过科技手段提高治安管理的效率和准确性。首先，技防设施的安装和使用至关重要。监控摄像头可以实时监控社区内的活动情况，为案件侦破提供重要线索；门禁系统可以限制非社区人员进入，减少安全隐患；报警器可以及时发出警报，提醒居民和相关部门处理紧急情况。信息化建设也是关键，通过建立社区安全信息网络，实现信息的快速传递和共享，有助于及时发现和处理各类安全事件。利用信息化手段，如社区警务 APP、微信公众号等，可以方便居民随时报告安全问题，提高治安管理的效率和便捷性。数据分析也是信息化建设的重要应用之一。通过对社区治安数据的收集、整理和分析，可以了解治安状况的变化趋势，为制定针对性的管理措施提供依据。

3. 群防群治与宣传教育

群防群治与宣传教育是社区治安管理的重要组成部分，旨在发动和组织社区居民共同参与治安管理工作，提高居民的安全意识和自我防范能力。群防群治强调社区居民的参与和协作。通过组织居民参与巡逻、守望相助等活动，形成邻里守望、互助互保的良好氛围。这不仅可以增强社区的整体安全防范能力，还能加深居民之间的交流和联系。宣传教育是提高居民安全意识的重要途径，通过举办安全知识讲座、发放宣

传资料、开展应急演练等方式，向居民普及安全知识，提高他们的自我防范能力。还可以利用社区广播、宣传栏等渠道，定期发布安全提示和警情信息，提醒居民注意安全问题。针对特定人群和特殊时期，如儿童、老人、节假日等，需要开展有针对性地宣传教育工作，确保这些人群的安全和稳定。

4. 依法治理与应急响应

依法治理与应急响应是社区治安管理的有力保障，旨在通过依法处理治安问题和快速响应紧急情况，维护社区的法律秩序和居民的生命财产安全。依法治理是社区治安管理的基石。在处理各类治安问题时，必须遵循法律法规，确保执法的公正性和合法性。对于违法犯罪行为，要坚决打击，维护社区的法律秩序。同时，也要加强对社区居民的法律教育，提高他们的法律意识和法治观念。应急响应是处理紧急情况的关键。通过建立快速反应机制，与公安、消防等部门建立紧密联系，确保在发生安全事件时能够迅速响应，及时处置。此外，社区内部也要建立相应的应急处理流程，确保在紧急情况下能够有序、高效地开展工作。

任务二　城市社区治安管理

一、城市社区治安的主要特点与问题

（一）城市社区治安的主要特点

1. 城市社区安全受到社区成员异质化的制约

城市居民在职业上、文化上、身份上、信仰上、背景上、地位上呈现出明显的异质性。同时，由于社区资源不足，它难以为大多数社区成员寻找各种支持和发展的机会，使得社区成员必须从社区外部寻找各种支持和发展，因此，必然导致社区居民缺乏社区参与意识、归属感和责任意识，缺乏对邻里、对社区整体安全利益的关注和参与。社区安全也明显受制于社区成员异质化的扩大。

2. 城市社区安全受到社会大环境的制约

社会大环境与社区安全有着直接的关系。社区不是独立于社会之外的孤岛，社区是社会的一部分，社区安全问题与整个社会治安问题，与社会转型、经济转型及国家制度和政策安排密切相关。当前，地区经济增长和社会发展的差距不断扩大，社会安全问题频发。部分人生存和发展的要求得不到实现，必然从总体上影响到社会安定，产生更多的社会治安问题。

（二）当今城市社区治安面临的主要问题

1. 盗窃、抢劫等侵财性案件频发

这类犯罪行为不仅直接威胁到居民的财产安全，还可能导致居民对社区安全感的降低，影响社区的和谐稳定。

2. 社区人员结构复杂，管理难度加大

随着城市化进程的加速，城市社区的人口流动日益频繁，社区内人员构成复杂，包括不同职业、年龄、文化背景的人群。这种复杂性给社区治安工作带来了更大的挑战，需要社区治安管理部门投入更多的人力、物力和财力来加强管理和防范。

3. 治安设施建设不足和警务人员配备不达标

一些老旧社区或城乡结合部的治安设施相对薄弱，监控设备不足，导致治安防控能力受限。同时，社区警务人员的数量和质量也需要进一步提升，以满足日益复杂的治安需求。

4. 工作机制不够顺畅也影响了社区治安工作的效率

社区治安工作需要各部门之间的密切配合和合作，但在实际操作中，由于信息共享和协作不够密

切，导致治安问题的处理效率不高。

5. 居民的安全意识和自我防范能力薄弱

一些居民缺乏必要的安全意识，对社区治安问题重视不够，容易成为犯罪分子的目标。

二、城市社区治安管理中的职责分工

（一）政府在城市社区治安管理中的职责

政府在城市社区治安管理中承担着制定法律法规、组织协调工作、投入资源建设、培训管理人员以及加强与居民沟通等多项职责。政府需要制定和执行相关的法律法规，为社区治安管理提供法律保障。这包括制定治安管理政策、规定和措施，确保社区治安管理的各项工作有法可依、有章可循。政府要负责组织和协调社区治安管理的各项工作，包括建立健全社区治安管理的组织体系，明确各部门的职责和分工，加强部门之间的协作与配合，形成合力共同维护社区治安。政府还需要投入必要的资源，加强社区治安基础设施建设。这包括建设和完善社区监控系统、警务室等，提高社区治安防范能力。同时，政府还要加强对社区治安管理人员的培训和管理，提高他们的业务素质和执法水平。通过定期的培训和教育，使社区治安管理人员能够更好地履行职责，维护社区的安全稳定。政府还需要加强与社区居民的沟通与互动，了解他们的需求和关切，积极回应他们的诉求。通过举办座谈会、听证会等形式，广泛征求居民对社区治安管理的意见和建议，不断改进和优化管理工作。

（二）政法机关在城市社区治安管理中的职责

政法机关在城市社区治安管理中发挥着重要的职责和作用，他们通过执行法律、组织协调、提供法律咨询和法律援助、预防和减少治安问题等方式，共同维护社区的安全稳定。政法机关负责执行与社区治安管理相关的法律法规，确保社区治安管理的各项工作都在法律框架内进行。这包括依法对社区内的治安问题进行处置，对违法犯罪行为进行打击和制裁，维护社区内的法制秩序。另外，政法机关在社区治安管理中还发挥着组织协调的作用。他们会与社区内的其他组织、机构以及居民密切合作，共同制定和执行治安管理措施。例如，与社区警务室、居民委员会等建立协作机制，共同开展巡逻防控、矛盾纠纷调解等工作。此外，政法机关还负责提供法律咨询和法律援助服务。他们会向社区居民普及法律知识，提高居民的法律意识和自我防范能力。同时，对于涉及法律问题的纠纷和案件，政法机关会提供专业的法律咨询和法律援助，帮助居民维护自身合法权益。政法机关还承担着预防和减少社区治安问题的职责。他们会定期分析社区治安形势，研究治安问题的根源和规律，提出针对性地预防措施。同时，通过加强宣传教育、完善治安设施等手段，提高社区的整体安全防范水平。

（三）街道办事处在城市社区治安管理中的职责

街道办事处在城市社区治安管理中的职责有以下三方面。

（1）致力于加强社区的治安管理，维护社区的政治稳定和社会安定。这包括积极采取各种措施，如加强巡逻、设立安全岗亭、推广安全知识等，以确保社区居民的生命财产安全。

（2）街道办事处负责宣传与治安管理有关的法律法规，并制定辖区内的治安管理计划。通过举办宣传活动、发放宣传资料等方式，提高居民的法律意识和治安防范意识，促进社区的法治化进程。

（3）街道办事处负责组织建立社区治安志愿者队伍，实行群防群治。他们积极发动社区居民参与治安管理工作，组建治安巡逻队、义务调解员等志愿者队伍，共同维护社区的治安秩序。

街道办事处在综合执法方面的具体表现：

（1）对社区内的各种机构进行执法监督，确保社区内的各类活动符合法律法规的要求。他们配合相关部门开展执法行动，打击各类违法犯罪行为，维护社区的法治环境。

（2）指导居民委员会的工作，促进居民委员会建设，提高居民委员会自治能力。他们通过培训、指

导等方式，帮助居民委员会更好地履行职责，发挥其在社区治安管理中的积极作用。

（3）积极协调、督促、检查地区性、社会性工作发展，领导人民武装、统战工作和共青团、妇联、工会等群众组织，共同维护社区的治安稳定。

（四）社区居民委员会在城市社区治安管理中的职责

在城市社区治安管理中，社区居委会的职责有：第一，社区居民委员会需要积极宣传治安管理的相关法律法规和政策，提高居民的法治意识和自我防范能力。他们可以通过举办讲座、发放宣传资料等方式，向居民普及法律知识，教育居民遵守社会公德和居民公约，依法履行应尽的义务。第二，居民委员会要组织居民参与社区治安防范工作，实行群防群治。他们可以动员社区居民参与治安巡逻、邻里守望等活动，及时发现和报告可疑情况，共同维护社区的安全稳定。第三，居民委员会还需要调解居民之间的民事纠纷和邻里矛盾，促进家庭和睦、邻里和谐。他们可以通过设立调解委员会或调解员，及时介入处理矛盾纠纷，防止矛盾激化，维护社区的和谐稳定。第四，居民委员会还要协助相关部门开展社区警务工作，加强与公安机关等警务单位的沟通协作，共同维护社区的治安秩序。他们可以建立信息共享机制，及时向公安机关反映社区治安情况，协助公安机关开展社区巡逻、安保等工作。第五，居民委员会还负责收集社区居民的需求和诉求，及时向街道办事处或有关部门反映，为居民提供必要的帮助和支持。他们可以通过开展居民意见调查、设立意见箱等方式，收集居民的意见和建议，为改进社区治安管理工作提供参考。

（五）居民个人在城市社区治安管理中的义务和责任

居民有义务遵守国家法律法规和社区规章制度，维护社区的治安秩序。这包括不参与任何违法犯罪活动，不传播谣言或制造恐慌，不扰乱公共秩序等。居民应自觉遵守法律法规，为社区的和谐稳定做出贡献。居民有责任增强自我防范意识，提高自我保护能力，应该了解并学习基本的治安防范知识，如防火、防盗、防骗等，以应对可能发生的治安问题。同时，居民还应注意个人财物的安全，不随意泄露个人信息，避免成为犯罪分子的目标。此外，居民应积极参与社区治安防范工作，共同维护社区的安全。参加社区组织的治安巡逻、邻里守望等活动，及时发现并报告可疑情况，为社区的治安稳定贡献力量。同时，居民之间也可以相互帮助、相互支持，共同营造一个安全、和谐的居住环境。最后，居民有义务协助公安机关和其他相关部门开展治安管理工作。当发现违法犯罪行为或治安问题时，居民应及时向公安机关报告，为打击犯罪、维护社区治安提供线索和证据。同时，居民还应积极配合相关部门进行入户调查、安全检查等工作，确保社区治安工作的顺利进行。

三、健全社区治安防范体系

健全社区治安防范体系可从以下几方面久久为功。

第一，加强巡逻布控是关键措施之一。通过增加巡逻警力，特别是在夜间和重点区域的巡逻频次，可以有效预防和打击违法犯罪活动。同时，利用科技手段，如安装监控摄像头、建立电子门禁系统等，可以实现对社区内的全方位监控，提高治安防控能力。

第二，加强治安防控预案建设必不可少。制定切实可行的治安防控行动预案，可以确保在发生突发事件或犯罪活动时，能够迅速、有效地进行处置。此外，根据社区特点，探索与之相适应的多种防控模式，如户院联勤等，可以进一步提升治安防控效果。

第三，建立健全的基层治安防控网络至关重要。这包括加强社区警务室建设，充实基层警力配置，确保社区民警能够到岗尽职。同时，发挥社区自治组织、物业公司、居民志愿者等多元主体的作用，形成群防群治的工作格局。

第四，提高居民的安全意识和自我防范能力是重要环节。通过开展安全知识宣传教育活动，提高居民对治安问题的认识和重视程度，使其能够积极参与治安防范工作。同时，加强社区内的消防、交通等安全管理，确保居民的生命财产安全。

第五，加强与其他部门的协作配合是重要方面。例如，与公安、消防、城管等部门建立联动机制，共同应对社区内的治安问题；与周边社区或单位建立联防联控机制，实现资源共享、信息互通等。

四、城市社区治安管理的实践与探索

城市社区治安管理的实践与探索可从以下几个方面展开。

（一）依托社区平台，建立科技创新体制

社区科技创安是指社区利用现代科技手段，如物联网、大数据、人工智能等，来加强治安防控工作，提升社区的安全水平。通过科技创安，社区可以实现智能化管理，包括智能门禁、智能监控、智能报警等系统，从而有效预防和打击犯罪行为，保障居民的生命财产安全。社区科技创安还可以提升居民的安全感和幸福感，通过科技手段提高社区服务的效率和质量，为居民提供更加便捷、高效的生活体验。这也有助于加强社区居民之间的联系和互动，形成更加和谐、安全的社区氛围。

以重庆市渝中区为例，该区近年来积极推动智慧社区建设，并成功建立了基层智慧治理平台（图12-1）。这个平台以智能中枢为底座支撑，采用"1+4+N"的架构，实现了对社区内各项服务的智能化管理。在这个平台上，不仅完成了全区 11 个街道、79 个社区的基础数据库初始化，还通过开发新的基层智慧治理应用场景，为在全市范围内推广该平台积累了经验。这样的智慧社区平台不仅提升了社区管理的效率，而且为科技创新在社区的应用提供了广阔的空间。

图 12-1　重庆市渝中区基层智慧治理平台[①]

广州市天河区也在智慧社区建设方面取得了显著成果。该区采用了智能云闸系统，实现了门禁控制、访客管理和车辆识别等功能。居民可以通过手机 App 或物联网家居控制中心对家庭设备进行远程控制，享受智能化的生活服务。这种科技创新的应用不仅提升了社区居民的生活质量，也推动了社区内科技创新氛围的形成。此外，还有一些社区在科技创新方面进行了更为深入的探索。例如，一些社区引入了物联网技术，实现了对垃圾分类、停车场管理、门禁系统等多个方面的实时监控和管理。这种技术的应用既提高了社区管理的效率，也为科技创新在社区层面的推广和应用提供了有益的尝试。

---

① 资料来源：https：//baijiahao. baidu. com/s？id＝1738133820060425054&wfr＝spider&for＝pc

（二）加强警务建设，确保社区安全

警务人员在社区管理中扮演着至关重要的角色，他们是维护社区安全的重要力量，需要勇于担当、保持高度警惕，及时处置各类危机事件。他们还需要与社区居民建立良好的互动关系，积极参与社区活动，增进与居民的交流与合作，提高社区居民对警方的信任度。

社区安全与警务建设还需要重视预防工作。通过加强安全管理、规范社区秩序、提升居民的安全防范意识等方式，可以有效地预防和减少治安问题的发生。同时，还需要加强对重点区域和重点人群的监管和防控工作，确保社区的安全稳定。

其一，智能警务系统建设。警方通过引入智能化管理系统，如人脸识别、大数据分析等技术，对社区进行全方位、全天候的监控。这些系统能够实时分析社区内的安全状况，预警潜在的安全风险，并快速响应各类突发事件。通过整合各类数据资源，智能警务系统能够实现对社区治安状况的全面掌控，有效预防和打击各类违法犯罪活动，提升社区的整体安全水平。

其二，社区警务室建设。社区警务室作为警方与社区居民之间的桥梁，发挥着重要的作用。一些社区警务室通过加强硬件设施建设，如增设监控摄像头、安装报警装置等，提升了对社区治安的监控能力。同时，社区警务室还积极开展各类安全防范宣传活动，提高居民的安全意识，引导居民积极参与到社区治安管理中来。

其三，警民互动与协作。警方与居民之间建立紧密的互动与协作关系。警方通过开展"警民恳谈会""警民联防联控"等活动，深入了解居民的需求和关切，及时回应居民的诉求和建议。居民也积极参与到社区治安管理中来，通过提供线索、协助警方破案等方式，共同维护社区的安全稳定。

其四，专项行动与整治。针对社区内存在的突出治安问题，警方会定期开展专项行动和整治工作。例如，针对电动车乱停乱放、私拉乱接电线等安全隐患问题，警方会联合社区工作人员进行集中排查和整治。通过这些行动，警方能够有效消除安全隐患，维护社区的安全秩序。

（三）注重群防群治，维护社区安全

群防群治是群众性自防自治活动的简称，具体是指在各级党委、政府的领导和专门机关的指导下，群众自己组织起来，预防和治理违法犯罪活动，维护所在地区或单位治安的一种活动。这是社区治安管理社会化的具体体现，是建设平安辖区、构建和谐社会的基础工程。注重群防群治，维护社区安全是确保居民生活安宁、和谐稳定的重要举措。群防群治强调社区居民的广泛参与和共同责任，通过集体力量来预防和应对治安问题，形成社区安全共建、共治、共享的良好局面。

（四）实行保安制度，巩固社区安全

社区保安是指负责维护社区安全和治安秩序的专职人员，其任务包括巡逻、防范和处理突发事件等。为了确保社区保安队伍的专业性和高效性，通常会有一定的劳动定额和人员配置标准。例如，固定岗保安员每人当值时可监护的面积、巡逻保安员每组可监护的面积等都会有明确规定。同时，还会根据社区的规模和安全需求，合理配置保安管理人员，如主管、班长等。社区保安在维护社区安全方面发挥着重要作用。他们不仅需要具备高度的责任心和警惕性，还需要掌握一定的安全知识和技能，以应对各种突发情况。同时，他们也需要与社区居民保持良好的沟通和合作，共同营造一个安全、和谐、宜居的社区环境。他们的主要职责是确保社区内居民的人身安全和财产安全，以及维护社区的正常秩序。

社区保安通常具备以下特点：

（1）巡逻检查。保安人员会在社区内进行定期或不定期地巡逻，检查社区内的安全状况，确保没有异常情况发生。

（2）门禁管理。对于社区的进出口，保安人员会进行严格的管理，确保只有合法人员才能进出社区，防止不法分子混入社区。

（3）事件处理。一旦发生突发事件，如火灾、盗窃等，保安人员会迅速做出反应，采取适当的措施进行处理，并及时报警或通知相关部门。

（4）文明执勤。社区保安在执勤时，应展现文明礼貌的态度，尊重每一位社区居民，并依法依规进行工作。

任务三　农村社区治安管理

一、农村社区治安的主要特点与问题

（一）农村社区治安的主要特点

1. 治安防范难度大

由于农村社区人口分散、居住不集中，给治安防范工作带来了较大的难度。农村社区的基础设施建设相对滞后，如监控设施不完善会给治安防范工作带来巨大挑战。农村社区地广人稀，居民居住分散，这使得治安防范工作难以全面覆盖，治安力量难以有效集中和部署。同时，农村社区的基础设施建设相对滞后，监控设备、信息平台等技防、物防设施覆盖率低，这也增加了治安防范的难度。

2. 农村社区治安的经费投入有限

农村社区经济发展水平相对较低，导致治安防范经费有限，难以投入大量的人力、物力和财力进行治安防范工作。同时，由于农村社区的教育、文化、科技发展水平较低，居民的安全意识和防范技能也相对薄弱，这进一步加大了治安防范的难度。

（二）当今农村社区治安面临的主要问题

1. 犯罪率上升

随着农村社区经济的发展和人口结构的变化，一些新的治安问题开始凸显。例如，打工经济的兴起导致农村社区出现了留守老人和儿童的问题，这在一定程度上增加了犯罪发生的可能性。同时，一些不法分子利用农村社区的管理漏洞进行盗窃、诈骗等犯罪活动，导致农村社区犯罪率上升。

2. 社会矛盾增多

由于农村社区经济发展不平衡、文化差异大等原因，一些社会矛盾开始显现。例如，外出务工导致的夫妻分离、土地纠纷等，都可能引发治安问题。农村社区还存在一些其他的治安隐患，如家庭矛盾、邻里纠纷等。这些问题虽然看似琐碎，但如果不加以妥善处理，很容易引发治安事件。同时，农村社区中的黑恶势力、赌博活动等也常冒头，这些问题对治安防范工作提出了更高的要求。

3. 地方邪教组织成为影响农村社区稳定的潜在因素

地方邪教组织利用一些复杂的心理和社会因素，吸引和蛊惑群众，从而在农村社区中制造混乱和不安。邪教组织常常打着宗教、气功、传统文化等旗号，利用一些群众对疾病、贫困等问题的担忧和不满，以"治病""脱贫""消灾"等借口为幌子，诱骗群众加入。这些群众往往在经济、生活或精神层面遇到困境，邪教组织则趁机承诺给予他们希望或指出解决之道，从而获取他们的信任和依赖。邪教组织往往通过小恩小惠、感情拉拢、物质诱惑等手段，对群众进行精神控制。他们制造、散布迷信邪说，挑拨党群关系、冲击党政机关，甚至干涉基层政务、侵蚀基层党政组织。这些行为不仅扰乱了农村社区的正常秩序，还侵蚀了群众的思想观念，导致农村社区社会道德水平的下降。再者，农村社区的经济社会发展水平相对落后，群众的科学文化素质普遍不高，对邪教的识别和防范能力较弱。一些邪教组织利用这一点，在农村社区中传播邪教思想，制造社会恐慌和混乱。此外，农村社区的社会治安防控体系相对薄弱，对邪教组织的打击力度不够。一些邪教组织在农村社区中活动猖獗，甚至与黑恶势力勾

结，对社会治安构成严重威胁。

二、农村社区治安管理中的职责分工

（一）乡镇党委、政府在农村社区治安管理中的职责

乡镇党委、政府在农村社区治安管理中发挥着引领、协调、监督和服务的多重作用，对于维护农村社区的稳定、和谐至关重要。第一，乡镇党委和政府要确保党的路线、方针、政策在农村社区得到坚决的贯彻执行，这包括对治安管理工作的指导和监督。还需负责抓好本乡镇的党建工作、群团工作、精神文明建设工作以及新闻宣传工作，这些内容往往与农村社区的治安状况息息相关。第二，乡镇党委和政府需要负责本行政区域内的民政、文化教育、卫生、体育等社会公益事业的综合性工作。其中，维护一切经济单位和个人的正当经济权益，取缔非法经济活动，调解和处理民事纠纷，打击刑事犯罪，都是维护农村社区治安稳定的重要任务。第三，乡镇党委和政府应加强对村庄的治安环境的监督管理，定期巡逻，及时发现和解决问题，以维护村庄的治安秩序。他们还需建立健全村庄的治安防控机制，组织治安巡查，及时发现安全隐患并采取措施解决。此外，处理村庄内的社会纠纷，提供调解服务，促进和解，减少社会矛盾，也是他们的重要职责。第四，乡镇党委和政府还应加强宣传教育，提高居民的治安意识和法律意识。他们需组织开展社会治安宣传活动，发放宣传资料，向居民介绍防范和应对犯罪的基本知识。第五，乡镇党委和政府还需负责完成县委、县政府交办的其他工作任务，这些任务可能包括推进安防设施建设、加强人员信息登记管理、强化社区警务室建设等，以进一步提升农村社区的治安管理水平。

（二）村民委员会在农村社区治安管理中的职责

村民委员会在农村社区治安管理中承担着多方面的职责，通过其努力，可以有效维护村内的治安秩序，促进村内的和谐稳定和发展。第一，村民委员会作为基层群众性自治组织，负责处理村内公共事务、发展公益事业，以及调解村民之间的纠纷。村民委员会需要密切关注村内的治安状况，及时发现并处理各种治安问题，以维护村内的和谐稳定。第二，村民委员会负责向村民宣传法律、法规和国家的政策，教育和引导村民行使法律赋予的权利和履行法律规定的义务。这包括提高村民的法律意识和治安防范意识，使他们能够更好地保护自己的合法权益，同时遵守法律法规，共同维护村内的治安秩序。第三，村民委员会还需协助有关部门对依法被判处缓刑、假释或剥夺政治权利的犯罪分子进行教育和管理，帮助教育有轻微违法犯罪行为的人员，以及安置和教育刑满释放、解除劳教的人员，防止他们重新违法犯罪。这有助于减少村内的犯罪率，提高村民的安全感。第四，在治安防范方面，村民委员会动员和组织群众维护辖区社会治安，认真落实治安承包责任制，进行防火、防盗安全检查。他们还通过发挥治安保卫委员会的作用，加强群防群治，提高村民的自防自治能力。第五，村民委员会还需要支持和帮助农村合作经济组织依法独立进行经济活动，保障集体经济组织和村民承包经营者的合法权益。这有助于促进村内的经济发展，提高村民的生活水平。第六，村民委员会还需向人民政府反映村民的意见、要求和提出建议。作为村民与政府之间的桥梁和纽带，村民委员会在维护村民权益、促进政府与村民之间的沟通和合作方面发挥着重要作用。

（三）农村治保会在农村社区治安管理中的职责

农村治保会在农村社区治安管理中扮演着至关重要的角色，其主要职责包括以下几个方面：第一，农村治保会需要积极组织和动员群众参与治安防范工作，提高群众的安全防范意识。这包括开展防偷、防电诈、防骗等知识宣传，增强村民的法治意识，使他们能够主动参与到维护社会治安的行动中来。第二，农村治保会要及时掌握本区域的治安信息，对可能存在的治安隐患进行排查和整改，并协助公安部门做好保卫工作。他们需要定期巡逻，发现问题及时处理，确保农村社区的治安稳定。同时，农村治保会还要协助相关部门对重点人员进行监督考察，对有可能危害社会治安的人员进行教育和管理。他们还需要积极揭发检举违法犯罪行为，及时向公安机关报告，为打击犯罪提供有力支持。第三，农村治保会还承担着调解村民纠纷的职责。他们需要及时介入村民之间的矛盾冲突，进行调解和疏导，防止矛盾升级，维护农村社区的和谐稳定。农村治保会还要定期组织召开会议，分析当前村内治安工作的形势和问题，采取有效措施加以解决。他们还要认真完成上级交办的各项工作任务，确保农村社区的治安管理工作得到有效落实。

（四）农村治安联防队在农村社区治安管理中的职责

农村治安联防队在农村社区治安管理中扮演着重要的角色，农村治安联防队为农村社区的安全稳定提供了坚实的保障。他们需要不断学习和加强能力建设，以适应不断变化的治安形势和村民的需求。他们的职责主要包括以下几个方面：第一，维护社区安全。治安联防队的首要任务是确保农村社区的安全稳定。他们通过巡逻、值守等方式防范和打击各类违法犯罪活动，减少危害治安事件的发生。第二，开展法制宣传。治安联防队积极向村民宣传法律法规，提高村民的法律意识和自我防范能力。他们通过举办讲座、发放宣传资料等方式，普及法律知识，增强村民的法治观念。第三，处理突发事件。在发生突发事件或紧急情况时，治安联防队需要及时响应，采取有效措施，保护村民的生命财产安全。他们可能需要协助公安机关处理案件，维护现场秩序，防止事态扩大。第四，收集情报信息。治安联防队还需要积极收集社区内的情报信息，包括各类违法犯罪线索、安全隐患等，并及时上报给相关部门，为打击犯罪和预防治安问题提供有力支持。第四，协调社区关系。治安联防队还负责化解村内矛盾，协调社区内的各种关系，包括村民之间的矛盾纠纷、邻里关系等。他们通过调解、协商等方式，促进社区和谐稳定。

三、加强农村社区治安管理的主要措施

加强农村社区治安管理的主要措施为防范和打击。

（一）防范

1. 完善农村治安防控体系

建立健全农村治安防控网络，包括村级警务室、治安巡逻队等，确保农村治安防控无死角。加强农村警务室建设，提高警务室工作人员的业务能力和服务水平，使其成为维护农村治安的重要力量。推广农村治安防控信息化系统，利用现代科技手段提高治安防控效率。

2. 加强农村矛盾纠纷排查化解

建立健全农村矛盾纠纷排查化解机制，定期排查农村矛盾纠纷，及时化解矛盾，防止矛盾激化。加强农村法律宣传和普及工作，提高农民的法律意识和维权能力。建立农村法律援助制度，为农民提供法律援助服务，保障农民合法权益。

3. 加强农村流动人口和出租屋管理

建立健全农村流动人口和出租屋管理制度，加强对流动人口和出租屋的登记、管理和服务。加强对流动人口的法制教育和道德教育，提高流动人口的文明素质和法律意识。定期对出租屋进行安全检查，及时发现并消除安全隐患。

4. 加强农村公共安全监管

加强对农村公共安全设施的监管和维护，确保公共安全设施的正常运行。加强对农村公共场所的安全管理，防止发生安全事故。加强对农村危险化学品、易燃易爆物品等危险物品的管理，防止发生危险物品泄漏、爆炸等事故。

5. 加强农村治安队伍建设

加大对农村治安队伍的培训力度，提高治安队员的素质和能力。建立健全农村治安队伍激励机制，激发治安队员的工作积极性和创造力。加强农村治安队伍与村民的沟通和联系，增强村民对治安队伍的信任和支持。

6. 加强农村法制宣传教育

开展形式多样的农村法制宣传教育活动，增强农民的法律意识和法制观念。宣传普及法律知识，提高农民对违法犯罪行为的防范意识和应对能力。通过典型案例剖析，引导农民树立正确的价值观，培养他们遵守行为准则的意识。

（二）打击

1. 严厉打击邪教、非法宗教活动，遏制其在农村发展蔓延的势头

坚持"保护合法，制止非法，打击犯罪，抵制渗透"的原则，在邪教、非法宗教活动猖獗的地区，适时组织力量开展专项斗争，实行露头就打，同时还要教育人民群众自觉抵制邪教和非法宗教活动，决不让邪教、非法宗教有藏身的场所。

2. 严厉打击、及时铲除危害一方的农村恶势力犯罪

在一些农村地区，以流氓、恶棍、"两劳"释放人员为主组成的犯罪团伙，依仗人多势众，强取豪夺，敲诈勒索，无恶不作，称霸一方，群众既恨又怕，成为治安混乱的祸根。政法部门要及时予以坚决打击。

3. 严厉打击严重危害农民生命财产安全和侵害农民利益的犯罪，保障农民的合法权益

坚持依法从重从快的方针，严厉打击盗窃、抢劫、杀人、强奸、伤害、车匪路霸等刑事犯罪活动。定期、不定期排查治安混乱的集镇、路段，组织力量集中整治。对于制贩假农药、假化肥、假种子，坑农害农、破坏生产、严重侵害农民利益的案件，坚决予以严厉打击。

4. 打击和扫除卖淫嫖娼、赌博等社会丑恶现象

密切关注、防止吸毒贩毒、卖淫嫖娼、赌博等丑恶现象向农村渗透、蔓延的动向，加大对城乡结合部、公路沿线、路边店、城镇的宾馆旅店、发廊、舞厅等复杂公共场所的清查、整治力度，及时、不停顿地打击、查禁卖淫嫖娼、吸毒贩毒、赌博等活动。

四、农村社区治安管理的新探索

农村社区治安管理的新探索包括：

1. "一村一警"工程建设

一些地方开始推进"一村一警"工程建设，通过在每个村庄设立警务室，配备农村警务员，形成民警包片、农村警务员具体协助开展警务工作的模式。这种模式有效地夯实了农村治安防控根基，全面提升了农村社区居民的安全感。例如，位于河北省南部的邯郸市鸡泽县运用这一模式，发挥农村警务员"熟本地人、知本地事"的优势，成功调解了多起邻里纠纷，解决了村民的困难。

2. "全域覆盖、全网共享、全时可用、全程可控"的治安防控体系

一些地方通过实施"雪亮工程"，建成覆盖全县的治安监控点位，实现视频监控全覆盖，提升了农村社区治安管理水平。这种模式为预警预防、应急处置、指挥调度、侦查破案提供了决策依据，有效巩固了和谐乡村的建设成果。

3. 农村法律顾问制度的推行

为了解决农民在处理法律事务时遇到的困难，一些地方开始推行农村法律顾问制度。这种制度由法律专业的研究生免费提供咨询服务，帮助农民解决法律问题，提高了农民的法律意识和自我防范能力。

4. 农村移动图书馆的服务

为了解决农村文化建设存在的短板，一些图书馆开始提供移动图书馆的服务。这种服务为农民提供了更多的阅读机会，丰富了他们的精神文化生活，也间接提升了社区治安的稳定性。

课后练习：

1. 名词解释：社区治安管理。

2. 问答题：

（1）社区治安管理的特征有哪些？

（2）简述城市社区治安管理中的职责分工？

（3）当前社区治安管理面临的主要挑战有哪些？

3. 案例分析题：

（1）某社区近期治安问题频发，盗窃、斗殴等案件时有发生，居民安全感普遍下降。请结合该社区实际情况，分析治安管理存在的问题，并提出改进措施。

（2）某社区近期发生多起盗窃案件，居民财产安全受到严重威胁。社区管理主体迅速启动治安管理预案，成功抓获了犯罪嫌疑人，并追回了部分被盗财物。请结合具体案例，分析社区治安管理在维护社区秩序中的作用。

（3）某社区为丰富居民文化生活，计划组织一系列社区文化活动。然而，在筹备过程中遇到了居民参与度不高、活动资金紧张等问题。请分析社区管理部门在策划和组织社区文化活动时应如何平衡活动内容的多样性与居民的参与度，同时确保活动的可持续性。

（4）某老旧社区存在基础设施陈旧、环境脏乱等问题，影响了居民的生活质量。社区管理部门决定对社区环境进行改造，提升居民的生活品质。请分析社区管理部门在老旧社区环境改造过程中应如何有效整合各方资源，包括资金、技术和人力等，以确保改造工作的顺利进行，并满足居民的实际需求。

项 目 小 结

本项目学习内容包含了社区治安管理概述、城市社区治安管理、农村社区治安管理三个学习任务。社区治安管理概述介绍了社区治安管理的概念、主体和对象、特征、方法；城市社区治安管理介绍了城市社区治安的主要特点和问题、城市社区治安管理中的职责分工、健全社区治安防范体系、城市社区治安管理的实践与探索；农村社区治安管理介绍了农村社区治安的主要特点与问题、农村社区治安管理中的职责分工、加强农村社区治安管理的主要措施、农村社区治安管理的新探索。

项目十三　社区管理方法

1. 知识目标：理解社区管理方法的定义和核心概念，掌握其在社区管理中的重要作用。
2. 技能目标：具备分析和比较不同社区管理方法的优缺点，选择适合的管理方法的能力。
3. 素质目标：在实际工作中具有灵活运用社区管理方法的素质。

项　目　导　入

社区作为人们生活的基本单元，其管理水平直接影响到居民的生活质量和社会的和谐稳定。随着城市化进程的加快，我国的社区管理面临着诸多新的挑战和机遇。因此，探讨和研究社区管理方法，对于提升社区管理水平、推动社区和谐发展具有重要意义。

本项目聚焦社区管理方法，旨在提升和增强社区管理的效率和效果。该项目包含四个主要任务，分别是社区管理方法概述、社区管理行政方法、社区管理专业方法以及社区智慧化管理方法。

任务一　社区管理方法概述

一、社区管理方法的含义

社区管理方法，指的是在社区这一特定地域范围内，为了实现社区的整体利益、维护社区秩序、促进社区和谐与发展，所采取的一系列组织、协调、控制和引导的手段与措施的总和。这些方法涵盖了行政、专业以及智慧化等多个方面，它们相互补充、相互作用，共同构成了社区管理的完整体系。社区管理方法是社区治理实践的重要工具，它具有多样性和灵活性，需要注重人本理念和创新精神。通过科学、合理地运用这些方法，可以有效地推动社区的发展与进步，实现社区的和谐与繁荣。

社区管理方法是社区治理实践的重要工具。它不仅仅是一套固定的程序或技巧，更是一种适应社区特定环境、解决社区实际问题、推动社区持续发展的能力体现。通过科学、合理地运用这些方法，社区管理者能够有效地整合社区资源、调动居民积极性、解决社区矛盾和问题，从而推动社区的整体进步。

社区管理方法具有多样性和灵活性。由于每个社区都有其独特的历史、文化、人口结构和资源条件，因此，社区管理方法需要根据实际情况进行选择和调整。这既包括传统的行政手段，如政策制定、法规执行等，也包括现代的专业方法，如社会调查、心理咨询、项目管理等，还包括智慧化的技术手段，如大数据分析、物联网应用等。这些方法的综合运用，能够更好地适应社区管理的复杂性和动态性。

社区管理方法的运用需要注重人本理念和创新精神。社区管理的核心目标是满足居民的需求、提升居民的生活质量。在运用管理方法时，应始终坚持以人为本的原则，尊重居民的意愿和选择，关注居民的切身利益。社区管理也需要不断创新，不断探索新的管理模式和手段，以适应时代的发展和社区的变化。

二、社区管理方法的特征

社区管理方法有以下特征。

165

1. 多样性和综合性

由于社区管理的复杂性，需要综合运用多种方法来解决各种问题。这些方法既包括传统的行政手段，也包括现代的专业方法和智慧化手段。社区管理还涉及多个领域，如教育、文化、环境、卫生等，因此需要综合运用各种专业知识和技术，以实现社区的全面发展。

2. 群众性和自我管理

社区管理的核心在于调动居民的积极性，让他们参与到社区的各项事务中来。社区管理方法注重激发居民的自主性和创造性，鼓励他们通过自我组织、自我服务、自我管理来解决社区问题。这种群众性的自我管理不仅能够提高管理效率，还能够增强居民对社区的归属感和认同感。

3. 地域性和层次性

社区是一个地域性社会，其管理方法必须紧密结合社区的实际情况和地域特点。同时，社区管理还具有层次性，不同层次的社区管理有不同的目标和任务，需要采用不同的管理方法。社区管理方法需要充分考虑社区的地域性和层次性，以实现精准化和高效化的管理。

4. 信息化和智能化

随着信息技术的快速发展，社区管理也逐渐向信息化和智能化方向发展。通过运用大数据、云计算、物联网等先进技术，可以实现对社区信息的实时采集、分析和处理，提高管理的精细化和智能化水平。这种信息化和智能化的管理方法不仅可以提高管理效率，还可以提升社区居民的生活质量和幸福感。

三、社区管理方法的作用

社区管理方法是推动社区发展、维护社区秩序、提升居民生活质量的关键因素，其作用主要体现在以下四个方面。

1. 社区管理方法是实现社区治理目标的重要工具和手段

社区治理的目标包括提升居民生活质量、促进社区经济发展、维护社会稳定等，而实现这些目标需要借助科学、合理的管理方法。通过运用这些方法，社区管理者可以更加有效地整合资源、协调各方利益，推动社区治理目标的实现。

2. 社区管理方法有助于提高社区组织的工作效率

一个高效的社区组织能够更好地满足居民需求、解决社区问题。通过采用现代化的管理手段和技术，如项目管理方法、信息化管理系统等，可以优化工作流程、提高工作效率，使社区组织更加高效、有序地运转。

3. 社区管理方法有助于增强社区凝聚力和向心力

通过组织各种活动、建立有效的沟通机制、促进居民参与等方式，可以加强居民之间的联系和互动，增强居民对社区的归属感和认同感。这种凝聚力和向心力是社区稳定和发展的重要保障。

4. 社区管理方法有助于实现社区的可持续发展

通过科学的规划和管理，可以合理利用社区资源、保护社区环境、推动社区经济的健康发展。社区管理方法还可以促进社区文化的传承和创新，为社区的长期发展奠定坚实的基础。

任务二　社区管理行政方法

一、社区管理行政方法的含义

社区管理行政方法是指社区管理主体，特别是获得有关行政授权或委托权的社区行政管理主体，为履行社区行政管理职能、实现社区管理目标，遵循一定的规律和原则，采用的各种政府性或准政府性的操作方式、手段、措施和技巧的总称。社区管理行政方法在社区管理中起着重要的作用，有助于确保社

区的正常运行和持续发展。社区管理行政方法的特征主要体现在以下四个方面。

1. 社区管理行政方法具有明确的权威性和规范性

社区管理行政方法依赖于国家或地方政府赋予社区管理机构的法定权力和职责，通过制定和执行相关政策、法规和规章制度，确保社区内各项活动的合法性和规范性。这种权威性和规范性不仅有助于维护社区秩序，还能有效保障居民的合法权益。

2. 社区管理行政方法强调系统性和协调性

社区是一个复杂的系统，涉及多个部门、多个群体和多个利益主体。社区管理行政方法需要综合运用各种手段和资源，协调各方利益，确保社区内各项活动的顺利进行。通过加强部门间的沟通与协作，形成合力，共同推动社区的发展。

3. 社区管理行政方法注重服务性和参与性

社区管理的根本目的是提升居民的生活质量，满足居民的需求。因此，社区管理行政方法需要注重服务性，以居民为中心，提供多样化的服务。同时，还需要鼓励居民积极参与社区事务，通过居民议事会、社区志愿者组织等形式，真正让居民成为社区管理的主体，增强社区的凝聚力和向心力。

二、社区管理行政方法的具体类型

社区管理行政方法主要包括定性的社区管理行政方法和定量的社区管理行政方法两大类。定性的社区管理行政方法主要包括行政手段、法律手段、经济手段、思想教育手段、行为激励方法。定量的社区管理行政方法主要依赖于数学和科学的工具进行精确的管理，包括数学规划、随机理论、决策分析理论、预测研究理论、系统分析、网络规划、戴明循环（PDCA 循环）。

（一）行政手段

社区管理主体为实现社区管理目标，运用行政组织的权威，通过命令、指示、决定等形式，直接影响行政管理对象的意志和行动的一种管理方式，具有权威性、强制性、简便性、无偿性和垂直性等特点。在社区环境整治、社区安全维护、社区活动组织等方面，社区管理主体可以通过行政指令，对居民、社区组织等管理对象提出明确的要求和规定，确保社区管理的有序进行。行政手段也存在一定的局限性，由于它强调权威性和强制性，可能会忽视居民的意愿和需求，导致居民参与社区管理的积极性降低。在社区管理中，应合理运用行政指令，同时注重发挥居民的主体作用，促进社区民主管理和居民自治。

（二）法律手段

法律手段是社区管理的基础和保障，通过制定和执行相关法律、法规和规章制度，确保社区内各项活动的合法性和规范性。同时，法律手段也为社区管理机构提供了权威和依据，有助于维护社区秩序和保障居民权益。社区中难免会出现居民之间的纠纷和冲突，法律手段为这些纠纷的解决提供了明确的途径和程序，确保纠纷能够得到公正、有效的解决。

（三）经济手段

利用经济杠杆对社区进行管理，具有利益性、间接性和多样性。经济手段是通过调整利益关系来推动社区发展的有效方式。社区管理机构可以通过制定经济政策、引导资金投入、支持产业发展等方式，激发社区的经济活力，促进社区经济的繁荣。

经济手段可以帮助社区管理者更合理地配置资源，例如，通过市场机制，引导资源向更需要的地方流动，提高资源利用效率。经济手段可以推动社区产业的发展，例如，通过提供税收优惠或资金支持，鼓励居民创办小微企业或从事特色产业，促进社区经济的繁荣。经济手段可以影响公共服务的提供方式和质量，例如，通过引入市场竞争机制，提高公共服务的效率和质量，满足居民的需求。经济手段也可以用于环境保护与治理，例如，通过征收环境税或设立环保基金，引导企业和居民减少污染物排放，保护社区环境。

（四）思想教育手段

思想教育手段是从理性方面激发人们的理想信念，使之成为人们组织行为的动机，以实现行政管理目标的方法，具有间接性、长期性和激励性。思想教育手段主要通过宣传、教育和鼓动等方式影响社区居民的价值观、信念和行为动机，进而达到影响社区居民行为选择的目的。采用思想教育手段需要长期进行宣传教育工作，使社区居民将宣传教育的内容转化为自身的自觉行动。一旦思想教育活动对居民的价值观、信念等精神层面产生影响，其效果将具有长期性，居民会自动做出符合其价值观的行为选择。思想教育手段注重通过激励教育对象的精神，改变、维持和提升其精神实质，从而达到调节和约束行为的目的。

在社区管理中运用思想教育手段，可以通过以下方式实现：

（1）强化法治观念教育。通过邀请法官、律师等进社区为居民解答法律困惑，利用特定节日举办法律讲座等方式，增强全社区居民的法律意识和诚信意识，引导不同利益群体合理合法地表达自己的利益诉求。

（2）组织开展文化活动。通过举办丰富多彩的文化活动，吸引居民参与，使居民在参与过程中受到教育，提高思想觉悟。

（3）示范引领。通过树立典型人物或事例，发挥榜样作用，引导社区居民树立正确的价值观和遵守行为规范。

（五）行为激励方法

行为激励方法是一种通过特定手段或方式来激发和维持个体或群体行为动机的管理方法。在社区管理中，行为激励方法的目标是通过影响社区成员的行为选择和行为表现，促进社区管理目标的实现。社区管理涉及维护社区秩序、推动社区发展、满足居民需求等多个方面，这些目标的实现都需要社区成员的积极参与和配合。社区管理者可以设定明确的目标，并制定相应的奖励机制来激励社区成员参与社区活动或完成特定任务。这些奖励可以是物质性的，如奖品、奖金等；也可以是精神性的，如荣誉证书、表彰等。社区管理者还可以为社区成员提供必要的资源和支持，如培训、信息、场地等，以帮助他们更好地参与社区活动或完成任务。这些资源和支持可以降低社区成员参与社区活动的难度和成本，提高他们的参与意愿和积极性。

（六）数学规划

数学规划，也称为数学优化，是数学的一个分支，主要研究在给定的条件下如何找到最大化或最小化某一目标函数的最优解。这种优化方法在社区管理中有着广泛的应用，尤其是在资源分配和决策分析方面。在社区管理中，资源分配是一个至关重要的环节，涉及人力、物力、财力等各个方面的平衡与优化。数学规划通过建立模型、数据分析等手段，可以帮助决策者更好地进行资源分配，确保资源的有效利用和社区的可持续发展。例如，在社区规划中，可以利用数学规划方法确定最优的设施布局、交通路线等，以提高社区的运行效率和居民的生活质量。

数学规划在决策分析中也具有重要作用。社区管理中经常需要进行各种决策，如政策制定、项目选择等。这些决策往往涉及到大量的数据和信息，需要进行深入的分析和评估。数学规划可以帮助决策者建立科学的决策模型，通过数据分析、模型计算等手段，为决策者提供科学的决策依据和方案。这不仅可以提高决策的科学性和准确性，还可以减少决策中的主观性和随意性，确保决策的公正性和有效性。

（七）随机理论

随机理论与社区管理在表面上似乎没有直接的联系，因为随机理论主要是研究随机性、不确定性和

概率分布的数学理论，而社区管理则更侧重于社区的组织、协调、规划和服务等方面。然而，从更深层次看，随机理论的一些概念和方法可以为社区管理提供一定的启示和借鉴。随机性在社区管理中是普遍存在的。社区管理涉及到众多的因素和变量，如人口流动、居民需求、资源分配、政策制定等，这些因素和变量都具有一定的随机性和不确定性。社区管理者需要认识到这种随机性，并在决策和规划中考虑到各种可能性和风险，以制定更为全面和灵活的管理策略。

随机理论中的概率和统计方法可以为社区管理提供数据分析的工具。社区管理者需要收集和分析大量的数据，以了解社区的现状、需求和问题，并制定相应的管理方案。概率和统计方法可以帮助社区管理者对数据进行处理和分析，提取有用的信息和规律，为决策提供科学依据。随机理论中的一些优化方法也可以为社区管理提供借鉴。例如，随机优化方法可以在不确定性和随机性条件下寻找最优解，这对于社区管理中的资源分配、设施布局等问题具有一定的指导意义。通过运用随机优化方法，社区管理者可以在满足居民需求的同时，实现资源利用最大化和社区的可持续发展。

（八）决策分析理论

决策分析理论是一种通过系统的方法和技术，帮助决策者从多个可能的方案中选择最佳方案的过程。在社区管理中，决策分析理论可以发挥以下重要作用。

其一，复杂问题决策。社区管理常常涉及复杂的问题，如资源分配、公共设施建设、居民纠纷调解等。这些问题需要综合考虑多个因素，包括经济、社会、环境等。决策分析理论可以帮助社区管理者系统地识别问题、分析选项和评估影响，从而做出科学、合理的决策。

其二，风险评估与管理。社区管理面临许多不确定性因素，如自然灾害、经济波动、社会变迁等。这些因素可能导致社区面临各种风险。决策分析理论可以帮助社区管理者进行风险评估，识别潜在的风险因素，并制定相应的风险管理策略。通过决策分析，社区管理者可以更好地了解风险的性质和概率，并做出更加谨慎和明智的决策。

其三，资源优化配置。社区管理需要合理配置资源，以满足居民的需求和期望。决策分析理论可以帮助社区管理者分析资源的供需状况，评估不同资源分配方案的效果和效率，从而选择最优的资源配置方案。这有助于确保资源的有效利用和社区的可持续发展。

其四，居民参与和沟通。社区管理需要广泛征求居民的意见和建议，以促进民主决策和居民参与。决策分析理论可以帮助社区管理者建立有效的沟通机制，收集和分析居民的需求和期望，并将这些信息纳入决策过程中。通过居民参与和沟通，社区管理者可以更好地了解居民的需求和关切，并做出更加符合居民利益的决策。

（九）预测研究理论

通过运用预测研究理论，社区管理者可以更加科学、准确地预测社区未来的发展趋势和可能出现的问题，制定更加有效的规划和策略，提高社区管理的效率和质量。同时，预测研究理论还可以促进居民参与和沟通，增强社区的凝聚力和向心力。

预测研究理论在社区管理中的一些应用：

其一，趋势预测与规划。社区管理需要对社区未来的发展趋势进行预测，以便制定有效的规划和策略。预测研究理论可以帮助社区管理者收集和分析历史数据，识别社区发展的趋势和模式，从而预测未来的发展方向和可能出现的问题。这有助于社区管理者提前做好准备，制定相应的规划和措施，以应对未来的挑战和机遇。

其二，资源分配与优化。社区管理需要合理分配资源，以满足居民的需求和期望。预测研究理论可以帮助社区管理者预测未来资源的需求和供应情况，从而制定更加合理的资源分配方案。通过预测研究，社区管理者可以更加精准地掌握资源的供需状况，避免资源的浪费和短缺，提高资源的利用效率。

其三，风险评估与管理。社区管理面临着各种风险和挑战，如自然灾害、社会变迁、经济波动等。预测研究理论可以帮助社区管理者进行风险评估，预测可能出现的风险事件和影响程度，从而制定相应的风险管理策略，采取相应的措施。通过预测研究，社区管理者可以更加准确地了解风险的性质和概率，提前做好准备，降低风险带来的损失和影响。

其四，居民需求预测与服务提升。预测研究理论还可以帮助社区管理者预测居民的未来需求和服务期望。通过收集和分析居民的需求数据，社区管理者可以了解居民的需求和期望变化，从而提供更加符合居民需求的服务。这有助于提高居民对社区的满意度，增强社区的凝聚力和向心力。

（十）系统分析

系统分析还强调整体性、最优性、环境适应性等原理，这些原理在社区管理中同样具有指导意义。社区管理者需要全面考虑各种因素，如经济、社会、环境等，以实现社区的整体最优发展。同时，社区管理者还需要关注外部环境的变化，及时调整管理策略，以适应环境的变化。系统分析为社区管理提供了一种科学、系统的分析方法，有助于社区管理者更好地识别问题、设计解决方案、优化资源配置和进行决策支持。通过应用系统分析，可以提高社区管理的效率和质量，促进社区的可持续发展。

（十一）网络规划

网络规划是指利用网络技术对社区资源进行配置和优化。通过运用网络规划的理念和方法，可以推动社区管理的现代化、智能化和民主化进程，提高社区管理的效率和质量，促进社区的和谐、稳定和可持续发展。

（十二）戴明循环（PDCA循环）

戴明循环（PDCA循环）是一种持续改进的管理方法，由计划（plan）、执行（do）、检查（check）和行动（action）四个阶段组成。这个循环不断进行，旨在通过不断地计划、执行、检查和行动，实现持续改进的目标。PDCA循环已经被广泛应用于企业管理、质量管理、生产管理、项目管理等领域。在社区管理中，PDCA循环可以帮助社区管理者制定清晰的目标和计划，确保资源的合理分配和有效利用。在执行阶段，社区管理者可以组织各种活动和项目，以满足居民的需求和期望。在检查阶段，社区管理者可以收集和分析数据，评估活动的效果和效率，发现问题和不足。在行动阶段，社区管理者可以针对问题和不足制定改进措施，进一步优化管理策略和活动方案。通过运用PDCA循环，社区管理者可以更加系统、全面地考虑社区管理的各个方面，确保各项工作的有序进行和持续改进。同时，PDCA循环还可以促进社区内部的沟通和协作，增强居民的参与感和归属感，推动社区的和谐、稳定和可持续发展。

任务三　社区管理专业方法

一、社区管理专业方法的含义

社区管理专业方法是指社区管理主体为履行社区管理职能、实现管理目标，遵循一定的规律和原则而采用的各种方式、手段、措施和技巧的总称。它是一个内容丰富的、有机的科学体系，由定性方法与定量方法构成。定性方法主要包括常用的一些传统方法，如行政手段、法律手段、经济手段等。而定量方法则是现代自然科学，特别是数学与计算机科学渗入社区管理方法并与之相结合的产物，包括定量技术、系统分析、线性规划等。

社区管理专业方法是社区管理中不可或缺的一部分。它主要运用社会学、心理学、管理学等专业知识，对社区内的各种问题进行深入研究和分析，提出科学的解决方案。例如，社会调查方法可以帮助管

理者了解社区居民的需求和意愿，为政策制定提供科学依据；心理咨询方法可以帮助解决居民之间的矛盾和冲突，维护社区的和谐稳定；项目管理方法可以帮助管理者有效地组织和开展社区的各项活动，提高管理效率。

社区管理专业方法在社区管理中发挥着至关重要的作用。它不仅是社区管理思想转变为社区管理实践的中介与桥梁，还是实现社区管理目标的手段与工具。同时，它有助于提高社区组织工作效率，实现社区管理的现代化。具体来说，社区管理专业方法是一个综合性的体系，它涵盖了社区管理的各个方面，旨在实现社区的有效治理和可持续发展。

二、社区管理专业方法的环节

社区管理专业方法包含以下六个环节。

（一）社区问题分析

调查分析社区各要素之间的特点及关系，了解社区的主要类型特征、功能特征以及存在的主要问题，以做到有的放矢。深入了解社区的历史、文化、经济、社会等背景，明确社区的特点和定位。识别社区当前面临的主要问题，如基础设施建设薄弱、公共服务设施不足、环境卫生问题、社区安全问题等。分析问题的成因和影响因素，明确问题的紧迫性和重要性。

（二）建立关系

与社区居民、社区组织和有关社团建立关系，以促进信息的有效传递和合作。与社区居民建立信任关系，通过走访、座谈会、问卷调查等方式了解居民的需求和期望。与社区组织、企事业单位、社会团体等建立合作关系，共同推动社区的发展。建立与政府部门、专业机构等的联系，获取资源和支持。

（三）资料收集

收集关于社区主要问题的详细资料、社区资源的详细资料以及社区需求的具体资料，并按"软性资料"和"硬性资料"进行分类。"软性资料"收集：包括社区的历史文化、居民意见、社区活动记录、社区组织情况等。这通常通过访谈、问卷调查、观察等方式进行。"硬性资料"收集：涉及社区的人口数据、经济数据、公共设施使用情况、社区安全状况等。这些数据通常来自政府部门、统计机构或专业调查。之后，对数据进行整理和分析，以了解社区的现状和存在的问题。

（四）制定社区规划

根据社区发展目标，制订具有可操作性和系统性的社区工作实施计划。根据社区发展目标，制订长期和短期的社区发展规划。规划内容应包括社区基础设施建设、公共服务设施完善、环境卫生改善、社区安全提升等方面。规划实施过程中，还要制定具体的实施计划和时间表，明确责任人和资源需求。

（五）社区行动

通过发动群众、召开居民会议、运用传播媒介等方式实现社区行动。通过宣传、教育、培训等方式，提高居民的参与意识和能力。组织各种社区活动，如文化娱乐活动、志愿者活动、公益活动等，促进居民之间的互动和交流。落实社区规划中的各项任务，包括基础设施建设、环境整治、公共服务设施完善等。监测和评估社区行动的效果，及时调整和改进工作策略。

（六）社区效果评估

按照科学评估方法、专业人士参与评估、评估内容多层面、评估方法全面的原则，对社区工作效果进行评估。建立科学、全面的评估体系，包括客观指标和主观感受。通过问卷调查、访谈、观察等方式收集居民对社区工作的反馈和意见。分析评估结果，了解社区工作的成效和存在的问题，为今后的工作提供参考和改进方向。

三、社区管理专业方法的类型

社区管理专业方法的类型多种多样，不同类型的方法都是为了更好地实现社区管理的目标，提升社区的整体效能和居民的生活质量。这些方法并不是孤立的，而是相互补充、相互支持的。在实际应用中，社区管理者需要根据社区的具体情况和发展需求，综合运用这些方法，以实现社区管理的最佳效果。随着社区管理实践的不断深入和发展，新的方法和技术也会不断涌现，为社区管理提供更多的选择和可能性。下面是一些主要的社区管理专业方法的类型。

（1）信息技术方法。随着信息技术的发展，其在社区管理中的应用也越来越广泛。通过建设信息化平台，实现社区管理的数字化、智能化，提高管理效率和服务水平。通过引入信息化管理系统，可以实时了解社区居民的需求和意见，并及时采取相应的措施。例如，通过线上问卷调查，了解居民对社区服务的满意度，并根据结果调整相关工作，提高服务质量。

（2）案例分析方法。通过对社区管理典型案例的分析和总结，提取出成功的管理经验和做法，为其他社区提供借鉴和参考。明确案例分析的目的，例如探索社区管理的有效模式、分析社区问题的成因与解决方案等。根据分析目的，选择具有代表性、典型性的社区管理案例。案例可以来自不同地域、不同类型的社区，以便进行比较分析。

（3）实地调查与访谈方法。通过实地走访、问卷调查、深度访谈等方式，收集社区居民的意见和建议，了解社区的实际需求和问题，为制定针对性的管理措施提供依据。这种方法强调深入社区现场，通过观察、记录、拍照、录像等手段，全面、客观地了解社区的环境、设施、活动以及居民的生活状态。实地调查不仅可以获取一手资料，还可以帮助研究者直观感受社区氛围，发现潜在问题。在实地调查过程中，研究者需要制定详细的调查计划，明确调查目的、内容、对象和方法。研究者还需要注意保持客观中立的态度，避免主观臆断和偏见。此外，研究者还需遵守相关法律法规和道德规范，确保调查活动的合法性和伦理性。

（4）合作与共建方法。强调社区内外的合作与共建，通过与其他组织、机构或政府部门进行合作，共同推进社区的建设和发展。需要明确合作与共建的目标，这通常包括提升社区服务质量、优化社区环境、增强社区凝聚力等。明确的目标有助于各方形成统一的共识和行动方向。识别并确定参与合作与共建的各方主体，包括社区居民、社区组织、政府机构、企业、非营利组织等。各方主体在合作中扮演着不同的角色，共同推动社区的发展。建立有效的合作机制是确保合作与共建顺利进行的关键。这包括制定合作规则、明确各方职责、建立沟通渠道、设立监督机构等。通过机制建设，可以确保各方主体在合作中保持高效、有序的协作。合作与共建的核心在于整合社区资源，实现资源共享和优势互补。这包括对社区内的资金、设施、人力资源等进行合理的调配和使用，以及对社区外的资源进行有效整合和利用。通过资源整合，可以提高社区服务的效率和质量，满足居民多样化的需求。在合作与共建的过程中，需要推动具体的项目实施。这包括制定项目计划、组织项目实施、监督项目进度、评估项目效果等。通过项目实施，可以将合作与共建的成果转化为具体的社区服务，提升居民的生活质量和幸福感。在合作与共建的过程中，需要加强各方主体之间的沟通与协调。通过定期召开会议、组织活动、分享经验等方式，增进彼此之间的了解和信任，确保合作与共建的顺利进行。同时，也需要关注和处理合作过程中可能出现的分歧和矛盾，以维护稳定和谐的合作关系。

（5）活动组织与社区参与。社区举办各种活动是促进居民交流和增强社区凝聚力的重要途径。社区管理者可以根据居民的需求和喜好，组织一些文化、体育、教育等方面的活动，鼓励居民积极参与，增强社区凝聚力。活动组织与社区参与是社区管理专业方法中不可或缺的内容。通过精心策划和组织各种社区活动，以及鼓励居民积极参与社区事务，可以增强社区的凝聚力和居民的幸福感，推动社区的和谐稳定发展。

（6）安全管理措施。安全管理措施是确保社区居民生活安宁的重要保障，包括制定安全规章制度、开展安全教育培训、定期巡查等。明确社区安全管理的责任人，建立由社区领导、物业管理人员、安保人员等组成的安全管理小组，负责制定和执行安全管理措施。建立健全的安全管理制度，包括社区消防、治安、交通、公共设施等方面的管理制度。制度应明确各项安全工作的职责、要求、流程和标准，确保各项安全措施得到有效执行。对社区进行定期或不定期的安全巡查，发现安全隐患及时整改。利用监控设备对社区进行实时监控，确保社区安全无死角。通过宣传教育、培训等方式，提高居民的安全意识，让他们了解安全知识，掌握基本的自救、互救技能。与公安、消防等部门建立紧密的合作关系，共同开展安全管理工作。例如，邀请公安部门开展安全知识讲座，与消防部门合作开展消防演练等。针对社区可能发生的各种安全事故，制定相应的应急预案和处置机制。预案应明确应急处置流程、人员职责、资源调配等要素，确保在发生安全事故时能够迅速、有效地进行处置。对于社区内的老年人、儿童、残疾人等特殊人群，应加强关注和照顾，确保他们的生命财产安全。对社区内的公共设施进行定期维护和检查，确保其安全性能符合标准。例如，对电梯、消防设施、照明设施等进行定期检查和维护。

（7）环境整治和卫生管理。良好的社区环境是居民健康生活的基础。通过环境整治和卫生管理，可以保持社区的清洁与美观，提升居民的生活质量。通过规划先行、垃圾分类、绿化美化、清理卫生死角、规范广告牌和乱搭乱建等措施，可以营造一个清洁、美观、宜居的社区环境。同时，建立卫生管理制度、定期清洁和消毒、加强监督和检查、增强居民卫生意识以及建立应急处理机制等措施，可以确保社区环境的卫生安全，提高居民的生活质量和幸福感。

任务四　社区智慧化管理方法

一、社区智慧化管理方法的含义

社区智慧化管理方法是指通过应用现代信息技术手段，如物联网、云计算、大数据、移动互联网等，对社区内的各类资源进行整合和优化，提升社区管理和服务水平的新型管理方法。这种方法旨在实现社区管理的智能化、信息化和高效化，为社区居民提供更安全、舒适、便利的生活环境。社区智慧化管理方法包括以下几个方面。

（1）数据集成与智能处理。指通过收集和分析社区内的各类数据，如人口信息、环境数据、公共设施使用情况等，实现数据的全面感知和智能处理。这有助于管理者更好地了解社区状况，做出更精准的决策。

（2）智能化管理与服务。指利用物联网技术，实现社区内各类设施的智能互联，如智能安防、智能照明、智能停车等。同时，通过云计算和大数据技术，为社区居民提供个性化的服务，如在线政务服务、健康管理等。

（3）互动参与与民主决策。即借助移动互联网平台，建立社区居民与管理者的互动渠道，鼓励居民参与社区事务的决策和管理。这有助于增强社区的凝聚力和向心力，实现社区的共建、共治、共享。

通过社区智慧化管理方法的应用，可以显著提升社区管理的效率和质量，提高居民的生活满意度和幸福感。同时，这也符合新形势下社会管理创新的要求，有助于推动社区的可持续发展。

二、社区智慧化管理方法的具体类型

社区智慧化管理方法的类型多种多样，这些方法充分利用现代科技手段，旨在提高社区管理的效率、便捷性和居民满意度。这些智慧化管理方法不仅提高了社区管理的效率和水平，也提升了居民的生

活质量和幸福感。随着科技的不断进步和应用场景的不断拓展，未来还将涌现出更多新型的社区智慧化管理方法。以下是社区智慧化管理方法的类型。

（一）智慧安防系统

通过高清视频监控、智能门禁、人脸识别等技术，实现社区的全方位、全天候监控，确保居民的人身和财产安全。同时，智慧安防系统可以实时监测社区内的异常情况，并及时向管理者和居民发出警报。智慧安防系统需要根据社区的具体情况和需求进行定制和优化。社区管理者需要综合考虑社区规模、人员结构、安全需求等因素，选择合适的系统设备和配置方案，并加强系统的维护和更新工作，确保系统的稳定性和可靠性。

智慧安防系统主要包括以下几个组成部分。

（1）视频监控系统。采用高清摄像头和智能视频分析技术，对社区进行24小时不间断的监控。系统能够自动识别异常行为，如入侵、偷盗等，并实时发出警报，同时记录相关视频资料以供后续调查使用。

（2）门禁系统。通过刷卡、密码、指纹识别或人脸识别等技术手段，实现对社区出入口的严格控制。只有经过授权的居民或访客才能进入社区，有效防止了非法入侵和未经授权的人员进入社区。

（3）报警系统。与社区内的烟雾探测器、温度传感器、紧急按钮等设备相连，一旦发生火灾、气体泄漏或其他紧急情况，系统能够立即发出警报，并通知相关人员进行处理。

（4）智能巡检系统。利用物联网技术和智能机器人，对社区内的公共设施、设备进行定期巡检。系统能够自动识别设备故障和异常情况，并自动上报维修请求，提高了设备维护的效率和准确性。

（5）人脸识别系统。通过安装在社区主要出入口和公共场所的人脸识别摄像头，对进出社区的人员进行自动识别。系统能够自动比对数据库中的人员信息，实现快速的身份验证和访问控制。

（二）智能物业管理系统

利用物联网和云计算技术，对社区的公共设施、绿化、交通等进行智能管理。例如，通过智能电表、智能水表等设备，实时监测社区的能源使用情况，实现节能降耗；通过智能停车系统，有效管理社区内的停车资源，缓解停车难问题。智能物业管理系统的优势在于其高度的智能化和自动化。系统能够自动识别和应对各种物业管理问题，减少了人工干预的需要，提高了物业管理的效率和准确性。同时，系统还能够收集和分析大量的数据，为物业管理者提供科学的决策支持，帮助他们更好地管理社区和提高服务质量。在实际应用中，智能物业管理系统需要根据社区的具体情况和需求进行定制和优化。物业管理者需要综合考虑社区规模、人员结构、管理需求等因素，选择合适的系统设备和配置方案，并加强系统的维护和更新工作，确保系统的稳定性和可靠性。

智能物业管理系统的主要功能包括：

（1）设备监控与管理。系统能够实时监测物业设备的运行状态和故障情况，如电梯、空调、供水供电等设备。一旦发现设备异常，系统能够立即发出警报，并自动派遣维修人员进行处理，确保设备的正常运行和延长设备使用寿命。

（2）安全监控与管理。系统通过视频监控、入侵报警等手段，实时监控社区的安全情况。一旦发现异常情况，如非法入侵、火灾等，系统能够立即发出警报，并通知相关人员进行处理，确保社区的安全。

（3）能源管理与节约。系统能够实时监测物业的能源消耗情况，包括电力、水务、燃气等。通过数据分析，系统可以找出能源消耗的规律和趋势，为物业管理者提供科学的节能建议，降低能源消耗和运营成本。

（4）服务管理与优化。系统可以实现物业服务的在线预约、报修、投诉等功能，为居民提供便捷的服务渠道。同时，系统还可以通过大数据分析和用户反馈，优化物业服务流程和质量，提高居民满意度。

（5）数据分析与决策支持。系统可以对物业管理过程中产生的大量数据进行采集、存储和分析，提供数据报表和可视化图表，帮助管理人员进行决策和优化。通过数据分析，可以发现问题、预测趋势、

优化资源配置，提高物业管理的效率和效果。

（三）智慧公共服务系统

借助移动互联网和大数据技术，为社区居民提供便捷、高效的公共服务。例如，通过在线政务服务平台，居民可以随时随地办理各类政务服务事项；通过智慧医疗系统，居民可以享受到便捷的在线问诊、预约挂号等服务。智慧公共服务系统的一些关键组成部分和功能包括：

（1）政务服务线上化。通过门户网站、移动应用（APP）等平台，实现政务服务的线上办理。居民可以足不出户地完成证件办理、信息查询、政策咨询等政务需求，提高政务服务效率，减少居民跑腿次数。

（2）社区便民服务集成。智慧公共服务系统将社区内的各种便民服务进行集成，如社区购物、家政服务、维修服务等。居民可以通过一个平台轻松预约和享受这些服务，提高生活便利性。

（3）居家养老服务智能化。针对老年人群体，系统提供居家养老服务，如健康监测、紧急救助、生活照料等。通过智能设备和服务，确保老年人的生活安全和质量，减轻家庭照护负担。

（4）信息推送与互动。系统根据居民的需求和兴趣，提供个性化的信息推送服务，如社区活动、优惠信息、健康提醒等。同时，居民可以通过平台与社区管理者、其他居民进行互动，增进邻里关系。

（5）大数据分析与应用。系统通过收集和分析居民的行为数据、服务需求等数据，为社区管理者提供决策支持。例如，通过分析居民对某项服务的需求情况，调整服务资源分配，提高服务效率。

（6）智能化设备融合。智慧公共服务系统可以与智能家居、智能健康等系统的智能化设备进行融合，实现更加丰富的应用场景。例如，居民可以通过手机 App 远程控制家中的智能设备，享受更加智能化的生活体验。

（四）智慧环境管理系统

通过环境监测设备，实时获取社区内的空气质量、噪音、水质等数据，并进行智能分析和处理。根据分析结果，采取相应的措施改善环境质量，为居民提供健康、舒适的居住环境。智慧环境管理系统的应用，可以使社区的环境管理更加智能化、高效化，提高居民的生活质量和幸福感。同时，该系统还有助于推动社区的绿色发展，促进人与自然的和谐共生。

智慧环境管理系统的主要功能包括：

（1）环境监测。通过传感器、数据采集设备等技术手段，实时监测社区的空气质量、噪音水平、温度、湿度等环境指标。这些数据可以实时显示在社区的管理平台上，方便居民和管理人员随时查看。

（2）环境控制。根据监测到的环境数据，系统可以自动调节社区内的相关设备，如空调、照明等，以提高能源利用效率，降低能耗，同时改善居住环境。

（3）环境预警。当监测到的环境数据超过预设的阈值时，系统会立即发出预警，通知相关人员进行处理。这有助于及时发现并解决环境问题，保障居民的健康和安全。

（4）环境数据分析。系统可以收集和分析大量的环境数据，为社区管理者提供科学的决策支持。例如，通过分析不同时间段的环境数据，可以找出环境问题的规律和趋势，为社区环境改善提供有针对性的建议。

（5）居民互动。通过智慧环境管理系统，居民可以实时查看社区的环境状况，了解环保知识和政策，并参与到环保行动中来。这有助于增强居民的环保意识，推动社区的可持续发展。

（五）居民互动与参与平台

建立线上社区平台，鼓励居民之间的交流与互动，促进社区文化的形成和发展。同时，通过线上投票、问卷调查等方式，收集居民对社区管理的意见和建议，实现民主决策和居民自治，提高社区的凝聚力，增强社区居民归属感，同时提高居民对社区事务的参与度和满意度。

居民互动与参与平台（图 13-1）的关键功能和特点如下：

（1）信息发布与共享。平台提供信息发布功能，社区管理者可以发布通知、公告、活动信息等内容，居民可以实时查看并获取最新信息。同时，居民也可以在平台上分享自己的生活点滴、经验技巧等，促进彼此之间的交流和互动。

图 13-1　居民主动与参与平台（作者：谭赞）

（2）社区论坛与讨论区。平台设置社区论坛或讨论区，居民可以在这里就社区内的事务、问题、建议等进行讨论和交流。这有助于增强居民对社区事务的关注和参与意识，同时也可以通过集思广益，共同解决社区内的问题。

（3）在线投票与调查。平台支持在线投票和调查功能，社区管理者可以就某些重要事项或问题进行在线投票和调查，收集居民的意见和建议。这种方式既方便又高效，能够更准确地了解居民的需求和期望，为社区管理提供决策支持。

（4）居民服务预约与反馈。平台提供居民服务预约和反馈功能，居民可以在线预约物业服务、家政服务等，并随时对服务质量进行反馈和评价。这有助于提高服务效率和质量，同时也可以通过居民的评价和反馈，不断改进和优化服务。

（5）居民互动活动组织。平台可以协助社区管理者组织各种居民互动活动，如亲子活动、文化沙龙、体育比赛等。这些活动有助于增进居民之间的友谊和感情，提高社区的凝聚力，增强居民归属感。

（6）数据安全与隐私保护。平台注重居民数据的安全和隐私保护，采用先进的加密技术和安全措施，确保居民信息不被泄露或滥用。同时，平台也遵循相关法律法规和隐私政策，保障居民的合法权益。

（六）数据驱动决策支持系统

数据驱动决策支持系统是一个关键的组成部分。它通过集成、分析大量数据，并运用决策模型和专家知识，为管理人员和决策者提供在面临复杂、半结构化或非结构化决策问题时的有力支持。利用大数据和人工智能技术，对社区内的各类数据进行深入挖掘和分析，为管理者提供决策支持。通过数据可视化、预测模型等手段，帮助管理者更好地了解社区运行状况，制定科学、合理的管理策略。

在社区智慧化管理中，数据驱动决策支持系统可以应用于多个方面，如：

（1）社区规划。通过分析社区的人口结构、用地情况、交通状况等数据，为社区规划提供科学依据，优化社区布局和功能分区。

（2）设施管理。实时监测社区内设施的使用情况、维护状况等数据，为设施管理提供决策支持，确保设施的正常运行和延长设施的使用寿命。

（3）居民服务。根据居民的需求和反馈数据，优化居民服务内容和方式，提高居民满意度和幸福感。

（4）安全管理。通过分析社区内的安全数据，如犯罪率、火灾事故发生次数等，制定有效的安全管理措施和应急预案，确保社区的安全稳定。

课后练习：

1. 名词解释：

(1) 社区管理方法；(2) 社区管理行政方法；(3) 社区管理专业方法；(4) 社区智慧化管理方法。

2. 问答题：

(1) 社区管理方法的特征及作用有哪些？

(2) 社区管理行政方法的具体类型有哪些？

(3) 社区管理专业方法的具体类型及环节有哪些？

(4) 社区智慧化管理方法的类型有哪些？

3. 案例分析题：

(1) 随着城市化的快速发展和居民生活水平的提高，社区管理面临着越来越多的挑战，如设施老化、环境恶化、居民需求多样化等。为了应对这些挑战，越来越多的社区开始探索智慧化管理的模式，通过引入先进的技术和理念，提升社区管理的效率和质量。绿色和谐家园社区作为城市中的一个典型代表，近年来在智慧社区建设方面取得了显著成效。该社区通过构建居民参与平台和数据驱动决策支持系统，有效提升了居民对社区事务的参与度和满意度，同时也优化了社区资源配置，提高了社区管理的智能化水平。请分析在绿色和谐家园社区的智慧化管理过程中，居民如何通过参与平台有效促进居民间的互动与沟通，并提升居民对社区事务的参与度和满意度？

(2) 某社区为响应环保政策，推行垃圾分类管理。然而，在实施过程中遇到了居民配合度不高、分类标准不明确等问题。请分析社区在推行垃圾分类管理时，应如何制定和执行有效的策略，以提高居民的参与度和分类效果？

(3) 某社区希望加强志愿者队伍建设，以更好地服务社区居民。但在志愿者招募、培训和管理方面遇到了困难。请分析社区在构建志愿者队伍时，应如何设计一套科学的招募、培训和管理机制，以确保志愿者队伍的稳定性和志愿服务质量？

(4) 某社区内因停车位争夺、噪音扰民等问题频发居民矛盾，社区管理部门需要介入调解和处理。请分析社区在调解和处理居民矛盾时，应如何运用有效的沟通技巧和调解策略，以促进双方和解，维护社区和谐稳定？

项目小结

本项目学习内容包含了社区管理方法概述、社区管理行政方法、社区管理专业方法、社区智慧化管理方法四个任务。社区管理方法概述介绍了社区管理方法的含义、特征和作用；社区管理行政方法介绍了含义和具体类型；社区管理专业方法介绍了含义、环节和具体方法；社区智慧化管理方法介绍了含义和具体类型。

参考文献

[1] 许文文，石煊．利益耦合、共同行动与情感共鸣：社会组织建构社区治理共同体的三阶路径［J］．公共管理与政策评论，2024，13（1）：68-84.

[2] 谭文勇，周鼎．居住小区模式起源、成型与本土化历程的回顾与探讨［J］．我国名城，2023，37（7）：56-65.

[3] 肖向彬．"无废城市"建设的问题、解决方案与发展［J］．再生资源与循环经济，2023，16（9）：6-10.

[4] 尹湘娥，徐幼专．农村社区环境治理人才培养体系建设与研究——以邵阳地区为例［J］．农村经济与科技，2022，33（10）：227-229.

[5] 张兴杰．社区管理［M］．3版．北京：科学出版社，2021.

[6] 李东泉，郑国，罗翔．从邻里单位到居住小区的知识转移分析［J］．城市规划，2021，45（11）：36-42.

[7] 杨辰．面向特大城市治理的社区规划方法［J］．国际城市规划，2021，36（6）：9-11.

[8] 娄成武，孙萍．社区管理学［M］．4版．北京：高等教育出版社，2020.

[9] 姚佳丰．街区制理念下的开放社区设计策略研究［D］．河北工程大学，2018.

[10] 许皓，李百浩．思想史视野下邻里单位的形成与发展［J］．城市发展研究，2018，25（4）：39-45.

[11] 邓剑，古子文，邓伟中，等．社区卫生服务中心标准化建设工作及其成效、存在的问题和对策［J］．我国社会医学杂志，2018，35（6）：608-611.

[12] 王洪锐，邱创良，邓剑，等．我国社区卫生服务标准化建设概述［J］．我国社会医学杂志，2017，34（6）：532-535.

[13] 袁继红．社区管理实务［M］．北京：电子工业出版社，2015.

[14] 李笑．社区文化建设实务［M］．北京：经济管理出版社，2014.

[15] 杨萍．城镇化进程中的社区文化建设［M］．合肥：合肥工业大学出版社．2014.

[16] 张艳国，聂平平．社区管理［M］．武汉：武汉大学出版社，2013.

[17] 谷中原，吴晓林．农村社区建设与管理［M］．北京：北京大学出版社．2012.

[18] 汪大海，魏娜，郇建立．社区管理［M］．北京：我国人民大学出版社，2005.